全球特许金融科技师资格证书（CFtP）系列教程

金融科技的应用与趋势
云计算、合规性和全球金融科技

全球特许金融科技师资格证书（CFtP）系列教程编委 ◎ 编著

图书在版编目(CIP)数据

金融科技的应用与趋势:云计算、合规性和全球金融科技/全球特许金融科技师资格证书(CFtP)系列教程编委编著. —上海:上海财经大学出版社,2024.3

全球特许金融科技师资格证书(CFtP)系列教程
ISBN 978-7-5642-4328-9/F·4328

Ⅰ.①金… Ⅱ.①全… Ⅲ.①金融-科学技术-资格考试-教材 Ⅳ.①F830

中国国家版本馆 CIP 数据核字(2024)第 037352 号

□ 责任编辑 施春杰
□ 封面设计 贺加贝

金融科技的应用与趋势:
云计算、合规性和全球金融科技
全球特许金融科技师资格证书(CFtP)系列教程编委 编著

上海财经大学出版社出版发行
(上海市中山北一路 369 号 邮编 200083)
网   址:http://www.sufep.com
电子邮箱:webmaster@sufep.com
全国新华书店经销
上海新文印刷厂有限公司印刷装订
2024 年 3 月第 1 版 2024 年 3 月第 1 次印刷

787mm×1092mm 1/16 11.25 印张 288 千字
定价:52.00 元

全球特许金融科技师资格证书（CFtP）系列教程编委会

主　编	李国权（David LEE Kuo Chuen）　赵晓菊
编委会机构	上海财经大学金融学院
	上海财经大学上海国际金融中心研究院
	新加坡李白金融学院
编委会成员	白士泮（Pei Sai Fan）　邓　辛
	Joseph LIM　Kok Fai PHOON
	刘莉亚　柳永明
	闵　敏　王　钰
	闫　黎　曾旭东
	张　琪　张盛丽

目 录

第一部分 云计算、网络安全和量子计算

第1章 云计算/003
1.1 云计算概述/003
1.2 云计算模型/004
1.3 云架构/007
1.4 金融科技中的云计算/010
1.5 风险、挑战和考虑因素/013
1.6 全球云计算市场/016
练习题/022
参考答案/022

第2章 网络安全基础/024
2.1 网络安全基础/024
2.2 密码学/027
2.3 加密货币与网络安全/029
练习题/037
参考答案/038

第3章 量子计算/039
3.1 量子计算简介/039
3.2 区块链和量子计算/047
3.3 当前发展和未来/050
练习题/056
参考答案/057

第二部分　合规和风险管理

第4章　技术风险管理（TRM）/061
4.1　技术景观、地缘政治和技术风险管理（TRM）的必要性/061
4.2　TRM 的重要性/069
练习题/077
参考答案/078

第5章　去中心化的监管与治理/079
5.1　概述/079
5.2　加密货币网络中的去中心化/080
5.3　什么是去中心化？/085
5.4　监管与治理/088
5.5　使能技术/090
5.6　从去中心化的社区到去中心化的社会/092
练习题/099
参考答案/099

第三部分　全球金融科技发展趋势

第6章　全球金融科技发展趋势/103
6.1　区域趋势和金融科技的未来/104
6.2　全球金融科技发展/105
6.3　案例研究：在银行与金融科技领域比较美国和中国/111
练习题/141
参考答案/142

第7章　中国科技与独角兽企业/144
7.1　中国独角兽企业：平安、腾讯、华为、阿里巴巴/145
7.2　中国金融业的蓬勃发展/145
7.3　金融科技改变中国的社会融合/145
7.4　中国的金融科技监管/145
练习题/146
参考答案/147

第 8 章 技术融合/149
8.1 技术融合与加速回报法则/149
8.2 不同技术的融合/150
练习题/150
参考答案/151

第 9 章 计算法学/152
9.1 从法律信息学到计算法学/153
9.2 计算法学方面/156
练习题/162
参考答案/163

第 10 章 人工智能、数据和区块链的影响/164
10.1 国家、企业及社会层面的影响/164
10.2 普惠金融/165
练习题/165
参考答案/166

第 11 章 未来趋势/167
11.1 科技文化与科技政策/168
11.2 保险科技/168
11.3 量子计算、5G 和云技术/169
11.4 人工智能变革在银行与金融领域的全球领导力/170
11.5 5G 霸权争夺战/170
11.6 大中华区地产的数字化转型/170
练习题/170
参考答案/171

第一部分

云计算、网络安全和量子计算

第1章 云计算

1.1 云计算概述

云计算如今已成为商业机构和个人的基本服务之一。本节介绍云计算的发展,阐述云计算的主要特征。本节给出了理解云计算的基本概念,云计算具体的各个面向将在后续章节中介绍。

学习目标

辨析云计算的基本特征,并将云计算对企业和个人的适用性与这些基本特征联系起来。

主要内容

要点
- 美国国防部高级计划局网络(ARPANET)允许位于不同物理位置的计算机通过网络共享资源。
- 云计算旨在为用户提供对资源共享池的按需便捷访问。
- 可以通过与云服务提供商的最小交互来调配和定制资源。

重点名词
- 随需资源(On-demand Resources):根据客户端的不同需求向客户端提供集合资源。
- 集合资源(Pooled Resources):为多个消费者服务并可动态分配给他们的资源(特别是处理能力、存储、内存、网络带宽和虚拟机)。
- 自助服务(Self-service):客户端在不与云服务提供商交互的情况下就可以请求云资源的能力。
- 广泛的网络访问(Broad Network Access):客户端能够通过一组不同设置的网络机制和设备访问云服务。

简介

在20世纪50年代,机构一般会放置一两台机器作为提供处理能力的中央主机服务。然后,员工可以根据分时计划,从相连的工作站访问中央主机。这个机制背后的理念就是云计算前期架构的基础。

1969年,J. C. R. 利克莱德(J. C. R. Licklider)开发了互联网的原始版本,称为国防部高级计划局网络(ARPANET)。ARPANET 允许不同物理位置的计算机通过网络共享资源。IBM 于 1972 年发布了虚拟机(VM)操作系统。虚拟机是计算机系统的虚拟化或仿真。它允许用户运行一个像真正的、完全可操作的计算机一样运行的应用程序。随着虚拟机概念的普及和互联网基础设施的逐步发展,公司开始提供"虚拟"专用网络作为可租用服务。

在 21 世纪初,亚马逊推出了弹性计算云(Amazon EC2[①])。EC2 是一种在亚马逊网络服务(AWS)云中提供可扩展计算能力的网络服务。它允许公司和个人启动虚拟服务器,配置安全和网络设置,并管理其存储,而无须预先投资硬件。此外,2006 年推出的谷歌文件(Google Docs)服务允许用户创建、共享、编辑和评论在云端中存储的文档。

2007 年,网飞公司(Netflix)推出了视频流媒体服务,利用云端将电影和其他视频内容传送到全世界数千(最终数百万)用户的家中和电脑上。

定义和特征

美国国家标准与技术研究院(NIST,下文简称 NIST)对云计算的定义是:"一种模型,用于实现对可配置计算资源(如网络、服务器、存储、应用程序和服务)共享池的便捷、按需的网络访问,可以通过最小的管理工作或服务提供商交互来迅速调配和发布这些资源。"[②]

它定义了云计算的五个基本特征:

● 按需自助服务(On-demand Self-service):云供应商的客户端可以按需获取计算能力或资源,如处理能力、网络存储容量等。此过程不需要客户端与服务提供者进行人工交互。

● 广泛的网络访问(Broad Network Access):可以通过不同设置的客户端平台(如手机、平板电脑、笔记本电脑和工作站)使用的标准机制或协议在网络上访问云功能。

● 动态资源池(Resource Pooling):提供处理能力、存储、内存、网络带宽和虚拟机等资源为多个用户服务。这些资源的分配是动态的,并取决于消费者的需求。消费者无法控制或知晓他们所分配资源的确切位置。但是,他们能够在更高的抽象层次上明确指出位置(例如,国家、州或数据中心)。

● 快速弹性伸缩(Rapid Elasticity):可以根据客户需求弹性地调配和发布云功能,可以扩大和缩小云功能。这个过程可以通过自动化来提高效率。对资源请求的快速响应对用户来说似乎相当于可以访问无限资源。弹性保证了按需提供这些资源的灵活性。

● 可计量服务(Measured Service):云系统应该通过测量功能,密切监控服务的使用和服务的健康状况,并自动控制和优化资源。可以相应地对资源使用情况进行监测、控制、报告和计费。这为云提供商和使用者提供了透明度。

1.2 云计算模型

四种主要的云计算模型根据云基础设施的地理位置以及负责管理访问和维护基础设施

[①] 资料来源:https://docs.aws.amazon.com/AWSEC2/latest/UserGuide/concepts.html。

[②] 资料来源:https://nvlpubs.nist.gov/nistpubs/Legacy/SP/nistspecialpublication800-145.pdf。

的实体而有所不同。每种模型都有不同的优缺点，企业可以根据其需求和数据类型来采用不同的云计算模型。服务模型定义了企业或个人如何使用云服务，这可能包括纯数据存储、软件开发以及将云端用作计算平台。

学习目标

区分四种主要的云计算模型并评价每种模型的特点。

辨析云计算中的不同服务模型。

主要内容

要点
- NIST 定义了四种云部署模型：公共云、私有云、社区云和混合云。
- 有三种主要的云服务模型，也就是软件即服务（SaaS）、平台即服务（PaaS）和基础设施即服务（IaaS）。

重点名词
- 云计算模型（Cloud Computing Models）：涉及部署云基础设施和管理访问基础设施的不同方式。
- "即服务"（"as a Service"）：一个后缀，描述的是支持云计算五个基本特征的计算能力。

云部署模型

NIST 定义了四种云部署模型：公共云、私有云、社区云和混合云。这些模型根据云基础设施的位置以及负责管理访问和维护基础设施的实体而有所不同（Rountree and Castrillo, 2013）。

公共云

公共云的服务和基础设施位于外部服务提供商的所在地（即云提供商的场所）。服务提供商负责管理和维护基础设施，公众通过订购使用云服务。与公共云提供商的连接通常通过互联网进行。公共云的例子包括阿里云、微软云计算（Azure）、IBM 云计算平台（IBM SoftLayer）和亚马逊云。

向公众提供云服务的价值非常大。普华永道表示，公共云将成为未来主导的基础设施模型。公共云为其客户提供服务的优势包括服务的可用性、可扩展性、可访问性和低成本。尽管一些公共云服务提供商可能会为提高可用性收取额外费用，但他们有可用性更高的云服务的硬件、软件和人员配备；对大多数组织来说，这是很难实现的，而且成本很高。公共云的实现也基于高度可扩展的基础设施，该基础设施可以根据其客户的容量或流量快速扩展。公共云服务也有望通过各种平台和客户端类型进行访问。服务提供商通常会优先考虑这一点，以获得更多的客户。因此，因为公共云可以节省成本而成为对组织有吸引力的解决方案。

然而，公共云也存在一些缺点。由于数据存储在外部位置，执行数据分析可能需要组织从云服务器下载数据并使用另一个应用程序来分析数据。因此，云应用程序是否提供集成两个或多个不同应用程序的功能是需要考虑的性能问题。此外,组织不控制公共云服务提供商何时对系统进行升级或维护。在对系统进行升级或维护的时候,客户可能无法获得服务。

私有云

私有云类似于公共云,不同之处在于服务和基础设施位于使用云端的公司或组织的内部。组织负责最终用户系统的安装、管理和软件/客户端应用程序。私有云通常通过局域网(LAN)或广域网(WAN)访问。偶尔,在用户处于远程的情况下,通过使用虚拟专用网络(VPN)提供访问。与公共云相比,私有云更好地保护了隐私。VMware 工作站就是私有云的一个例子。

私有云让拥有基础设施的组织与公共云一样也拥有较多的控制权。因此,它允许组织根据需要决定何时进行升级或维护。服务停机时间是可控的。此外,私有云允许组织直接访问环境,包括访问日志、追踪和监控。私有云的缺点是要支持组织的基础设施所需的前期成本、维护成本和人员配置。组织全权负责端到端的解决方案,包括解决客户可能使用的不同平台,保护服务器上的数据,控制和更新用户对数据的访问,以及执行安全和合规审查。

社区云

社区云通常被委托由一个用户社区(例如共享共同目的、任务、安全需求或策略的组织)专用。云基础设施可以位于内部,也可以位于外部。社区云保护了组织隐私,由一些组织共同维护和管理。社区云的优势在于能够在组织之间分担成本,并允许不同的组织根据其拥有的技能或专业知识负责不同的支持和维护工作。然而,其缺点是需要清楚地定义资源的所有权。对每个组织来说,有必要控制希望存储在社区云上的数据。所有使用社区云的组织都可以访问这些数据。

混合云

混合云是两个或多个云模型的组合。敏感数据可以存储在私有云上,而非敏感数据可以存储在公共云上。每个云模型本身就是一个单独的模型,它们通过支持数据和应用程序可移植性的标准化技术或专利技术连接在一起。混合云通常更复杂,但在实现组织目标方面具有更大的灵活性。

云服务模型

NIST 定义了三种主要的云服务模型,也就是软件即服务(SaaS)、平台即服务(PaaS)和基础设施即服务(IaaS)。

"即服务"的定义(aaS)

根据 NIST 的说法,"即[云]服务"是描述支持云计算五个基本特征的计算能力的后缀。这个术语"即服务(aaS)"意味着 SaaS、PaaS 和 IaaS 的功能是以软件的形式实现的。[①]

软件即服务(SaaS)

许多组织已经从本地安装转向云本地订阅。这减少了新软件部署的前期资金需求。在 SaaS 环境中,云服务提供商控制正在部署的应用程序有关的一切,这限制了客户端可以请

---

① 资料来源:https://nvlpubs.nist.gov/nistpubs/SpecialPublications/NIST.SP.500-322.pdf。

求的定制量。软件的维护是由服务提供商管理和控制的,这可能会给客户带来停机时间。此外,服务提供商和客户端共享软件的使用数据和统计信息。

大多数 SaaS 提供商以基于网络的应用程序的形式提供服务。SaaS 的主要优点是,它们允许组织随时可以使用最新的软件,而不会因灵活的订阅模式而产生额外的成本。SaaS 提供商的主要例子有微软的网络邮件服务(outlook.com)、谷歌云端硬盘(Google Drive)、多宝箱(Dropbox)和思科网讯(Cisco WebEx)。

基础设施即服务(IaaS)

IaaS 为客户端提供计算能力、存储、联网、操作系统等服务。客户端使用 IaaS 来部署和运行任意软件和应用程序。在大多数情况下,IaaS 提供商使用运行 Windows、Linux 或其他操作系统的虚拟机来提供此类服务,以利用多租户的优势。服务提供商全权负责维护物理硬件、存储和网络基础设施;它不需要充当操作系统管理员,而是让客户端拥有更多的控制权以及安全性。客户端负责维护操作系统以及安装在操作系统上的所有应用程序。IaaS 提供商的主要例子是亚马逊网络服务(Amazon Web Services)、阿里云和 Rackspace[①]。

平台即服务(PaaS)

PaaS 允许客户端使用服务提供商支持的编程语言、库、服务和工具。在 PaaS 中,客户端使用平台来满足计算需求,而无需构建基础设施。服务提供商无法控制客户端开发什么应用程序或服务。尽管如此,来自应用程序的数据仍将存储在服务提供商的数据库中,并与客户端共享。然后,客户端可以查看应用程序的使用情况、趋势和统计数据。通常,客户端负责操作系统和开发平台之外的所有事情。相比之下,服务提供商负责维护和确保操作系统的修补和更新。PaaS 提供商的例子有微软 Azure、Apache Stratos[②] 和 OpenShift[③]。

1.3 云架构

对云服务提供商而言,云架构由组成云基础设施的不同组件构成。云服务提供商负责管理和维护这些组件,以确保为其客户提供无缝化和可定制的服务。

学习目标

认识云架构中必不可少的技术组件。

主要内容

要点

- 云架构通过组合和连接技术组件来创建云端。
- 这些组件被分配给云提供商来提供不同的服务模型。

重点名词

- 虚拟化(Virtualization):创建一个资源的虚拟形式,减少额外的硬件需求,以满足客户

---

① Rackspace 于 1998 年成立,是一家全球云计算服务提供商,总部位于美国。
② Apache Stratos 是一个由开源社区掌管的开源的 PaaS 框架。
③ 全球开源解决方案领导者红帽公司推出的面向开源开发人员的开放平台。

的需求。
- 多租户（Multi-tenancy）：云服务提供商的多个客户端使用同一计算资源的场景。
- 网络 APIs（Web APIs）：提供云服务所需接口的前端应用程序。
- 物理资源层（Physical Resource Layer）：由物理计算资源和设备资源组成的层。
- 资源抽象和控制层（Resource Abstraction and Control Layer）：云提供商在该层通过对资源进行抽象，管理对物理计算资源的访问。
- 服务层（Service Layer）：云提供商定义其服务模型的层。

云架构通过组合和连接技术组件来创建云端。云架构的基本组件包括（但不限于）以下内容：
- 虚拟化：虚拟化在云架构中扮演着至关重要的角色，它是构建所有云架构的技术。虚拟化的工作原理是将 IT 服务和功能从硬件中分离出来；它创建了资源的虚拟形式，并减少了额外硬件需求，就能满足客户需求。管理程序是一个虚拟机，对机器的资源进行抽象（如内存、输入/输出、计算能力和存储）并创建多个虚拟映像；它具有为客户端划分和分配资源的特点（见图1.1）。

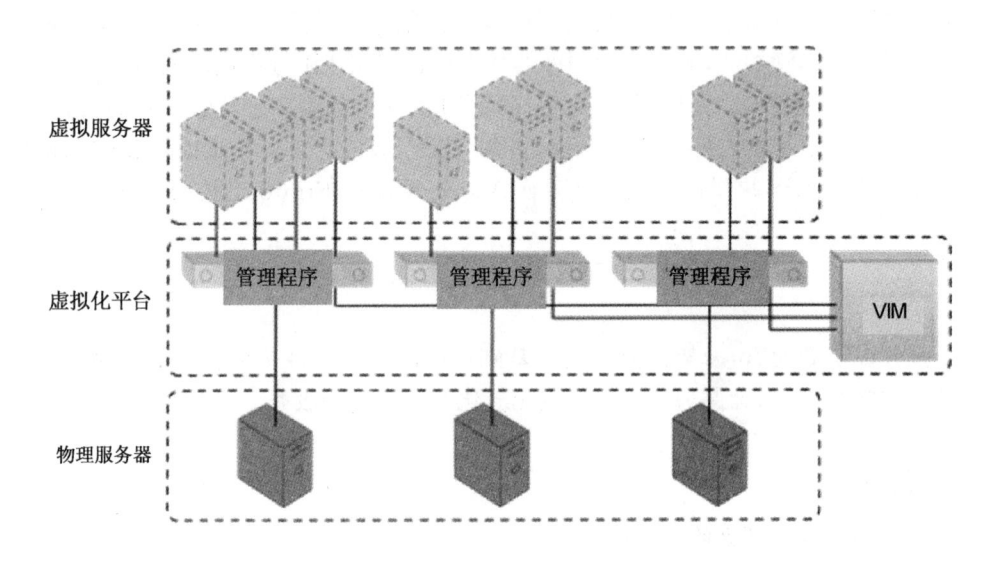

图1.1　管理程序机制的可视化表示

资料来源：https://patterns.arcitura.com/cloud-computing-patterns/mechanisms/hypervisor。

- 硬件：硬件组件，如服务器、计算机（如中央处理器和内存）、存储、联网设备（如路由器、交换机和负载均衡器）和备份设备是云基础设施的重要组成部分。它也可能包括设施，如供暖、空调、电力和其他方面所需的物理设施。这个物理硬件可能位于不同的地理位置。通常，云服务提供商负责维护和管理硬件组件。
- 应用程序或中间件：要在服务器、计算机或应用程序之间进行通信，充当中介的软件组件是必需的。它也可以用来在客户端和后端服务器/计算机之间传递信息。
- 支持多租户的机制：多租户指的是云服务提供商的多个客户端使用相同的计算资源的场景。每个客户端的数据对其他客户端是不可见的，而且客户端之间不知道彼此的存在。

对多租户的支持对于云服务提供商来说是必不可少的。因此,云服务必须在每个客户端的基础上提供存储数据的虚拟(甚至物理)隔离。一些云提供商可能会使用自动化软件来监控使用情况,以满足不断波动的市场需求。

● 网络 API:这是提供云服务所需接口的前端应用程序的一部分。它允许通过客户端的应用程序(比如网络浏览器)访问服务。用户体验设计(UX)对于创建可导航的在线体验至关重要。

NIST 解释了如何编排云服务(见图 1.2)。在该图中,右边的三层框架显示了如何为云提供商分配组件来提供不同的服务模型。

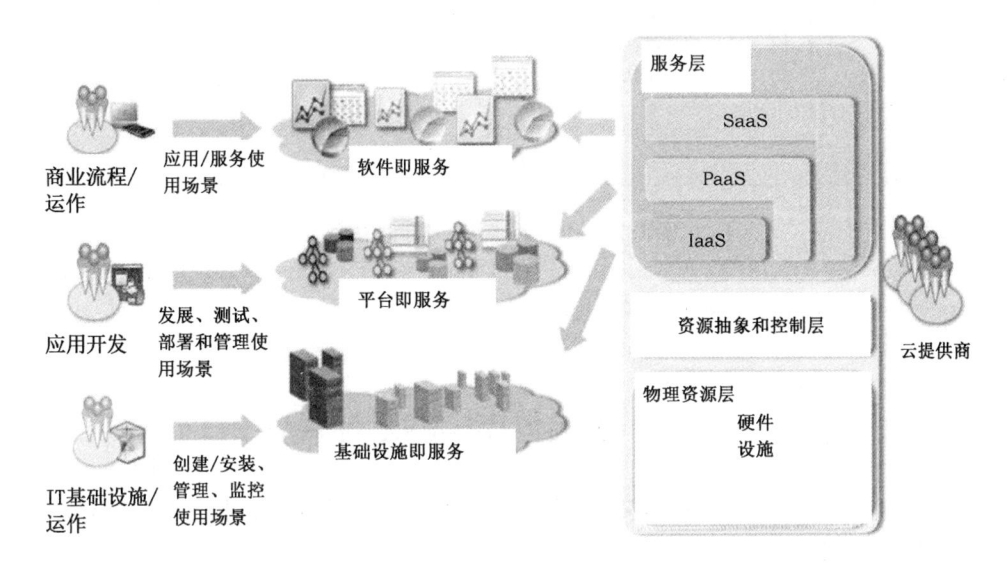

图 1.2　三层云服务的示意图

资料来源:https://www.nist.gov/system/files/documents/itl/cloud/NIST_SP-500-291_Version-2_2013_June18_FINAL.pdf。

在物理资源层,也被认为是后端层,物理计算和设施资源(即硬件)位于该层。后端层还可以提供中间件来帮助连接设备以互相通信。

资源抽象和控制层是云提供商通过对资源进行抽象,管理对物理计算资源的访问的地方。这层包括管理程序、虚拟机和其他确保高效、安全的软件,以及可靠的服务提供商。

服务层是云提供商定义其服务模型的地方。这需要一些前端或面向用户/客户端的架构,比如网络 APIs。前端通过网络将请求和数据中继转发到后端。后端层保护来自前端的数据并响应查询。

图 1.3 介绍的是 NIST 云计算概念参考模型被描述为"系统、组织和过程组件的集成图",一般来说,服务的主要责任在于云服务提供商。除了管理云架构所需的所有硬件和软件及其相关的安全和隐私问题外,云提供商还负责云服务的管理。商业支持包括客户、合同、库存管理、会计、账单、定价和评级。云提供商还需要响应资源变化,进行监控、报告、测量,并确保有效的数据可迁移性、服务可迁移性和系统可迁移性。

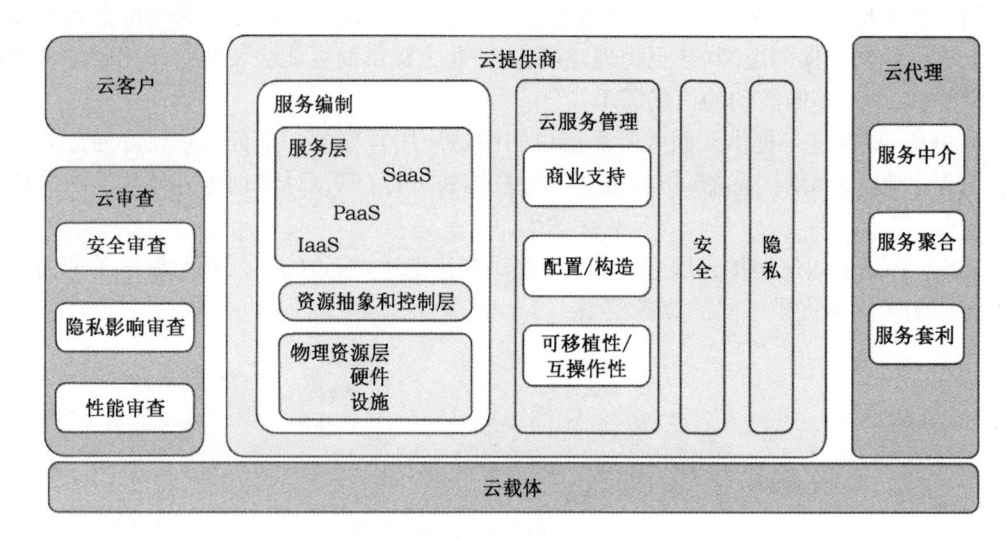

图 1.3 NIST 云计算概念参考模型

资料来源：https://www.itu.int/en/ITU-D/Regional-Presence/AsiaPacific/Documents/Events/2015/July-Could-Computing/S3_M_I_Deen.pdf。

1.4 金融科技中的云计算

本节介绍云计算在金融机构（FI）和金融科技公司中的应用，并讨论了金融机构或金融科技公司利用云计算提高业务效率和产生额外收入的几种可能方式。

学习目标

评价云计算对金融科技的影响。

主要内容

要点

- 云计算使公司能够将计算基础设施的管理外包给云服务提供商，并以灵活、高效和安全的方式访问计算资源。
- 从安置、管理和维护自己的计算基础设施中节省的成本可以用于投资，以提高业务效率并产生额外的收入。
- 云计算对金融科技的影响体现在数据管理机会、运营成本效率、可扩展性和灵活性、自动化服务、业务连续性、客户中心性、人工智能功能和环境效率等方面的优势上。

重点名词

- 加速创新（Accelerated Innovation）：在不受容量限制并且不需要对基础设施进行大量投资的情况下，企业能够使用不同的云服务模式进行创新的能力。
- 可扩展性（Scalability）：不需要对内部技术基础设施进行费用昂贵的升级，就能按需获取额外资源。

云模型使公司能够将技术基础设施的管理外包给云服务提供商,并以灵活、高效和安全的方式访问计算资源。

随着云成熟度成为全球表现最好的银行的标志(Accenture,2020),金融服务行业已经注意到了可靠的云应用,而"新冠"疫情进一步加速了这一趋势。金融科技初创公司和老牌企业利用云技术加快金融服务创新进程的方式有多种。云计算对金融科技的影响体现在数据管理机会、运营成本效率、可扩展性和灵活性、自动化服务、业务连续性、客户中心性、人工智能功能和环境效率等方面的优势上。

数据管理

云计算的优势在数据管理系统中表现得最为明显。在金融机构中,传统的数据基础设施不仅购买、安装和维护成本高昂,而且无法扩展以致无法满足不断变化的数据需求和不断增加的数据量。

云技术使金融科技公司能够不受容量限制,安全地聚合、存储和管理大量数据,也不需要对基础设施进行大量投资。通过在云端高效的数据管理,企业可以利用创新的、以数据为中心的方法来改进现有的产品和服务。

2020年,Capital One成为第一家退出物理数据中心,将所有业务转移到公共云的美国银行。不用再对基础设施进行管理的这一转变使银行能够管理更大规模的数据,发挥机器学习能力的优势并实现以客户为中心的创新(Amazon Web Services,2020)。

运营成本

云服务使金融科技机构能够在开发和运营独立的基础设施以满足其数据管理需求方面节省大量成本。对公司来说,迁移到云端可以节省持续运营成本,而不会产生大量的前期资本支出,节省下来的资金就可以用于更高效的用途。

此外,云提供商提供了一种基于效用的模型,在这种模型中,公司可以在需要时扩大计算资源,在需求减弱时缩小计算资源。由于公司只为它们使用的资源付费,云计算不再需要昂贵的超量配置(Blazheski,2016)。这种动态云定价可以获得相当大的成本效率,并有助于细粒度的支出控制。

最近,金融服务行业一个企业数据池迁移的例子显示成本降低了30%~40%。随着所需的分析工具成为云平台的固有工具,而不是附加组件,降低硬件成本和软件整合成本的结合推动了成本的降低(Accenture,2020)。

可扩展性和灵活性

访问可配置计算资源共享池的能力可以通过提高灵活性、效率和生产力来提高金融机构的创新能力(Saluja and Sepple,2018)。例如,它使金融科技公司更加灵活,能够自由扩展,而不需要对内部技术基础设施进行费用昂贵的升级。

云迁移还可以缩短新产品的开发周期,能够使对客户需求的响应变得灵活而高效。金融科技公司不需要漫长的采购和配置过程,就可以测试新的场景和替代配置(Hon and Millard,2018),同时最小化前期成本。

对Capital One来说,通过亚马逊网络服务(Amazon Web Services)迁移到云端,能够大规模地即时配置基础设施,从而实现快速创新。从季度和月度的应用程序更新到每天多次发布新代码,该银行已经得到了明显的改进。

类似地,Atom Bank——英国第一家只使用移动设备的银行,在遇到基础设施限制和扩展问题后,开始在谷歌云(Google Cloud)上开发云原生银行堆栈。云迁移增强了该银行的灵活性,将其环境的交付时间缩短了98%。该银行还能大大缩短开发时间(Google Cloud,n. d.)。

自动化服务

云技术增强了金融科技公司的能力,使它们能够解决人工智能、机器学习和数据分析技术等服务的性能复杂性。这样一来,企业就可以从这些服务中获益,同时保持较低的基础设施成本。

道明证券(TD Securities)——一家领先的咨询和资本市场产品提供商,它在内部软件中利用强大的计算能力,为复杂的衍生品定价。它在微软Azure上迁移到具有弹性和可扩展的云端环境中,使基础设施配置能够快速迭代,以满足其客户的需求,让公司能够以更低的成本增强性能(Microsoft,2019)。

主要的云服务提供商提供的大量复杂的数据分析云软件也可以为金融科技公司提供其投资组合的实时视图,协助进行风险监测和管理。

业务连续性

在前所未有的时期里确保业务连续性,需要可靠和具有弹性的基础设施。主要的云提供商已经投入了大量资金,以满足最高的安全标准和必要的法规要求。它们在金融服务行业的业绩成果显而易见。因此,采用云技术对企业来说是高度可靠的。它提供了复杂的数据存储系统,让企业拥有了更高水平的快速恢复能力,在发生灾难时能够确保数据安全。

在迁移到云端后,大多数公司都体验到了灾后数据恢复时间在缩短。标准普尔全球评级——世界领先的独立信用评级提供商,其灾后数据恢复时间缩短了50%以上,它相信亚马逊网络服务的恢复能力将使公司在应用程序停机期间,免受美国证券交易委员会(SEC)的处罚(Amazon Web Services,2020)。

保留在云存储中的数据也经过了很好的加密,以避免黑客攻击和重大安全威胁。因此,可以说云端比传统基础设施更安全。

人工智能

云端可以支持海量数据存储的容量、可扩展的计算能力和嵌入式图形处理单元(GPUs),用来解决人工智能系统进行持续工作时需要大型数据存储和算法这一问题。再加上其灵活性,云端被认为是推动快速创新的复杂人工智能驱动的业务流程最可行的方法(Finextra,2020)。

公共云提供商拥有各种以人工智能为基础的工具,用来增强金融科技公司的产品服务。例如,阿里云提供了一种人工智能服务解决方案,允许公司构建各种类型的多语言客服聊天机器人,实现文本、语音和图像多种交互(Alibaba Cloud,n. d.)。

将云端与人工智能结合使用,使公司能够利用机器学习、物联网平台、图像识别和自然语言处理等工具,构建新的客户体验、优化运营和管理人才。这些能力是提高整体盈利能力、精简运营和留住人才的关键驱动力。

客户中心性

在竞争日益激烈并逐渐向数字化转型的金融科技行业,必须以客户为中心,才能生存发展下去。通过提高效率和满足个性化需求,云端可以帮助金融科技组织高效地满足客户的需求。

例如,亚马逊网络服务和微软 Azure 等服务提供商能够向金融科技公司提供服务器维护、技术支持和性能优化等服务。因此,金融科技公司能够将资金和人力更多地投入创新性的专业客户服务中。

此外,满足个性化需求和预测性的产品销售是金融科技公司的一个强大优势,可以增加客户的购买意愿、满意度和保留率。通过实时信息更新,云端提供了更好的数据驱动准备,实现预测性更强和最优化的定制结果。这将使公司决策的投资回报最大化,并提升客户体验。

英国的 Starling Bank 利用谷歌云的 BiqQuery,成功地将大量数据转化为实时的、可操作的见解,大规模地改善了与客户的交互情况。例如,谷歌地图 APIs 的商家识别和实时通知使银行能够为其客户提供个性化和便捷的解决方案,如预算追踪和欺诈检测。

环境效率

通过云迁移,金融科技公司还可以减少建立物理基础设施带来的能源消耗和碳足迹。通过更有效地利用计算能力和更少的空闲时间,公司可以获得显著的环境效率。

1.5 风险、挑战和考虑因素

云计算的大规模应用给云服务提供商及其客户带来了风险和挑战。本节详细介绍了应该考虑的基本风险,并为计划采用云计算模型的业务提出了一些考虑因素。

学习目标

评价云服务提供商及其客户所面临的风险和挑战。
评价企业采用云计算的关键考虑因素。

主要内容

要点

- 数据泄露/丢失对云服务提供商和其客户来说都是毁灭性的。它可能是由于服务和更改控制的错误配置、内部威胁或不安全的 APIs 等原因造成的。
- 加密劫持正在慢慢超过勒索软件,成为首选的攻击方式,因为加密劫持能为攻击者带来更多的收入。
- 在采用云解决方案之前,企业需要考虑的关键因素包括服务提供商管理、安全性、法律法规遵从性、数据主权以及进行事件检测和响应的能力。

重点名词
- 数据泄露(Data Breach)：有意或无意地将机密信息泄露给不受信任的环境。
- 数据丢失(Data Loss)：由于黑客攻击、病毒或系统故障而导致数据从云存储中被删除。
- 加密劫持(Cryptojacking)：未经授权就使用资源来挖掘加密货币。
- 未经授权的访问(Unauthorized Access)：未经身份验证或非计划的用户访问特权数据。
- 数据主权(Data Sovereignty)：数据受收集国法律和治理结构的约束。

数据泄露/损失

数据泄露或信息泄露是指有意或无意地将机密信息泄露到不可信的环境中。数据丢失是指由于黑客攻击、病毒或系统故障而导致数据从云存储中被删除。对云服务提供商而言，数据泄露/丢失的后果可能包括造成金钱和声誉损失的监管影响、法律和合同责任、品牌影响、客户流失以及修复安全漏洞所需的计划外费用。对企业或个体客户来说，云数据泄露/丢失可能导致相对于竞争对手的知识产权损失、私人信息泄露、竞争优势丧失、公司估值下降、领导层变更和诉讼。

云数据泄露/丢失的原因可能是：

- 服务和更改控制的错误配置：服务的错误配置可能以多种方式发生。常见的错误配置包括身份验证薄弱、数据存储项上的安全策略不正确以及账户特权过高。例如，2017年，当用户对亚马逊网络服务(AWS)S3云存储桶的访问配置发生错误时，1.23亿美国客户的个人信息被泄露。与只允许授权用户访问内容不同，存储桶被设置为允许任何AWS"认证用户"下载其存储的数据，这指的是任何拥有AWS账户的用户。于2019年发生的另一起事件中，美国第一资本金融公司数据泄露导致超过1.06亿客户的个人数据泄露。由于AWS的一名前员工使用错误配置的网络应用程序防火墙非法访问了美国第一资本金融公司的AWS云服务器的违规行为，造成数据泄露并导致该公司8 000万美元的罚款(Noonan, 2020)。云服务提供商无法修补软件漏洞或安全漏洞也是造成数据泄露的原因之一。黑客利用这个漏洞进入网络。2017年报道的Equifax黑客攻击是由于其Apache Struts软件中的漏洞修复不及时所致(Fruhlinger, 2020)。

- 内部威胁：Netwrix 2018年云安全报告显示，58%的公司将安全漏洞归咎于内部人员。内部威胁可以是有意的，也可以是无意的。不知情的员工可能会成为钓鱼攻击、勒索软件/恶意软件攻击的受害者。内部数据盗窃也被Netwrix在2021年列为最常见的云安全事件之一，在员工少于100人的小型组织中尤为突出。内部威胁的例子包括2020年的Twitter骗局和2018年的Cisco事件。在2020年的Twitter攻击事件中，攻击者通过电话鱼叉式网络钓鱼攻击了少量员工(BBC News, 2020)。因此，攻击者获得了员工的证书，并获得了130个私人或公司的Twitter账户。他们利用其中45个被黑的账户来实施一个比特币骗局，骗走了10万多美元。被黑的账户包括巴拉克·奥巴马、埃隆·马斯克、比尔·盖茨、苹果以及其他知名个人或公司的账户。在2018年的Cisco事件中，一名Cisco员工故意访问了Cisco的云基础设施，并删除了Cisco WebEx Teams应用程序的456台虚拟机。该行为导致约1.6万名用户无法使用WebEx服务。Cisco花费了价值大约140万美元的工时来审查和修复损坏；它还必须向受影响的用户支付总计100万美元的赔偿金(BNP Media, 2020)。

- 不安全 APIs(应用程序接口)：API 是在两个或多个应用程序之间进行交互的接口。企业使用 APIs 连接服务和传输数据。在云计算中，APIs 用于允许客户端管理云服务并与之交互。因此，APIs 安全性对于确保它们不会被黑客盗用或借此来绕过服务的身份验证和访问控制策略至关重要。2019 年 Instagram 数据泄露事件导致近 5 000 万用户记录被泄露并以比特币交易，原因是其开发者 API 中存在安全漏洞(Ashford, 2017)。这些解决方案包括云开发人员良好的 API 操作习惯以及对标准 API 框架的遵守，如开放云计算接口(OCCI)和云基础设施管理接口(CIMI)。

加密劫持

加密劫持是指未经授权就使用资源来挖掘加密货币。在用户点击恶意链接或访问带有 JavaScript 代码的网站后，黑客会在其计算资源上植入加密挖掘代码，JavaScript 代码一旦加载到浏览器中就会自动执行(Nadeau, 2021)。加密挖掘软件的一个例子是 2018 年发现的 Smominru 加密挖掘僵尸网络，它感染了 50 多万台机器来挖掘门罗币。黑客更喜欢加密劫持，因为它比勒索软件更便宜、更有利可图，其中有三个原因。首先，并不是每个用户都为被勒索软件感染的计算机付费，而在加密劫持中，所有被感染的计算机都帮助挖掘加密货币。其次，与勒索软件相比，加密劫持被发现的风险要小得多。最后，受害者追根溯源的倾向较小，因为在加密劫持中，没有个人数据被盗或被加密。

加密劫持云资源涉及通过错误配置的服务和暴露的 APIs 危害云服务管理平台。来自威胁组织 TeamTnT 的一种名为 Black-T 的加密劫持恶意软件的新变体，以被入侵的云系统上的 AWS 证书文件为目标，并挖掘门罗币(Coker, 2020)。该恶意软件将扫描暴露的 Docker 守护程序 APIs。一旦成功识别和发现 API，Black-T 就将被植入。

防止云加密劫持的方法包括提高员工安全意识以阻止钓鱼攻击，在网络浏览器上部署广告阻拦扩展，对云应用程序和 IT 资产使用多因素身份验证，及时安装安全补丁和更新，并部署基于云端的应对威胁的保护措施。

未经授权的访问

云基础设施位于组织的网络边界之外，这也使攻击者更容易获得对组织云资源未经授权的访问。对安全性或访问控制的不当配置将使攻击者能够直接访问。钓鱼攻击也是最常用的策略之一，攻击者欺骗员工点击索要账户证书的恶意链接。组织员工的弱密码将使未经授权的用户获得对数据或功能的完全访问。

银行(或任何组织)在规划和实施云解决方案时应考虑的战略考虑因素包括：

服务供应商管理

云服务提供商可能会经常提供基于云端的新服务和新功能。组织应该避免供应商锁定，这样他们在从一个供应商转移到另一个供应商时就不需要重新构建平台。还应该考虑为了满足业务需求而将工作负载从一个云端转移到另一个云端的价格灵活性。德勤在一份报告(Deloitte, 2019)中指出："采用多供应商/多云端战略可能是复杂且具有挑战性的；发展对架构组件和治理策略的共享理解，可以实现对多云端环境的最佳使用。"

安全性

在(ISC)²(2020)的2020云安全报告中,大多数组织对云安全从适度关注提升到非常关注。最大的云安全问题包括数据泄露和数据隐私/机密性。组织使用的三种主要云安全控制方法是加密、用户活动审查和员工培训(Netwrix,2021)。

云提供商负责基础设施层的安全,而客户端应该负责更高层的安全和访问管理。这包括进行适当的员工安全培训和教育,正确配置用户访问和身份管理,对用户活动进行定期审查和监控,部署多因素身份验证,审查存储在云端的数据类型,并进行适当的数据分类。

法律监管合规性

数据保护法规,如支付卡行业数据安全标准(PCI DSS)、健康保险携带与责任法案(HIPAA)和通用数据保护条例(GDPR),要求组织正确处理受保护的个人信息。当这些数据存储在云端上时,实现并展现监管合规性是至关重要的。这要求合规性团队持续追踪和履行监管合规性。

数据主权

数据主权的问题在于,云基础设施由分布在不同地方的数据中心组成。这引发了对数据主权的担忧。GDPR等数据保护法规限制了欧盟公民数据可以发送和存储的物理位置。2021年,Capgemini咨询公司和Orange宣布计划在法国成立Bleu,用来提供独立、可信的云平台。该法案背后的关键包括提供对所有治外法权立法的豁免,满足数据传输要求,以及确保在使用位于法国的数据中心的隔离基础设施时,能够完全控制基于云端的应用程序。根据安全性和主权这两个先决条件,这一举措符合法国的国家云战略(Capgemini,2021)。

事件检测和响应

事件检测和响应关系到组织发现云安全事件并对其响应所需的时间。根据Netwrix(2021)的调查,组织在几分钟或几小时内发现的前三种事件是钓鱼、勒索软件和对云基础设施的针对性攻击。耗时最长的事件是内部人员的数据窃取。尽管如此,调查还显示,数据分类和用户活动审查缩短了组织的检测和响应时间。数据分类是组织对敏感文件进行标记,以便对存储的数据进行更多的控制并使其更加清晰。另一方面,用户活动审查包括监控整个云环境中的恶意活动,并对可疑操作发出警报。

1.6 全球云计算市场

全球云计算市场正在不断壮大,深化行业转型,让越来越多的企业抓住创新机遇。本节比较了中国和美国的云计算市场,以及科技巨头如何在它们的人工智能战略中使用云计算。

学习目标

比较中国和美国云计算市场的发展。

说明这些地区科技巨头在商业战略中对云计算和人工智能的融合。

主要内容

要点
- 云计算给生活、消费和商业带来根本性变化,引发了整个行业的变革。
- 组织有它们自己的意向型、无意向型、物联网/车联网和认知服务数据的云存储。

重点名词
- 意向型数据(Intentional Data):记录选择和行为的数据。
- 无意向型数据(Unintentional Data):没有经过任何特定分析或目的而收集的数据。
- 物联网(Internet of Things,简称IoT):内置传感器和联网能力的物理形式的网络,通过互联网与其他设备和系统连接并交换数据。
- 认知服务(Cognitive Service):微软开发的一套机器学习算法,用于解决人工智能领域的问题。

云计算被视为继个人计算机(PC)和互联网转型之后的第三次IT浪潮,已经成为发展信息产业必不可少的支撑。云计算是企业转型的主要驱动力。它带来了生活方式、消费方式和商业方式的根本变化,并引起了整个行业的转型。云计算技术的发展已经进入成熟阶段。其应用也向更核心、更关键的方向发展,更加注重安全、稳定和风险防控。

2017年,亚马逊AWS、微软Azure、阿里云、谷歌、IBM在公共云IaaS的全球市场份额排名前五。亚马逊的市场份额最高,达到51.8%,占据绝对领先地位。过去5年里,云计算行业的专利申请增加了一倍多。在云计算专利所有公司中,总部位于美国的IBM、微软和谷歌位列前三,英特尔、亚马逊、惠普位列前十。这意味着前十个拥有云计算专利的公司中有六个在美国,进一步表明全球云计算产品以美国为中心。中国公司华为被选为全球十大云计算专利所有公司之一,排名第八,超过了美国的惠普和德国的思爱普。作为一家成立三十多年的科技公司,华为在云计算和基础设施方面有着深厚的积淀,非常重视知识产权和专利研究。

图1.4和图1.5展示了AWS、微软Azure、阿里云和华为云的对比及各自可用的地区和国家。它们的主要业务客户如图1.6和图1.7所示。

云服务对比:可用的国家和地区	amazon web services	Azure	Alibaba Cloud	HUAWEI
上市时间	2006年3月	2010年2月	2009年9月	2017年3月
可用的国家和地区	190+	140%	150+	中国内地和中国香港地区
地区	18	42(计划54个)	18(中国8个)	4

图1.4 云服务对比:可用的国家和地区

图 1.5　云服务对比：位置

图 1.6　云服务对比：客户(1)

图 1.7　云服务对比：客户(2)

如图 1.8 所示，上述 9 家公司中有 8 家的云数据存储形式为意向型、无意向型、物联网/车联网和认知服务数据。

公司	意向型数据	无意向型数据	物联网/车联网	认知服务	云端
Alibaba	AliPay, Taobao, Tmall, Alibaba.com, Alibaba Express, Yue'bao, Tmall, Alibaba Cloud (750 mn)	Youku, Weibo, UCWeb, Cainiao Logistics, Yahoo! China, SCMP, AliWangWang, LaiWang, PAI, Ding Talk	"Connected Car" with SAIC, AutoNavi, Ali Health, KFC	Platform for Artificial Intelligence (PAI 2.0), Tmall Genie	Ali Cloud
Tencent	WeChat Pay, 3rd Party Providers (JD.com, Didi, etc.)	WeChat (938 mn), QQ (700 mn), Qzone, WeChat Ecosystem, Gaming	Didi, Dianping review site	WeChat Voice/Image, Tencent Video	Tencent Cloud
Ping An	Ping An Bank, Ping An Insurance, Ping An Asset Mgmt (350 mn)	Ping An Health, Ping An Securities	Ping An Auto Owner, Wanjia Clinics	Facial recognition, Voice print	Ping An Health Cloud
Baidu	Baidu Search, Baidu Wallet	Baidu Search	Food Delivery Service, Project Apollo	Little Fish	Baidu Cloud
Amazon	E-commerce (B2C, C2C)	Shopping search	Echo, Kindle, Whole Foods, Amazon Books, Logistics	Alexa, Rekognition, Polly, Lex, Amazon Video	AWS
Google	Google Play Store, Google Search	Google Search, Android OS, G-mail, Maps, Chrome, Snapchat (166 mn MAU), Youtube, Waymo	Android OS, Waymo	Health, Translation, Google Assistant, Google Face, Deep Mind	Google Cloud
Apple	iTunes (800 mn), Apple Music, Apple Pay (85 mn)	iOS, Safari	iPhone (1 bn), iPad, iPod, Mac, Apple Watch	Siri, Face Recognition	iCloud
Microsoft	Xbox, Microsoft Wallet (small)	LinkedIn, Office, Skype, Bing, IE	Kinect, Microsoft Surface, Windows Phone	Zo, Computer vision/ Speech/ Language API	Azure
Facebook	Messenger Pay	Facebook, Facebook Messenger (1.96 bn), Whatsapp(1.3 bn)	Oculus, Project Titan	Deep face, Deep text, Translation	/

图 1.8　人工智能数据源对比

根据高德纳咨询公司(Gartner)的数据，2017 年在全球云服务处于领先地位的是亚马逊，其全球市场份额为 51.8%，微软为 13.3%，阿里巴巴为 4.6%，谷歌为 3.3%。IBM 的全球市场份额为 1.9%。在中国，阿里巴巴排名第一，美团和腾讯分列第二和第三，百度排名第十。阿里巴巴正在引领亚洲市场。阿里云的国际业务在新加坡注册，总部也设在新加坡。它正在将服务范围扩大到"一带一路"倡议涉及的国家和地区。阿里云为 2022 年冬奥会提供了集成的云技术和创新平台。2017 年，它推出了 316 种产品及功能，其中 60 种专注于高价值领域，包括人工智能。该公司公布的 2018 年第一季度营收为 43.9 亿元人民币(6.649 亿美元)，同比增长 103%。2017 会计年度总收入达 133.9 亿元，增长 101%。

腾讯还可以访问存储在腾讯云中的 QQ、微信和微信支付生成的社交媒体数据，可能会涉及 10 亿人的信息、聊天记录、文件传输、照片、位置和其他个人信息。平安除了提供保险服务外，还提供健康、不动产、交通、智慧城市、政府、金融等服务。因此，它通过云服务，拥有了一个庞大的数据库供其使用。腾讯、阿里巴巴和平安是众安的最大股东，众安提供纯粹的在线保险服务，并慢慢扩展到电商保险以外的许多领域。众安是全球最大的纯在线、基于云端的保险公司。

百度还在扩展百度云业务。百度最近推出了中国首个云端全功能的人工智能芯片——昆仑。通过昆仑，百度为组织提供人工智能平台和硬件，以部署具有人工智能的解决方案。百度还将人工智能技术用于汽车和 100 多个品牌的冰箱、电视、扬声器等。它还与华为合作开发人工智能手机，并与高通合作优化其物联网设备和智能手机的 DuerOS(百度度秘事业部研发的对话式人工智能系统)。

  与此同时,在美国,亚马逊已经转型成为几乎所有领域的头号人工智能参与者,包括云计算和机器学习。谷歌的云服务也为其收入做出了贡献。2017 年,谷歌的广告收入高达 95.38 亿美元。

  最近的结果显示,谷歌占母公司 Alphabet 2018 年第二季度 262.4 亿美元收入的 86%。谷歌的其他收入,包括云服务、硬件和应用程序销售,同比增长 37%,达到 44 亿美元。谷歌搜索、谷歌街景、谷歌照片和谷歌翻译使用谷歌 TPU 在背后加速它们的神经网络计算。该芯片是专门为谷歌的 TensorFlow 框架设计的,这是一个用于机器学习应用(如神经网络)的符号数学库。2018 年 5 月 8 日,谷歌宣布推出第三代 TPU,"允许其他公司通过谷歌的云计算服务购买这些芯片的访问权限"。

  微软最近的增长得益于其云服务,其中 Azure 的营收同比增长超过 70%。微软专注于快速增长的云应用和平台,正帮助其降低个人电脑需求放缓的影响,个人电脑需求放缓已经损害到了其广受欢迎的 Windows 操作系统的销售。然而,与微软不同的是,苹果的人工智能战略继续专注于在本地设备上运行工作负载,而不是严重依赖基于云端的资源。

  从这些研究可以看出,在全球云市场竞争的这个阶段,云计算是人工智能战略的基础。阿里巴巴在亚洲占主导地位,而亚马逊在美国占主导地位。

参考文献/拓展阅读

  Ashford, W. (2017, August 31). Instagram Fixes API Blamed for Celebrity Data Leaks. https://www.computerweekly. com/news/450425513/Instagram-fixes-API-blamed-for-celebrity-data-leaks.

  BBC News. (2020, July 31). Twitter Hack: Staff Tricked by Phone Spear-phishing scam. https://www.bbc. com/news/technology-53607374.

  BNP Media. (2020, September 4). Former Cisco Employee Pleads Guilty in Insider Threat Case. https://www. securitymagazine. com/articles/93210-former-cisco-employee-pleads-guilty-in-insider-threat-case.

  Coker, J. (2020, October 6). New Cryptojacking Malware Variant Targeting Cloud Systems Discovered. https://www. infosecurity-magazine. com/news/cryptojacking-malware-variant/.

  Deloitte. (2019). Cloud Banking: More than Just a CIO Conversation. https://www2. deloitte. com/global/en/pages/financial-services/articles/bank-2030-financial-services-cloud. html.

  Fruhlinger, J. (2020, February 12). Equifax Data Breach FAQ: What Happened, Who Was Affected, What Was the Impact? https://www. csoonline. com/article/3444488/equifax-data-breach-faq-what-happened-who-was-affected-what-was-the-impact. html.

  NIST. (2011). The NIST Definition of Cloud Computing(No. 800－145). National Institute of Standards and Technology. https://nvlpubs. nist. gov/nistpubs/Legacy/SP/nistspecialpublication800-145. pdf.

  NIST Cloud Computing Standards. (2013). NIST Cloud Computing Standards Roadmap(No. 500－291, Version 2). National Institute of Standards and Technology. https://www. nist. gov/system/files/documents/itl/cloud/NIST_SP-500-291_Version 2_2013_June18_FINAL. pdf.

  Rountree, D. , and Castrillo, I. (2013). The Basics of Cloud Computing: Understanding the Fundamentals of Cloud Computing in Theory and Practice (Basics (Syngress)), 1st ed. Syngress.

  Noonan, L. (2020, August 6). Capital One Fined $80m for Data Breach. Financial Times. https://

www. ft. com/content/a730c6a0-c362-4664-a1ae-5faf84912f20.

Simmon, E. (2018). Evaluation of Cloud Computing Services Based on NIST SP 800 – 145 (No. 500 – 322). National Institute of Standards and Technology. https://nvlpubs. nist. gov/nistpubs/SpecialPublications/NIST. SP. 500-322. pdf.

Schulte, P. (2019). Ai and Quantum Computing for Finance and Insurance: Fortunes and Challenges for China and America (Singapore University of Social Sciences—World Scientific F). WSPC.

Kahol, A. (2019, July 18). Cloud Cryptojacking: The Fastest-growing Enterprise Cybersecurity Threat. Verdict. https://www. verdict. co. uk/cloud-cryptojacking/.

Seals, T. (2020, August 20). AWS Cryptojacking Worm Spreads through the Cloud. Threatpost. https://threatpost. com/aws-cryptojacking-worm-cloud/158427.

Nadeau, M. (2021, May 6). What is Cryptojacking? How to Prevent, Detect, and Recover from It. https://www. csoonline. com/article/3253572/what-is-cryptojacking-how-to-prevent-detect-and-recover-from-it. html.

(ISC)[2]. (2020). 2020 Cloud Security Report. https://www. isc2. org/2020-cloud-security-report.

Netwrix. (2021). 2021 Cloud Data Security Report. https://www. netwrix. com/download/collaterals/2021%20Netwrix%20Cloud%20Data%20Security%20Report. pdf.

Capgemini. (2021, May 27). Capgemini and Orange Announce Plan to Create "Bleu", a Company to Provide a "Cloud de Confiance" in France. Capgemini Worldwide. https://www. capgemini. com/news/capgemini-and-orange-announce-plan-to-create-bleu-a-company-to-provide-a-cloud-de-confiance-in-france/.

Accenture. (2020). The Cloud Imperative for the Banking Industry. Cloud Services, Accenture Banking. https://images. info. accenture. com/Web/ACCENTURE/%7Be525da83-d3a8-44bf-bd38-b2fbc21399b0%7D_Accenture-Cloud-Imperative-Banking. pdf.

Amazon Web Services. (2020). Capital One on AWS. Amazon Solutions, Case Studies. https://aws. amazon. com/solutions/case-studies/capital-one/.

Blazheski, F. (2016). Banking Analysis: Cloud Banking or Banking in the Clouds? U. S. Economic Watch. https://www. bbvaresearch. com/wp-content/uploads/2016/04/Cloud_Banking_or_Banking_in_the_Clouds1. pdf.

Saluja, S. and Sepple, J. (2018). Cloud and Clear-complete Your Journey to Cloud. Resounding Innovation Awaits. *Accenture*. https://www. researchgate. net/publication/331742827_How_Cloud_Computing_Is_Transforming_and_Benefiting_Financial_Institutions.

Hon, W. K. and Millard, C. (2018). Banking in the Cloud: Part 1—Banks' Use of Cloud Services. Computer Law & Security Review, 34(1), 4—24.

Google Cloud. (n. d.). Atom Bank: Empowering a Digital-only Bank to Transform the Way People Handle Their Finances. Google Cloud, Case Studies. https://cloud. google. com/customers/atom-bank.

Microsoft. (2019). TD Securities Transforms Derivatives Pricing and Client Experience Using Azure. Microsoft Customers Stories. https://customers. microsoft. com/en-US/story/td-securities-banking-azure-canada.

Finextra. (2020). Natural Language Processing is the Next Step to Automation. Finextra Research. https://www. finextra. com/newsarticle/35053/natural-language-processing-is-the-next-step-to-automation.

Alibaba Cloud. (n. d.). Artificial Intelligence Service for Conversational Chatbots.

Alibaba Cloud Solutions. https://www. alibabacloud. com/solutions/ai-chatbots.

练习题

习题 1

下面哪个选项描述了云计算的特征?

a. 每个客户端都拥有自己专用的云资源

b. 云资源支持按需获取

c. 云功能只能通过笔记本电脑和工作站访问

习题 2

关于公共云,下列哪一项是错误的?

a. 基础设施位于外部服务提供商的地方(即云提供商的场所)

b. 存储在云端上的数据是公共信息

c. 通过互联网连接公共云

习题 3

云服务提供商负责:

a. 云服务管理

b. 云服务安全审查

c. 服务中介

习题 4

数据主权是指:

a. 个人分析自己数据的能力

b. 个人安全拥有自己数据的能力

c. 个人控制自己数据使用的能力

习题 5

以下哪项不是将云端与人工智能结合使用的好处?

a. 优化运营

b. 建立新的客户体验

c. 确保云数据的完整性

参考答案

习题 1

答案:b。

根据NIST对云计算特征的定义,资源池优化了云资源的使用,云能力应该通过不同设置的客户端平台使用的标准机制或协议在网络上访问。

习题 2

答案:b。

无论它是公共云、私有云、混合云还是社区云,存储在云上的信息只有所有者知道。

习题 3

答案：a。

参考 NIST 概念参考模型，特定的审查员进行安全审查，云代理负责服务中介。

习题 4

答案：c。

习题 5

答案：c。

将云端与人工智能结合使用，使公司能够通过利用机器学习、物联网平台、图像识别和自然语言处理等工具来构建新的客户体验、优化运营和管理人才。这些能力是提高整体盈利能力、优化运营和留住人才的关键驱动因素。

第 2 章　网络安全基础

2.1　网络安全基础

随着企业向数字化转型,网络安全问题日益突出。本节介绍了"网络安全"的几个标准定义,以及由美国国家标准与技术研究院(NIST)定义的网络安全框架。企业必须区分各种安全目标的含义,并确定它们希望实现的安全目标。在此基础上,设计出合适的安全机制。

学习目标

说明 NIST 网络安全框架核心的要素和实现这些目标的参考例子。

评价不同的安全目标,包括保密性、完整性、可用性、可认证性和不可否认性。

主要内容

要点

- 网络安全涉及对电子数据的保护,包括静态数据和传输中的数据。
- NIST 网络安全框架核心规定了一组实现特定网络安全目标的行动。
- 五个主要的安全目标指导着密码技术的设计和使用。它们是保密性、完整性、可用性、可认证性和不可否认性。

重点名词

- 信息安全(Information Security):关注保护所有形式的信息或数据的完整性、保密性和可访问性。
- 网络安全(Cybersecurity):对电子数据的保护,包括静态数据和传输中的数据。
- 数据保密性(Data Confidentiality):目标是保护数据不受未授权方的影响。
- 数据完整性(Data Integrity):确保数据在传输过程中不被篡改的行为。
- 可用性(Availability):系统向合法用户提供连续和不中断服务的能力。
- 数据可认证性(Data Authentication):核实数据来源的能力。
- 不可否认性(Accountability):防止用户错误地否认他们已经发送或授权了特定数据的能力。

定义

参考美国众议院第 4246 号法案《网络安全信息法》，网络安全是指"通过滥用或未经授权的方式利用互联网、公共或私人电信系统或其他违反联邦法、州法或国际法，损害美国州际贸易或威胁公共健康安全的类似行为，使任何计算系统、软件程序或抵抗蓄意干扰、损害或瘫痪的关键基础设施或能力具有的漏洞。(The vulnerability of any computing system, software program, or critical infrastructure to, or their ability to resist, intentional interference, compromise, or incapacitation through the misuse of, or by unauthorized means of, the Internet, public or private telecommunications systems or other similar conduct that violates Federal, State, or international law, that harms interstate commerce of the United States, or that threatens public health or safety."[①])

参考参议院第 1901 号法案《2002 年网络安全研究和教育法案》[②]：

网络安全：信息保障，包括确保计算机和网络安全所需的科学、技术、管理或任何其他相关学科，包括但不限于与以下功能相关的学科：

a. 安全系统和网络的管理和运作。

b. 系统安全工程。

c. 信息保障系统和产品获取。

d. 密码学。

e. 威胁和漏洞评估，包括风险管理。

f. 网络安全。

g. 计算机应急响应小组的运作。

h. 网络安全培训、教育和管理。

i. 计算机取证。

j. 防御性信息行动。

我们可以根据 Olcott(2019)的定义进一步区分信息安全和网络安全。"信息安全"一词涉及保护所有形式的信息或数据的完整性、保密性和可访问性，也涉及保护在软拷贝、硬拷贝、数据中心、机柜里存储的数据的保密性。信息安全的例子包括，在使用完所有档案及文件后对它们进行加锁，以及在电脑上为数据访问设置多因素身份验证。另一方面，"网络安全"涉及对电子数据的保护。电子数据包括存储在移动设备、计算机、云端或服务器上的数据。确保网络安全的例子包括：加密、设置防火墙。

网络安全架构[③]

网络安全架构核心提供了一系列为实现特定网络安全目标而进行的行动以及指导示例作为参考。这个核心不是要执行的行动清单，而是展示了由利益相关者确定的、可促进网络安全风险管理的关键网络安全目标。架构核心包括四个要素：功能、类别、子类别和信息参考。

---

① 资料来源：https://fas.org/sgp/congress/2000/cybersec.html。
② 资料来源：https://www.congress.gov/bill/107th-congress/senate-bill/1901/text。
③ 资料来源：https://nvlpubs.nist.gov/nistpubs/CSWP/NIST.CSWP.04162018.pdf。

功能处于最高级别，用于组织基本的网络安全活动。这些功能包括识别、保护、检测、响应和恢复。它们通过组织信息，启动风险管理决策，解决威胁，并根据以前的活动经验进行优化来帮助组织进行网络安全风险管理。功能在根据现有方法调整后，可用于事件管理，展示向网络安全投资的效果。例如，在规划和演习方面的投资支持可促进及时响应和恢复行动，从而减少对服务交付的影响。

类别是将功能细分为与规划需求和特定活动密切相关的不同的网络安全目标组别。类别的例子包括"资产管理""身份管理和访问控制"和"检测过程"。

子类别进一步将一个类别划分为技术和/或管理活动的具体目标。它们提供了一系列结果，虽然不是详尽无遗的，但有助于实现每一类别的目标。子类别的例子包括"对外部信息系统进行登记分类""保护静态数据"和"审查检测系统的通知"。

信息参考是关键基础设施部门常用的标准、指南及实践中的详细部分，说明了实现与每一个子类别相关的目标的方法。

在框架核心中提供的信息参考是说明性的，不是详尽的。它们用于跨部门指导，在架构开发过程中最常被引用。

识别：建立对系统、人员、资产、数据和能力的网络安全风险管理的组织共识。识别功能涉及的活动是有效使用该框架的基础。了解业务环境、支持关键功能的资源以及相关的网络安全风险，使组织能够根据其风险管理策略和业务需求，确定事情的轻重缓急，进行重点突破。该功能涉及的目标类别的例子包括资产管理、业务环境、治理、风险评估和风险管理策略。

保护：制定和实施适当的防护措施，确保关键服务的交付。保护功能能够限制或控制潜在网络安全事件的影响。该功能涉及的目标类别的例子包括身份管理和访问控制、意识和培训、数据安全、信息保护流程和程序、维护和保护技术。

检测：制定并实施适当的活动以识别网络安全事件的发生。检测功能用于及时发现网络安全事件。该功能涉及的目标类别的例子包括异常和事件、安全持续监控和检测过程。

响应：针对检测到的网络安全事件，制定对策并采取适当的行动。响应功能能够控制潜在网络安全事件的影响。该功能涉及的目标类别的例子包括响应规划和沟通、分析、缓解和优化。

恢复：制定对策并实施适当的活动来维护网络快速恢复的能力，并恢复因网络安全事件而受损的功能或服务。恢复功能可以及时恢复网络的正常运行，减少网络安全事故的发生。该功能涉及的目标类别的例子包括恢复规划、优化和沟通。

安全目标

保密性、完整性、可用性、可认证性和不可否认性这五个目标指导着密码技术的设计和使用。

保密性可以指数据保密性，也可以指用户保密性。数据保密性旨在保护数据不受未授权方的影响。这类似于古典密码学的原始目标，是通过数据加密实现的。用户保密性涉及不可追溯性（隐藏数据路径的能力）和不可关联性（隐藏来自同一用户的多个数据片段之间的联系）。

数据完整性是指确保数据在传输过程中不被篡改。完整性可以通过哈希函数、消息认证码或数字签名来实现。完整性与可认证性和不可否认性密切相关,加上可认证性和不可否认性这两个安全目标就超越了传统的"CIA 三要素"(CIA 是 confidentiality、integrity 和 availability 三个词的缩写,指保密性、完整性和可用性)。

可用性这一安全目标与系统向合法用户提供连续和不中断服务的能力有关。它与一种被称为拒绝服务(DoS)攻击或分布式拒绝服务(DDoS)攻击的恶意行为密切相关。

可认证性可以指数据认证,也可以指用户身份验证。数据认证的目的是验证一段数据来源的真实性。可以使用数字签名来实现数据认证。用户身份验证的目的是验证用户就是他们本人。用户身份验证通常是通过要求用户根据所知道的信息(如用户名/密码)、所拥有的东西(如通行卡)、个人的生物特征(如指纹)向登录系统提供身份验证因素来证明用户身份的。

不可否认性的目的是防止用户错误地否认他们发送了特定数据。它类似于"不可抵赖"这一概念,可以通过在数据块上创建数字签名来实现不可否认性这一安全目标。通常,不可否认性和数据可认证性的实现在某种程度上也确保了数据完整性。

2.2 密码学

密码技术是一套用于实现安全目标的数学算法。每种密码技术都可用于实现一个或多个安全目标。例如,加密只实现数据保密性这一安全目标,而数字签名可以实现数据完整性保护、数据可认证性和不可否认性多个安全目标。本节简要概述了密码学和应该保护的数据类型。

学习目标

介绍现代密码学。
区分应该保护的不同类型的数据。

主要内容

要点
- 现代密码学是一门科学,也是一门数学学科。
- 现有的现代密码算法并不是绝对安全的——只要有足够的时间和计算能力,它们就能被破解。
- 数据的主要类型包括静态数据和传输中的数据;它们表现出不同的特点,存在于不同的环境中。

重点名词
- 古典密码学:编写或破解密码的艺术。
- 现代密码学:一门科学,也是一门数学学科,建立在对安全性的严格证明之上。
- 计算安全:现有的密码体制不假定自身是绝对安全和不可破解的。
- 静态数据:存储中的数据,不会从一个设备转移到另一个设备。
- 传输中的数据:在网络中从一个位置移动到另一个位置的数据。

密码学概述

如果我们在词典中查找"密码学",我们可能会发现它的定义是"编写或破解密码的艺术"。这个定义准确地描述了古典密码学在 20 世纪 70 年代和 80 年代之前的历史演变。古典密码学已经存在了几千年——已知的最早的密码使用记录可以追溯到古埃及。古典密码学之所以是一门艺术,是因为古典密码学几乎没有什么理论来支撑密码的构造和解密,也没有系统地探讨过安全密码必须满足的要求。古典密码学的目的主要是保密,但由于要花费大量费用,只有政府和军事组织使用它。最著名的例子是德国人在 20 世纪初发明的恩尼格玛密码机,第二次世界大战期间纳粹德国使用它来加密军事通信。

自那以后,密码学领域开始蓬勃发展。与古典密码学不同,现代密码学是一门艺术、一门科学,也是一门数学学科。这个领域现在建立在对安全性的严格证明之上,不再是用复杂或聪明就能形容的不明确的直观概念。密码技术不能被证明是绝对安全的,因为我们还无法在对计算复杂性的分析上取得突破。

我们可以将现代密码学视为一套用于解决复杂问题的算法,这些问题之前无法在"合理的时间"内解决。"合理的时间"一词是故意含糊的,因为现代密码学的关注点是计算速度,因此,我们认为足够安全的密码的要求是不断变化的。

与古典密码学相比,现代密码学更加普及。现代密码学的用途现在已经超越了保密通信,扩展到保护用户、静态数据(存储中)和传输中的数据(通过网络发送),而且它对于几乎所有的计算机系统都是不可或缺的。我们大多数人每天都在以不同的方式使用着密码学,比如发送电子邮件或用交通卡支付车费。

完善前面的说法,我们说,如果没有有效的攻击者能够在合理的时间内破解密码机制,那么该机制在计算上是安全的。"有效攻击者"可以理解为具有合理计算能力的攻击者。相反,"合理的时间"可以理解为在此期间解决问题的能力不再有用或不再有利可图。满足这些条件的密码技术被破解的概率可以忽略不计。

静态数据

静态数据是指存储在硬盘、闪存盘或服务器上的数据,不会从一个设备转移到另一个设备上。由于这些数据所在的硬件和网络受到安全机制的保护,因此可以认为静态数据比传输中的数据更加安全。然而,攻击者经常发现静态数据比传输中的数据更有价值。

传输中的数据

传输中的数据是指通过公共网络(如互联网)或私有网络从一个位置主动移动到另一个位置的数据。数据通过网络传输时,容易被窃听、更改、删除,甚至恶意插入。

保护静态数据和传输中的数据有多种方法。加密是保护这两种类型数据的常用工具。保护静态数据的常用加密方法包括密码技术,如 DES(Data Encryption Standard,即数据加密标准)和 AES(Advanced Encryption Standard,即高级加密标准)标准。对于传输中的数据,可以采用端到端加密,也可以采用 SSL(Secure Socket Layer,即安全套接层)、TLS(Transport Layer Security,即安全传输层)协议等进行加密连接。

除了确保数据的保密性不受损害外,也必须确保数据的完整性和可认证性得到保护。现有的加密连接协议被设计为认证加密。

除了使用密码学来保护数据外,还应该设置额外的安全机制。网络安全解决方案,如防火墙、入侵检测和防病毒软件,保护网络免受恶意软件攻击或入侵。适当的访问控制机制可以对用户角色和数据敏感性进行分类,阻止未经授权的访问,进而能够对数据进行充分的保护。

"虽然传输中的数据和静态数据的风险可能略有不同,但固有风险都主要取决于数据的敏感性和价值;攻击者试图获取有价值的数据,无论是动态数据、静态数据还是使用中的数据,处于最容易被破坏的状态的数据就会成为攻击目标。这就是为什么对数据进行主动保护这一方法,例如对与内容、用户和情景感知的安全协议相结合的数据进行分类,无论在哪个国家都能够最安全有效地保护最敏感的数据。"[1]

2.3 加密货币与网络安全

2.3.1 加密货币与网络安全

加密货币和区块链领域与网络安全密切相关,这个领域可能需要我们重新考虑一下现有的网络安全设置。加密货币和区块链提出了钱包的想法。钱包技术(基于公钥基础设施)使用户可以独立控制自己的资金,而无须依赖可信第三方。然而,"中心化"的加密货币交易所使用户面临着一些网络安全风险。此外,除了提供安全的、需要认证的公共账本外,区块链还被认为是一种加强网络安全的技术。本节将讨论加密货币、区块链与网络安全之间的关系。

学习目标

评估加密货币钱包和加密货币交易所的安全性。
检查区块链的使用以加强网络安全。

主要内容

要点
- 现有的钱包标准定义了几种类型的加密货币钱包以及如何生成用户的私钥。
- 钱包有两种类型,即热钱包和冷钱包;每种类型的钱包在安全性和可用性方面都有所不同。
- 加密货币交易所必须保护自己的私钥以及用户的 KYC(Know Your Customer,即了解你的客户)信息。
- 区块链的数据结构和去中心化的基础设施可能会成为加强网络安全的新途径。

---

[1] Lord,N. (2019,July 15). Data Protection:Data in Transit vs. Data at Rest. https://digitalguardian.com/blog/data-protection-data-in-transit-vs-data-at-rest.

重点名词

- 钱包(Wallet)：一种存储用户私钥的软件应用程序或硬件。
- 助记码字(Mnemonic Code Words)：一组字词(英文或其他语言)，当它们按正确顺序出现时，可用于恢复用户的主私钥。
- 气隙系统(Air-gapped System)：完全切断任何形式的连接的计算设备。

加密货币存储

在去中心化的加密货币世界中，加密货币持有者承担着保护的责任。每个加密货币钱包的持有者都拥有一个私钥，该私钥可以解锁特定钱包并允许持有者使用钱包中的加密货币。一般来说，钱包有两种类型：JBOK(Just a Bunch of Keys)钱包(也称为不确定性钱包)和确定性钱包。

非确定性钱包每次使用不同的随机数独立生成密钥。确定性钱包从被称为种子的单个主私钥中派生所有私钥。这两者的主要区别在于：非确定性钱包要求其持有者保存一组独立的密钥；相比之下，确定性钱包允许其持有者在种子可用的情况下重新生成密钥集。为了保护用户隐私，建议每笔交易都使用一个新的密钥，这样加密货币交易就不会被追踪到了。

助记码字是一组字词(英文或其他语言)，当按正确顺序获取它们时，可用于恢复丢失的种子。随着加密货币钱包技术的成熟，行业标准已经出现，能够让钱包具有交互操作性、可用性和安全性。例如，助记码字的生成是基于 BIP-39(BIP 全称是 Bitcoin Improvement Proposals，即比特币改进提议；BIP-39：第 39 个比特币改进提议)标准的。在 BIP-32(第 32 个比特币改进提议)中，将用一个种子生成一堆密钥的方法称为分层确定性(HD)钱包。BIP-44(第 44 个比特币改进提议)为 HD 钱包定义了多币种多账户结构。

加密货币的存储有两种基本形式：热钱包和冷钱包。热钱包与互联网相连，使用起来更方便。然而，热钱包面临着更高的风险，因为它暴露在恶意软件和病毒等在线威胁面前。冷钱包是离线钱包。它们通常以物理设备的形式存在，持有者需要接入计算设备才能解锁和使用加密货币。

加密货币交易所使用私钥的冷存储这一离线保存钱包的方法进行日常交易。私钥保存在与任何形式的连接断开的设备中，这种装置也称为气隙系统。因为需要为一天内预期的提款做好储备，在线服务器上只需要存储相应的私钥，而其余的私钥进行冷存储。主公钥用于创建只读钱包，并提供接收加密货币的地址。

然而，在加密货币用户缺乏安全意识和疏忽的情况下，冷存储并不能完全保证加密货币的安全。在 2020 年发表的一项研究中，以色列一所大学的学者详细介绍了一种技术，这种技术可以将一台气隙计算机上的 RAM(Random Access Memory，即随机存取存储器)卡转换成一个临时无线发射器。这种气隙计算机随后可以将敏感数据以每秒 100 字节的速度传输到几米外的设备上(Cimpanu,2020)。

臭名昭著的"门头沟"(MT.Gox)黑客攻击事件[①]导致 4.6 亿美元以比特币的形式被盗，

---

① "门头沟"MT.Gox 的中译名，是位于日本东京的一家比特币交易所，一度拥有全球比特币市场交易量 80% 的份额。2014 年 2 月，该交易所宣称"因遭黑客攻击，总计 74.4 万个比特币失窃"。这笔比特币时值 4.6 亿美元，该事件震惊全球，被称为"门头沟"事件。

该起事件使人们意识到加密货币的完全去中心化和数字特征导致了更高的攻击风险。2019年7月,加密交易所Bitpoint被黑客攻击,损失了2 800万美元,并且损害到了Bitpoint热钱包,影响了它一半的客户基础。

有趣的是,2016年加密货币交易所Bitfinex黑客攻击事件中被盗的资金(价值超过7.6亿美元的比特币)受到了加密货币社区的密切监控。利用区块链追踪服务的数据,被盗资金通过数十笔交易进行转移,每次交易的数额从1比特币到多达1 200比特币不等。加密货币交易所介入,将攻击者的地址列入黑名单,以防止他们将盗取的比特币转换为法定货币或竞争币。

这引发了对加密货币交易所监管的担忧。健全的监管将使加密货币交易所对交易报告、可疑活动监控、反洗钱(AML)要求和了解你的客户(KYC)法规实施全面控制。

加密货币交易所被黑客攻击的另一个担忧是,KYC信息泄露会导致个人数据泄露。虽然私钥的丢失会导致资金的损失,但KYC信息的泄露会更加危险,可能会使加密货币交易所受到法律的处罚。2019年,币安交易所在客户信息泄露后公开指责它的KYC供应商。这些例子,以及最近对加密税收报告服务的攻击事件表明,个人数据安全措施必须与已实施的资产保管安全措施保持一致(Viglione,2020)。

用于网络安全的区块链

这里也讨论了如何使用区块链来加强网络安全。一些确定的方面是:

● 数据完整性保护——使用哈希链和/或默克尔哈希树保护区块链上的数据结构。这些结构在数据之间创建密码链接,并促进数据保存和完整性验证。例如,只要大多数"矿工"是诚实的,许多区块链设计中的"一连串区块"概念就能创建一组带时间戳的数据的不可变记录。攻击者在更改、添加、删除或重新排序数据时,必然会造成重大经济损失。默克尔哈希树提供了一种验证交易的简单方式,可以用它来保护区块内的交易(如比特币)或记录带时间戳的数据(如Diem项目);对默克尔哈希树的叶子节点中数据的任何更改都将导致错误传播到根节点,所做的更改也将被检测到。

● 去中心化的基础设施——区块链是分布式账本的一种形式,其中的交易由全球分布式节点组成的大型网络进行记录和维护。因此,区块链本质上是去中心化的;单个节点的故障不会导致系统停止运作。这种没有中心控制点的结构能够减轻网络中的单点故障造成的影响,从而实现了"可用性"这一安全目标。

福布斯建议区块链在网络安全中的应用可以包括去中心化存储的解决方案、物联网安全、更安全的DNS(Domain Name System,即域名系统)和私人消息。

DARPA(Defense Advanced Research Projects Agency,即美国国防高级研究计划局)还在探索区块链在网络安全相关领域的应用,如经济驱动的安全模型,以及中心化如何影响无许可的分布式共识协议的网络安全态势。

2.3.2 零信任和不信任的定义

我们现有的社会结构,包括安全框架,往往依赖于一个可信第三方。一个声誉良好的可信第三方可以让用户不用再进行大量的研究或不用承担与主观判断相关的其他成本。也就是说,有一个可信第三方时,用户的心智交易成本较低。然而,使用一个可信第三方通常会导致高昂的成本,并成为安全协议中的一个风险。因此,通过最小化可信第三方的作用来堵住安全漏洞显得非常重要。

学习目标

区分"零信任"和"不信任"的概念。

主要内容

要点
- 零信任系统的基本思想是用一个(或多个)数字边界来检查每项操作,以保护核心资产(数据、服务等)。
- 正如中本聪所展示的那样,不信任系统通过密码学和共识机制只保护账本。
- 可信第三方最小化协议本质上是为了分发信任。

重点名词
- 可信第三方(Trusted Third Party,简称TTP):作为双方都信任的第三方,并且可以促进双方交互的实体。
- 零信任系统(Zero Trust System):通过用户身份验证和授权来保护核心资产的系统。
- 不信任系统(Trustless System):(在比特币背景下)一个只保护账本,假设用户不存在固有信任的系统。

零信任系统的基本思想是用一个(或多个)数字边界来检查每项操作,以保护核心资产(数据、服务等)。特别是,每个用户都必须向边界验证他们的身份和授权。因为"中心化"成为零信任系统授权机制的一部分,所以可以认为这是一种非常"中心化"的方法。

另一方面,正如中本聪所展示的那样,不信任系统只保护账本。这种保护是通过密码学和共识机制实现的。所有账本用户受到的信任都是一样的,所有操作都是透明的。操作的有效性由大多数用户决定。因此,用户或对等节点必须要在彼此之间建立起信任。网络中的对等节点必须验证与之交流的另一方的身份。

有趣的是,零信任系统不信任任何用户,而不信任系统只信任用户。[①]

关于信任的问题,Nick Szabo在他那篇臭名昭著的论文中指出,引入由第三方控制的"可信第三方"(TTP),相当于给所有安全协议的设计中引入了安全漏洞。TTP最著名的必备条件之一是在公开密钥加密中引入了证书授权中心(CA)。CA承担着确定参与者身份的责任,它已被证明是中心化公钥基础设施中最昂贵的组成部分。

可信第三方多年来在我们的日常活动中发挥着非常重要的作用。这里有几个原因:首先,设计依赖于可信第三方的协议要比设计不依赖可信第三方的协议容易得多,而且成为一个可信第三方,尤其是一个成功的可信第三方也非常具有吸引力。利用可信第三方可以降低初始设计成本。声誉良好的可信第三方将使用户不用再进行大量的研究或不用再承担用来判断是否信任某一特定方的其他成本。类似的,像维萨、邓白氏以及美国保险商实验室这

---

① 资料来源:https://robertmcgrath.wordpress.com/2020/10/15/zero-trust-versus-trustless/。

样的公司将不信任的陌生人连接到一个共同的信任网络中,我们的经济受益于"信任"这些公司。

然而,正如在使用 CA 的公钥基础设施和 DNS 中证明的那样,系统最大的长期成本是实现可信第三方的成本,这一成本用于昂贵的物理安全技术、审查、合规性和保护业务关系。

Nick Szabo 发现了一些最小化可信第三方作用的协议,这些协议在增进信任方面做出了承诺:
- Chaum 混淆
- 多方隐私计算
- 拜占庭弹性复制数据库

很容易注意到,"可信第三方"一词可以很容易地替换为"易受第三方攻击",也就是说这是一个安全漏洞。正如 Nick Szabo 总结的那样,"完美的'可信第三方'是不存在的,但协议设计里不再需要可信第三方,或者可信第三方的作用已经自动地被分配到了协议各方头上"。

2.3.3 匿名和隐私

企业和个人需要拥有在开放的网络上保持匿名和保护隐私的能力。本节将介绍匿名和用户隐私概念中的"不可追踪性"和"不可链接性",并使用加密货币交易来解释这两个性质。它引入了零知识证明(ZKP),因为 ZKP 被广泛认为是保护用户全部隐私的有前景的先进技术。

学习目标

研究区块链系统中匿名和用户隐私的概念。

描述零知识证明及其性质。

评价"监视资本主义"这一概念,评估用户隐私和自主权的未来发展。

主要内容

要点
- 用户隐私这一概念具有不可追溯性和不可链接性。
- 零知识证明要求证明者证明对某一信息的了解,但不能透露任何有关该信息的信息。
- 大型科技公司收集用户数据这一令人担忧的行为引起了对监视资本主义的争论。

重点名词
- 不可链接性(Unlinkability):在攻击者的观察下发生的两个事件似乎无关的情况。
- 不可追踪性(Untraceability):隐藏交易细节,使观察者无法追踪的能力。
- zk-SNARKs:一种零知识证明的新形式,以一种更有效的方式保证用户匿名和交易的不可追踪性,以及不可链接性。

区块链中的用户隐私依赖于交易的不可追踪性和不可链接性。不可追踪性意味着能够隐藏交易的细节,这样观察者就无法追踪。一般来说,不可链接性意味着在攻击者的观察下发生的两个事件似乎无关。前面我们说过区块链技术使用的是假名,而不是匿名。通过简单地观察区块链,不能识别出与钱包地址或交易相关的信息。但是,我们可以追踪每个交易的来源,这样就能够获得交易路径的可视化图形。通过先验知识或社会工程,可以将身份与钱包地址联系起来。因此,我们需要合适的安全方案来保护用户隐私。

此外,假设攻击者在时间 t 观察到以下交易踪迹(见图 2.1)。

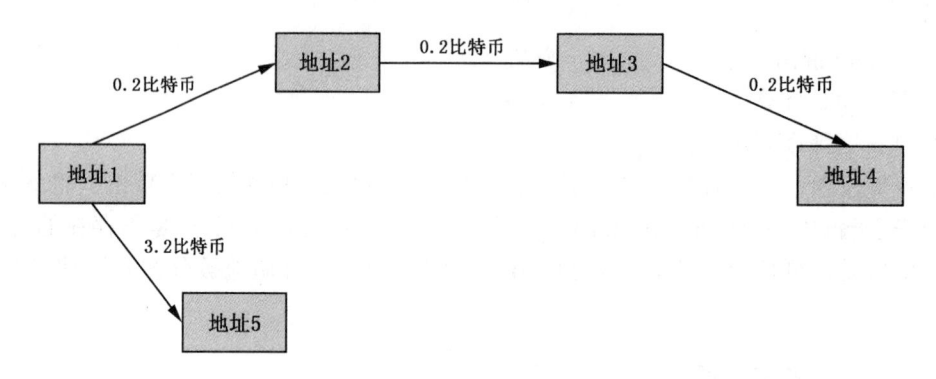

图 2.1　可以从公共区块链获取的交易踪迹

在时间 t+1,出现一个新交易,如图 2.2 所示。

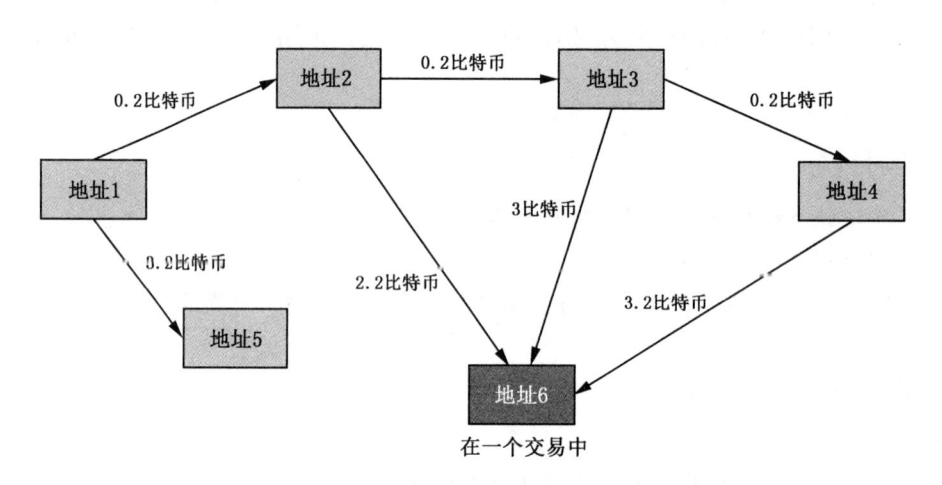

图 2.2　一个从三个不同地址输入的新交易可能会泄露用户的私人信息

这种攻击类似于除尘攻击,攻击者将少量加密货币发送到用户的钱包中。之后,攻击者通过分析这些钱包的地址来确定哪些属于同一个用户。观察者可以推断地址 2、3 和 4 有一定的概率属于同一用户。

将用户隐私理解为一种保密形式时,可以考虑将加密作为保护用户隐私的一种方案。在比特币交易中的两种主要数据类型是交易金额及发送方和接收方的地址。加密这些信息就会立即出现一些明显的问题。单独的加密不能让区块链作为去中心化的 P2P(Peer to Peer,即对等网络)支付系统正常或安全地运行,并且不能确保交易的不可追溯性和不可链接性。例如,如果重复使用相同的钱包,加密交易数据或钱包地址不会使交易具有不可跟踪性。此外,在不提供额外信息的情况下加密交易数据和钱包地址将阻碍矿工验证交易(例如,检查双重支付和所有权证明)。

区块链的开发者已经成功地开发出了保护用户隐私的算法,同时解决了这些问题。其中使用的方法包括:CoinJoin(一种匿名化比特币的方法)、隐形地址、环签名、门罗币中的环机密交易(RingCT)和零知识证明。

零知识解决方案

通常,当我们想要让某人相信我们知道某个秘密信息(比如密码)时,我们通过与同样知道该信息的核实机构或用户交换该信息来做到这一点。但是,如果核实信息的用户不知道(出于隐私考虑,也不应该知道)秘密信息本身呢?零知识证明要求我们向验证者证明我们知道的秘密信息是真实的,但不能向验证者透露任何有关该信息的信息。零知识证明有三个性质:

- 完备性。如果证明者是诚实的,那么证明者最终会说服验证者。
- 正确性。证明者只有在信息是正确的情况下,才能说服验证者。
- 零知识性。验证者除了知道信息是正确的之外,对这个信息一无所知。

如果企业使用这种技术在区块链上构建应用程序或进行交易,他们可以在不透露基础信息的情况下验证信息的有效性。通过缩小攻击范围或减少共享信息的数量,黑客将更加难以接触数据。

Zcash 是第一个对交易实施完整隐私保护方案的公开区块链。它对所有交易数据进行加密,并使用一种名为"零知识、简洁、非交互式的知识论证"(zk-SNARKs)的方案来保证用户匿名、交易的不可追溯性和不可链接性。与传统的零知识证明方法相比,zk-SNARKs 方案的效率更高。

零知识证明的一个很好的例子可以在 Quisquater et al. (1989)中找到。传统的零知识证明设计是交互式的,需要多次迭代才能具有说服力。在 Zcash 中使用的非交互式 zk-SNARKs 算法在证明规模方面更加简洁、在核实时间方面更加高效。

监视资本主义

布鲁斯·施奈尔在 2014 年的一次会议上说:"监视是互联网的商业模式。"(Schneier, 2014)这正在迅速成为现实。近年来,公司和数据代理公司的个人数据泄露和非法获利事件的曝光,提高了对用户数据隐私的关注和保护意识。在肖莎娜·祖巴夫出版的一本书中指出,大型科技公司获取用户数据,通过分析和出售这些数据发家致富,这样一种现象被称为监视资本主义(Zuboff, 2020)。

据估计,每年收入 2 000 亿美元的数据代理行业主要是在暗中运作的。加州议会第 1202 号法案(AB 1202)将"数据代理公司"定义为"故意收集与企业没有直接关系的消费者的个人信息并出售给第三方的企业"。这意味着任何人都可以从数据代理公司那里购买数据。

个人数据一旦被访问,不需要多少成本,就可以很容易地被复制、共享和交易。

与数据代理公司可获得的信息相比,谷歌、脸书和苹果等科技公司可获得的数据量是巨大的。这些公司可以将用户数据转换为用户行为数据,并提供每个用户的完整资料。2017 年,一名记者向交友软件 Tinder 请求访问她的数据,竟然收到了 800 页的信息,内容从她对男性的偏好到她的音乐品位应有尽有(Fong,2020)。

用户的信息可以像数据访问请求一样容易获得。祖博夫指出:"曾经我们搜索谷歌,但现在谷歌搜索我们。曾经我们认为数字服务是免费的,但现在监视资本家认为我们是免费的。"(Naughton,2019)

大量数据的收集构成监视资本主义的基础,从根本上破坏了安全,因为它使目标锁定和攻击变得更加有效。

最近的一组观点指向了一个需要寻找答案的领域:区块链。区块链技术结合了去中心化、加密和公钥基础设施,可以解决数据自主权、消除中介和单点故障这些问题。允许用户单独控制其资金的加密货币钱包技术可以在概念上进行扩展,进一步允许个人选择与哪些人分享哪些数据。

监视资本主义的问题可能成为支持隐私保护的开发者的机会。CoinDesk(一个专注于比特币和数字货币的新闻网站)的迈克尔·J. 卡西指出:"那些构建零知识保护系统和其他隐私保护层的人可以实现去中心化协议这一愿景,去中心化协议不仅赋予了个人控制自己数据的权力,又防止公共账本成为新的行为提取工具。这是解决监视资本主义问题的一个可行方案。"(Casey,2019)

参考文献/拓展阅读

Casey, M. J. (2019, February 4). The Crypto-Surveillance Capitalism Connection. https://www.coindesk.com/blockchain-crypto-surveillance-capitalism-shoshana-zuboff.

Cimpanu, C. (2020, December 15). Academics Turn RAM into Wi-Fi Cards to Steal Data from Air-gapped Systems. https://www.zdnet.com/article/academics-turn-ram-into-wifi-cards-to-steal-data-from-air-gapped-systems/.

Davis, T. M. (2000, April 12). Introduction of the Cyber Security Information Act of 2000. https://fas.org/sgp/congress/2000/cybersec.html.

Fong, M. (2020, November 4). The Lurking Security Risks of Surveillance Capitalism. https://www.securitymagazine.com/articles/93835-the-lurking-security-risks-of-surveillance-capitalism.

McGrath, R. (2020, October 12). "Zero Trust" versus "Trustless". Robert McGrath's Blog. https://robertmcgrath.wordpress.com/2020/10/15/zero-trust-versus-trustless/.

NIST. (2018, April). Framework for Improving Critical Infrastructure Cybersecurity (1.1). National Institute of Standards and Technology. https://nvlpubs.nist.gov/nistpubs/CSWP/NIST.CSWP.04162018.pdf.

Lord, N. (2019, July 15). Data Protection: Data in Transit vs. Data at Rest. https://digitalguardian.com/blog/data-protection-data-in-transit-vs-data-at-rest.

Lo, S. W., Wang, Y. and Lee, D. K. C. (2021). Blockchain and Smart Contracts: Design Thinking and Programming for Fintech (Singapore University of Social Sciences—World Scientific Future Economy Series). World Scientific Pub Co Inc.

Olcott, J. (2019, September 15). Cybersecurity vs. Information Security: Is There A Difference? Retrieved from www.bitsight.com. https://www.bitsight.com/blog/cybersecurity-vs-information-security.

Schneier, B. (2014). News: Surveillance is the Business Model of the Internet: Bruce Schneier. Schneier on Security. https://www.schneier.com/news/archives/2014/04/surveillance_is_the.html.

Szabo, N. (2001). Trusted Third Parties are Security Holes. Satoshi Nakamoto Institute. https://nakamotoinstitute.org/trusted-third-parties/.

Quisquater, J.-J., Quisquater, M., Quisquater, M., Quisquater, M., Guillou, L., Guillou, M. and Guillou, S. (1989). How to Explain Zero-Knowledge Protocols to Your Children. Advances in Cryptology—CRYPTO' 89.

Naughton, J. (2019, January 20). "The Goal Is to Automate Us": Welcome to the Age of Surveillance Capitalism. https://www.theguardian.com/technology/2019/jan/20/shoshana-zuboff-age-of-surveillance-capitalism-google-facebook.

Viglione, R. (2020, October 6). Prioritizing Security on Cryptocurrency Platforms. https://www.securityinfowatch.com/cybersecurity/article/21157330/prioritizing-security-on-cryptocurrency-platforms.

Zuboff, S. (2020). *The Age of Surveillance Capitalism: The Fight for a Human Future at the New Frontier of Power* (Illustrated ed.). Public Affairs.

练习题

习题 1
以下哪一项不是 NIST 网络安全框架核心的要素？
a. 功能
b. 类别
c. 等级

习题 2
数据认证指的是：
a. 验证一段数据来源的真实性的能力
b. 验证用户就是他们本人的能力
c. 核实数据追踪的能力

习题 3
下列哪一项的安全风险更高？
a. 静态数据
b. 传输中的数据
c. 两者的安全风险相同

习题 4
区块链可以用来加强网络安全的原因包括：
a. 区块链中的哈希链结构
b. 使用默克尔哈希树来验证交易
c. 以上两项

习题 5
下列哪个选项是错误的？
a. 比特币交易是可追踪的
b. 比特币用户是可识别的
c. 比特币地址是可链接的

参考答案

习题 1

答案：c。

要素包括函数、类别、子类别和信息参考。

习题 2

答案：a。

选项 b 指的是用户身份验证。

习题 3

答案：b。

传输中的数据是通过一个开放、不安全的网络从一个设备传送到另一个设备，存在较大的安全风险。因此，传输中的数据需要更多的保护，包括加密、认证和完整性验证。

习题 4

答案：c。

习题 5

答案：b。

比特币用户是匿名的，隐藏在钱包地址后面。然而，由于区块链的公开性质，所有比特币交易都可以被追踪；通过一些社会工程或先验知识，可以将两个明显不相关的比特币地址与同一用户联系起来。

第 3 章　量子计算

3.1　量子计算简介

量子计算机(QC)与我们现有的计算设备(即数字计算机)之间的区别在于信息是如何表示的。本节回顾量子计算的基本原理以及数据在量子计算机上的表示方式。

学习目标

说明量子计算的基本物理特征及其工作原理。
描述量子计算在各个行业中的应用。

主要内容

要点
- 量子计算机的计算优势源自量子计算机位(或量子位)不仅可以将信息表示为 0 或 1，还可以表示为 0 和 1 的叠加。
- 量子位是一种物理系统，它是量子计算机最基本的存储块。它们是当今计算机和智能手机中使用的经典位(晶体管)的量子等价物。
- 量子计算机将能够以更高的速度和精度满足我们当前的计算需求。

重点名词
- 叠加(Superposition)：认为像电子一样的亚原子粒子可以同时存在于不同的地方。
- 纠缠(Entanglement)：亚原子粒子(如电子)在看似空旷的空间中相互影响的想法。
- 量子位(Qubit)：量子计算机最基本的存储块。

概述

20 世纪 30 年代开始的计算机发展使我们能够为各行各业创造经济、社会和技术模型。这些计算机基于二进制系统。这意味着信息表示为 0 或 1 的字符串，其中每个字符必须明确地是 0 或 1 中的二进制选择。要表示此信息，计算机必须具有相应的物理系统。把这个系统想象成一系列开关，一个方向代表 1，另一个方向表示 0。今天，计算机中的微处理器上存在着数十亿个这样的开关。

当信息存储为 0 和 1 的字符串时，这些字符串通过逻辑门进行处理、评估和计算。它们由连接的晶体管组成。逻辑门是我们要求计算机进行大规模计算的基本构件。当数亿次计算链接在一起时，它们就具备了执行高级算法的能力。

量子计算的工作原理

量子计算可能是最昂贵的创新技术，也是最难理解的技术，因为它已经在 Gartner 的炒作周期中上升了十多年（见图 3.1 和图 3.2）。自 2005 年以来，量子计算一直被认为是一项新兴技术，2017 年，它仍被认为是新兴技术。量子计算的基础是理解理论计算方法不能与控制计算工具物理分开。具体而言，量子力学理论为计算机科学提供了一种新的范式，它极大地改变了我们对信息处理的理解，以及我们长期以来一直认为的计算上限。如果量子力学主宰自然，我们应该通过创建量子计算机（QC）来模拟它。

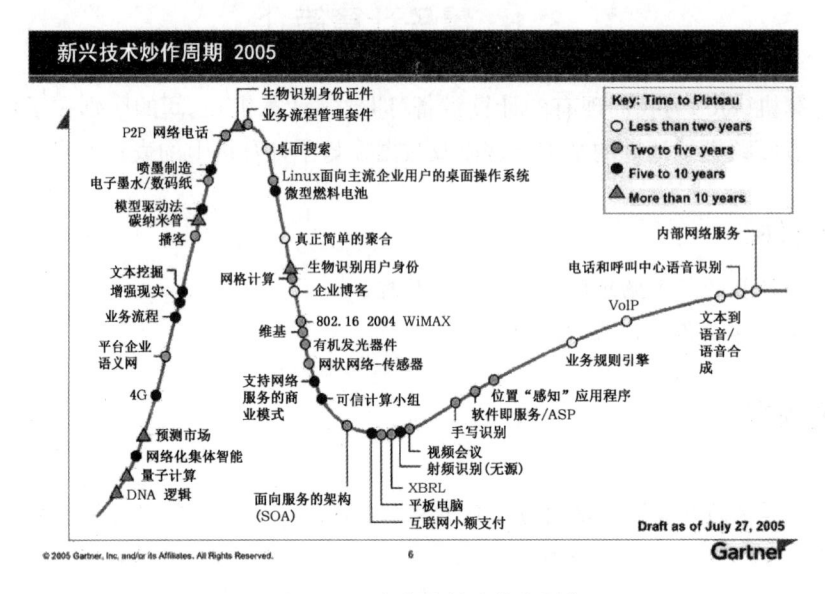

图 3.1　2005 年新兴技术炒作周期

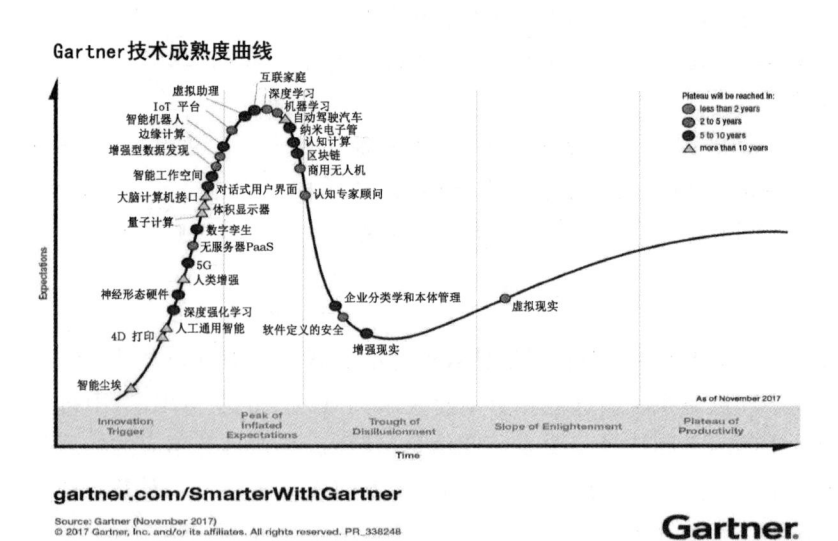

图 3.2　Gartner 新兴技术炒作周期

在计算机被小型化到今天充斥商业用途的 MacBook 和 PC 之前,它们是一堆杂乱的电线、管子和金属,重达数吨,占据了巨大房间。它们最初是为特定任务设计的计算器。这些计算器被称为模拟计算机,从类似算盘这样简单的工具发展到与现代计算机更为相似的设备。他们可以计算火炮的射程、弹道和偏转数据,等等。

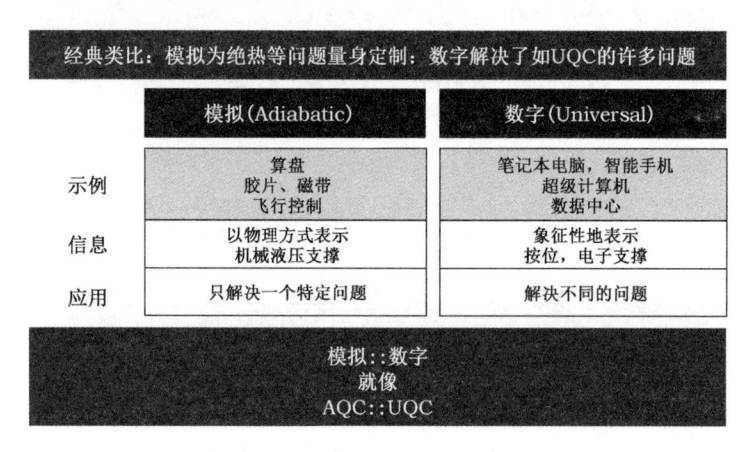

	经典类比:模拟为绝热等问题量身定制;数字解决了如UQC的许多问题	
	模拟(Adiabatic)	数字(Universal)
示例	算盘 胶片、磁带 飞行控制	笔记本电脑,智能手机 超级计算机 数据中心
信息	以物理方式表示 机械液压支撑	象征性地表示 按位,电子支撑
应用	只解决一个特定问题	解决不同的问题
	模拟::数字 就像 AQC::UQC	

图 3.3 经典类比

模拟计算机与数字计算机的根本区别在于信息处理方式(见图 3.3)。模拟计算机使用一个物理模型来表示信息,该模型模拟了它要解决的问题。由于这个问题与机器的设计紧密相连,模拟计算机仅限于单个任务。另一方面,数字计算机象征性地表示数量和信息。因为符号的性质是灵活的,所以可以针对不同的问题不断地进行重构。算盘用珠子和滑动表示数字,而智能手机上的计算器应用程序将数字处理为通过处理芯片发送的二进制值。

值得注意的是,相比模拟计算机,数字计算机的优势并没有立即显现出来。但事实上,数字计算机已经成为当今行业的标杆,相比模拟计算机会受到诸多限制,数字计算机固有的设计存在着极大的潜力。然而,在充分发挥这一潜力之前,模拟计算机在许多领域被认为是数字计算机的竞争替代品,特别是在工业过程控制领域。在数字计算机发展到足以超过模拟计算机之前,技术的前沿是基于数字—模拟混合系统,如 NASA 阿波罗号航天飞机项目中实施的系统。这两项技术都在不断地进行改进。直到 20 世纪 80 年代,数字革命才促成了硅晶体管和微处理器的发明和随后的大规模生产。这一过程,从纯模拟到纯数字,历时 25 年。

今天,开发第一台功能量子计算机的过程模仿了类似的进化叙事。QCs 的模拟等效物是一种称为绝热 QCs(或 AQC)的范式,由加拿大 D-Wave Systems 公司和美国情报高级研究项目活动(IARPA)领导研发。

量子计算机物理学

尽管计算机在过去的一个世纪里已经变得很先进,但它们仍然依赖于 0 和 1 之间的二进制选择来理解我们的世界。然而,随着我们对世界理解的加深,我们更加意识到这种范式的局限性。

量子力学的发展不断提醒我们宇宙的复杂性。物理学这一扩展分支的核心是叠加和纠缠理论。简言之,这就是亚原子粒子(如电子)可以同时存在于不同的位置(叠加),并似乎在看似空白的空间中相互影响(纠缠)。这些现象提供了一个独特的物理系统来分析和存储信息,其速度比经典计算机快一个数量级。QCs 最早是在 1980 年设想出来的,现在被认为是实现这一目标的技术。图 3.4 显示了 QCs 的潜力。

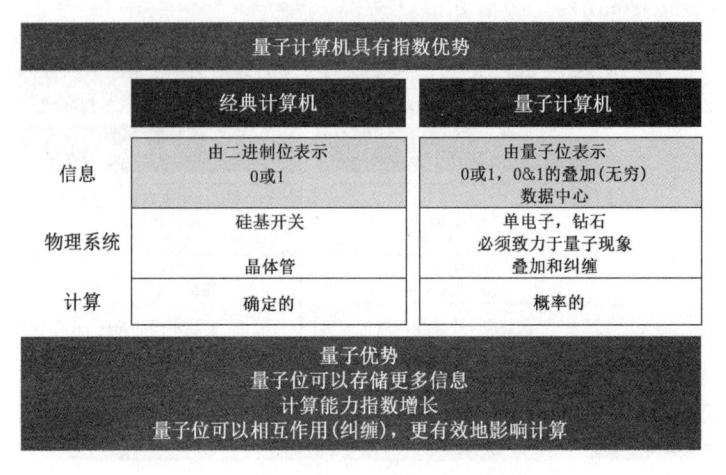

	量子计算机具有指数优势	
	经典计算机	量子计算机
信息	由二进制位表示 0或1	由量子位表示 0或1,0&1的叠加(无穷) 数据中心
物理系统	硅基开关 晶体管	单电子,钻石 必须致力于量子现象 叠加和纠缠
计算	确定的	概率的

量子优势
量子位可以存储更多信息
计算能力指数增长
量子位可以相互作用(纠缠),更有效地影响计算

图 3.4　简介:量子计算机具有指数优势

QCs 的计算优势源自量子计算机位(或量子位)不仅可以将信息表示为 0 或 1,还可以表示为 0 和 1 的叠加——0 和 1 之间的数字可能无限变化(见图 3.5)。因此,每个量子位都被赋予了惊人数量的信息。如果今天的计算机只需两种状态就可以完成如此多的工作,想象一下一台机器可以访问 0 和 1 之间的数百万个叠加,QCs 将能够以指数级速度计算信息,并将打破我们当前信息处理的限制。它们是人工智能、风险分析、优化和我们长期以来想象的一系列技术的载体。对许多新任务来说,它们是定义信息时代的现代计算机的自然继承者。这对理解大脑变性疾病、能源、农业、金融、生物化学和许多其他科学分支具有重要意义。图 3.6 和图 3.7 显示了挑战。

量子位:它是如何表示信息的
类比

○ 考虑电子自旋是箭头的方向
○ 而经典比特只能是0或1(极性),量子比特具有"中间相位"
○ 可能的配置越多,可以存储的信息就越多
○ 你可以用"小数"来计算,而不是0和1的域,它可以存储在无限状态中
○ 不像经典的比特表示方法——将5表示为"101"(c需要3比特),
  量子位则是将其表示为0.5(1量子位的物理状态)

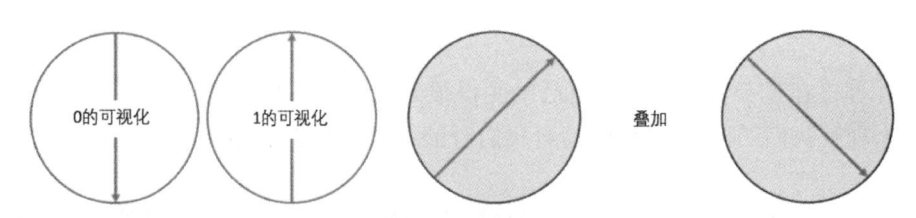

图 3.5　量子位:它是如何表示信息的

路障：量子位的相干性

- 量子计算的进步就像灯泡的发展
- 逻辑是存在的，但找到正确的材料来执行逻辑是很有挑战性的
- 当量子位信息被破坏时，最紧迫的问题是量子位的相干性

总结

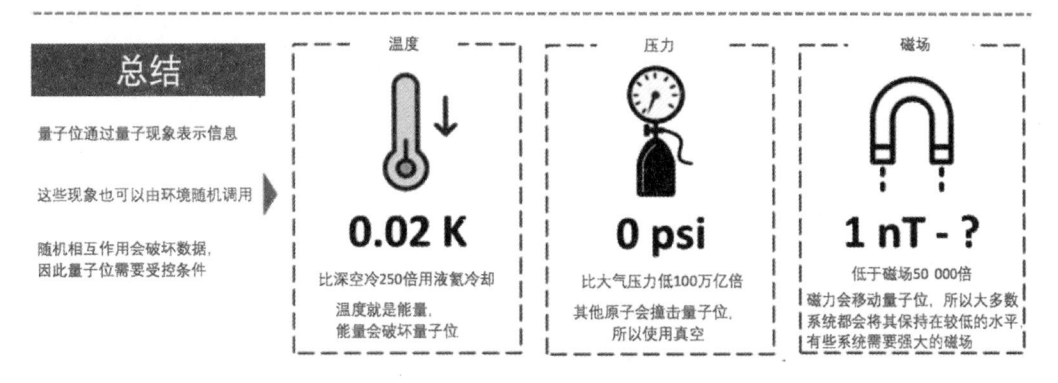

量子位通过量子现象表示信息

这些现象也可以由环境随机调用

随机相互作用会破坏数据，因此量子位需要受控条件

温度 0.02 K
比深空冷250倍用液氦冷却
温度就是能量，能量会破坏量子位

压力 0 psi
比大气压力低100万亿倍
其他原子会撞击量子位，所以使用真空

磁场 1 nT - ?
低于磁场50 000倍
磁力会移动量子位，所以大多数系统都会将其保持在较低的水平
有些系统需要强大的磁场

图 3.6　路障：量子位相干性

量子位：量子位的容错候选是什么

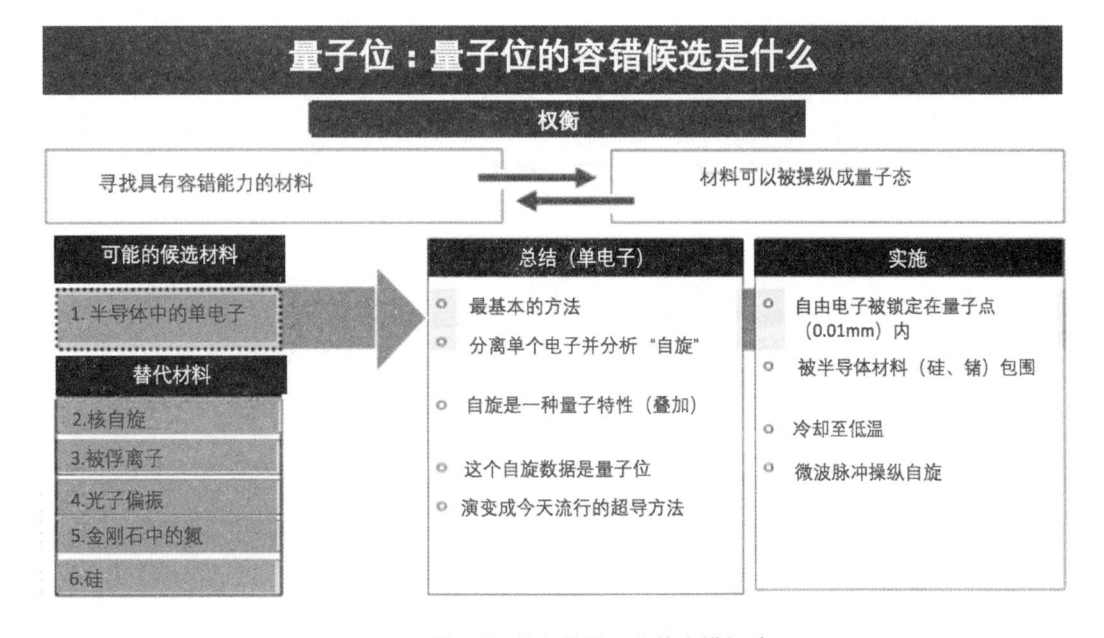

权衡

寻找具有容错能力的材料 ⇄ 材料可以被操纵成量子态

可能的候选材料
1. 半导体中的单电子

替代材料
2. 核自旋
3. 被俘离子
4. 光子偏振
5. 金刚石中的氮
6. 硅

总结（单电子）
- 最基本的方法
- 分离单个电子并分析"自旋"
- 自旋是一种量子特性（叠加）
- 这个自旋数据是量子位
- 演变成今天流行的超导方法

实施
- 自由电子被锁定在量子点（0.01mm）内
- 被半导体材料（硅、锗）包围
- 冷却至低温
- 微波脉冲操纵自旋

图 3.7　量子位：什么是量子位的容错候选

什么是量子位？

虽然量子位的概念已经被提及，但重要的是要理解，任何量子计算范式的基本技术，无论是绝热的还是通用的，都离不开量子位这个概念。量子位是一种物理系统，它是量子计算机最基本的存储块。它们是当今计算机和智能手机中使用的经典位（晶体管）的量子等价物。

比特和量子位中的信息都有一个共同的目标：物理捕获每台计算机正在处理的信息。当信息在计算过程中发生变化时，也必须操纵比特或量子位来表示这种变化。这是计算机跟踪正在发生的事情的唯一方法。因为量子计算机以量子态（叠加态和纠缠态）存储信息，量子位本身必须物理地表示这些量子态，因此反过来，量子位本质上必须是量子的。

这很有挑战性，主要是因为量子现象只发生在极端边缘条件下。更糟糕的是，即使在正确的环境下，量子现象也是自然现象。从光线到压力或温度的变化，任何东西都可以引发这种现象，反过来，激发量子位进入与预期不同的量子态，会破坏量子位本来要保存的信息。

为了解决这些问题，研究人员将量子计算机置于可控的条件下，温度保持在不超过0.02开尔文——比外层空间低2万开尔文，几乎是一个真空，比大气压力低100万亿倍——根据具体情况，可以是极轻磁场，也可以是极强磁场。最终，所有这些麻烦使得这样的量子位候选者主要处于叠加态。这个事件允许量子位不仅保存0或1，而且还保存0和1之间的叠加，这是量子计算背后的关键。

通过启用多个状态（可能是无限状态），这些存储块可以为每个量子位保存比其二进制近亲（经典位）多得多的信息。由此，量子计算机可以更快地实现计算。

量子计算的应用

生物化学——药物发现

理解分子如何相互作用以及它们在环境中的行为，有助于开启对新一代医学的理解。例如，蛋白质可以通过其形状在生物过程中发挥作用。而这些形状由其氨基酸链不同部分之间的相互作用决定。它们自身折叠形成三维结构。这使它们能够履行一些职责，如在细胞周围携带同位素、阻止有害感染等。

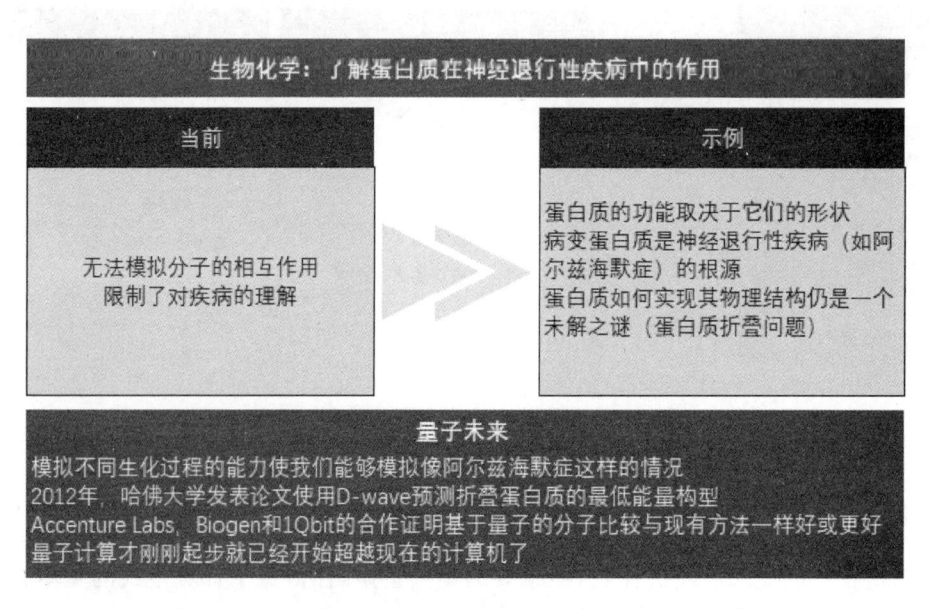

图3.8　生物化学：了解蛋白质在神经退行性疾病中的作用

金融与商业

(1)高频交易

2010年5月6日下午2点32分至3点08分之间的短短36分钟内,纽约证券交易所闪电崩盘,市值损失1万亿美元。这一天被称为"黑色星期四",这一事件被称为"闪电崩盘"。监管机构严加追查,找出了该次崩盘的根本原因:许多公司交易所依赖的算法中的一个恶作剧——一旦股市开始下跌,这种依赖性就会引发市场上的大规模恐慌性抛售。

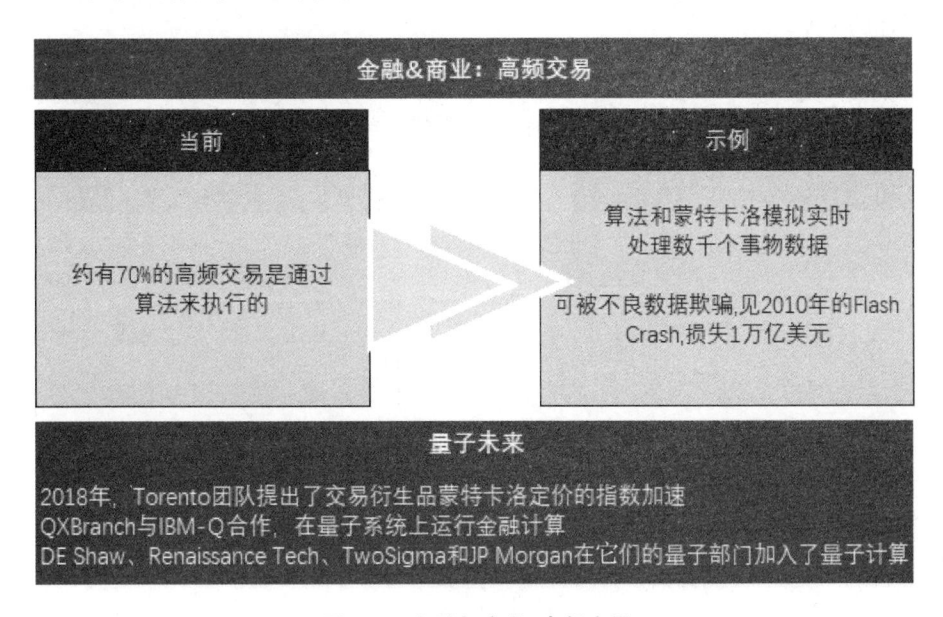

金融&商业:高频交易

当前:约有70%的高频交易是通过算法来执行的

示例:算法和蒙特卡洛模拟实时处理数千个事物数据 可被不良数据欺骗,见2010年的Flash Crash,损失1万亿美元

量子未来:2018年,Toronto团队提出了交易衍生品蒙特卡洛定价的指数加速 QXBranch与IBM-Q合作,在量子系统上运行金融计算 DE Shaw、Renaissance Tech、TwoSigma和JP Morgan在它们的量子部门加入了量子计算

图3.9 金融与商业:高频交易

研究人员今天估计,算法占华尔街高频交易的70%,算法已成为无价商品。最好的算法是通过监控每秒发生的数千笔交易,然后分析它们的变量,以通过套利获取可能的利润。但对每一个变量的解释都是很有挑战性的,尤其是在涉及随机人类行为时。这在经济学中尤其具有挑战性,因为与任何其他科学领域不同,经济学的独特之处在于它缺乏一个研究人员可以在其中进行实验和检验假设的受控环境。因此,研究人员只能根据过去发生的情况建立未来的模型。预测未来的尝试受概率和许多过去变量的影响。这种精确的追踪是一类被称为蒙特卡洛模拟的算法。由于它们的计算权重较高,这是一个充分发挥量子计算机优势的领域。处理更多变量和从更广泛的数据集得出结论的能力可以更准确地计算预测回报、风险评估和评估投资篮子所需的其他因素。

这项特别研究的结论已经证明量子加速。2018年,多伦多的一个团队提出了一种用于交易衍生品蒙特卡洛定价的量子算法,该算法证明了$O(\sqrt{N})$而不是经典的$O(N)$运行时间。世界各地的不同团队调查并发现了现在被认为是"量子金融"的新部分(见图3.9)。

1QBit最近发表了两篇论文,其中一篇探索了使用量子退火机(如D波系统)计算最优套利机会,另一篇分析了英国脱欧对金融市场的影响。投资公司也在进行一场金融"军备"竞赛。DE Shaw、Renaissance Technologies、Two Sigma和JP Morgan正在将量子计算加入其量化投资部门。

只要金融行业还依赖于计算来辅助甚至赋能投资,量子计算将是未来金融科技发展重要因素之一,并且是最终战胜市场的方法。

(2)优化

虽然绝热 QCs 可能永远无法运行 Shor 的算法,但它们计算优化算法的能力具有优势。几乎每个行业都必须处理优化的概念:①优化乘客座位里程的最佳飞行路线是什么;②什么是制造汽车最经济的材料来源;③最大化广告效益的最佳传播途径是什么? 这个清单是无穷无尽的。实际上,任何依赖于最小化损失和最大化收益的选择的东西都需要优化。图 3.10 显示了可能的未来。

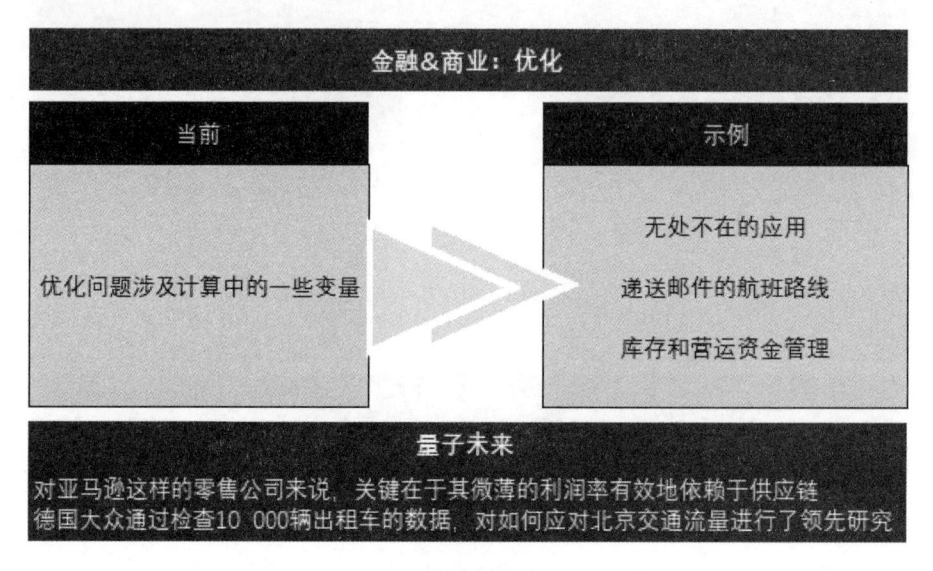

```
金融&商业:优化

当前                           示例

优化问题涉及计算中的一些变量    无处不在的应用
                              递送邮件的航班路线
                              库存和营运资金管理

量子未来
对亚马逊这样的零售公司来说,关键在于其微薄的利润率有效地依赖于供应链
德国大众通过检查 10 000 辆出租车的数据,对如何应对北京交通流量进行了领先研究
```

图 3.10 金融和商业:优化

如果这项技术具有行业可扩展性,其影响将是巨大的,特别是对于亚马逊这样的零售公司,其微薄的利润率完全取决于供应链效率。即使是 1% 的改善也可以转化为数百万美元的利润。研究量子计算在运输操作中的作用的研究人员已经取得了进展。大众汽车正在领导一项研究,通过分析 10 000 辆出租车的数据,研究如何应对北京的交通流量。大量的移动数据、目的地和替代路线可能导致传统计算机的"组合爆炸",这正是 QCs 作为行业工具的必要性。

人工智能

虽然研究人员对实现功能性人工智能系统的各种方法存在争议,但每个人都同意,人工智能是一种建立在大量数据基础上的技术。幸运的是,在信息时代,我们的社会平均每天产生 2.5 万亿字节的数据(这是欧洲每个成年人大脑中的神经元数量)。海量的信息正在跨越我们的国界传播,而从这些数据中学习的能力正是信息时代愈发关注的兴趣所在。

世界各地的实验室正在取得进展。最令人印象深刻的莫过于 Regetti Computing 团队成功使用拥有 19 个量子位的通用量子计算芯片来运行聚类算法。这种方法将不同的事物分成相似的组,作为无监督机器学习的基准。

人工智能一直是量子革命的自然选择,许多专家认为量子计算是实现这种技术的方舟。因此,自然地,"量子机器学习"这一不断发展的领域并不缺乏研究和资金。2013 年,谷歌、NASA 和大学空间研究协会启动了量子人工智能实验室,以探索 D 波 AQC。

同样，IBM 已承诺出资 2.4 亿美元在马萨诸塞州剑桥市开设沃森人工智能实验室，以研究量子机器学习的可能性和应用。人们的兴趣主要集中在一种可能的混合经典量子解决方案上，在经典计算机分析数据的同时，将计算繁重的任务交给量子计算机。这可能是有希望的，因为简单的运算可以避免处理当前 QCs 中仍然普遍存在的误差，并且这种量子经典解决方案可能在未来十年内实现。

政府

大数质因数分解较难计算，这种特性使得它成为验证 ECC 加密算法及其"老兄弟"RSA 加密算法等安全性的基础。RSA 是密码学的黄金标准，使用广泛，包括保护网上银行、保护文件传输、保护系统软件（如 Microsoft Windows）以及加密敏感的政府信息。

QCs 的承诺对这些加密程序的有效性构成了威胁。据市场研究媒体（Market Research Medium）称，对解密的恐惧正在重振网络安全行业，初创企业已经在扩大这一市场空间——预计到 2025 年，这一市场将价值 250 亿美元。与此同时，"量子编码"正在兴起，以应对这一未来，量子密钥分发（QKD）等提案提供了量子安全的替代方案。ID Quantique 是在瑞士创建的一个例子，它使用 QKD 来保护数据。2018 年初，它被 SK 电信以 6 500 万美元收购。韩国最大的手机运营商 SK Telecom 计划使用该技术来保证 5G 宽带的安全性。

3.2 区块链和量子计算

量子计算机是一种强大的机器，它采用基于量子力学原理的新方法来处理信息。量子计算技术发展非常迅速，其强大的处理能力对支撑区块链安全属性的密码技术构成威胁。

学习目标

评估量子计算对区块链安全的影响。

主要内容

要点

- 量子技术在区块链中的应用是解决量子计算实现本身将带来的安全问题的潜在手段。目前正在对区块链进行积极的研究，以确保其安全特性在量子时代不会受到损害。

重点名词

- Shor 算法（Shor's Algorithm）：一种能高效求解大数分解的量子算法。
- Grover 算法（Grover's Algorithm）：一种量子算法，允许用户在无序列表中搜索特定项目。

区块链和量子计算

在区块链中应用量子技术（例如，量子随机数生成器、量子密钥分发等）是缓解量子计算实现本身将带来的安全问题的潜在手段。麻省理工学院对这一点做出了令人信服的总结："如果量子计算机打破了区块链，量子区块链可以成为防御。"

区块链由两种主要机制来保护：①非对称加密的数字签名和②散列。

对非对称密码的影响

1994年，彼得·舒尔（Peter Shor）发表了一篇论文，提出了舒尔（Shor）算法。今天，舒尔算法被认为是量子计算中的里程碑式发现，并且经常被认为是一个量子计算的基准。

用于保护区块链交易的公钥和私钥是大量数字，散列成一组较小的数字。非对称密码算法依赖于计算机来找到这些巨大数字的素数。

舒尔算法是一种优化求解素因子的量子算法。使用最常用的加密标准，需要经典计算机 2^{128}（即 340 282 366 920 938 463 463 374 607 431 768 211 456）次基本操作，才能找到与公钥相关联的私钥。在量子计算机上，仅需要 128^3（即，仅 2 097 152）次基本操作就能找到与公钥相关联的私钥。

构成当前区块链安全基础的椭圆曲线数字签名容易受到舒尔算法的攻击。

对散列的影响

1996年，贝尔实验室的印度裔美国计算机科学家 Lov Grover 解决了寻找量子计算"结果"叠加的难题。在保留算法的数学细节的情况下，Grover 算法有助于以更大的概率表示期望的输出，同时消除不期望的输出。特别是对于大数据集，Grover 算法可以以指数级的速度在数据集中搜索所需的结果。

Grover 算法的第一个重要应用发生在 n=4 或有 4 个输入时。在这种情况下，只需调用一次 Grover 算法就可以确定解，而经典计算机只能以随机顺序测试四个可能解中的每一个，平均迭代时间为 2.25 次。这个简单的例子突出了 Grover 算法缩短运行时间和提供高效计算的能力。

将这种演示扩展到更有意义的规模，Grover 算法预计只需 $\frac{\pi}{4}\sqrt{N}$ 次计算，其中 N 是输入大小。相反，一台经典计算机需要 N 次迭代才能完成相同的任务。虽然这似乎是一个小的改进，但行业计算通常考虑数百万个数据点，这种算法不仅因其效率而受到重视，还可以提高我们可以处理的数据点的上限。随着人工智能数据的激增，这提供了更高效、更准确的机器学习过程。

Grover 算法是一种量子算法，允许用户在无序列表中搜索特定项目。它需要 2256（一个 78 位数字）次经典计算机的基本运算才能找到正确的散列。使用 Grover 算法的量子计算机只需要 2^{128}（一个 39 位数字，在上面的舒尔算法部分中有详细说明）次基本运算来求解正确的散列。

Grover 算法与 Shor 算法之间的比较如图 3.11 所示。

新区块链的量子证明

①使用后量子密码方案。从头开始设计抗量子区块链将涉及应用后量子密码方案和量子密码。

2016年，美国国家标准与技术研究所（NIST）启动了一个多年标准化项目，以确定抗量子密码系统的候选方案。它引用了滑铁卢大学 Michele Mosca 博士的估计："到 2026 年，一些基本的公钥密码有 1/7 的机会被量子破解，到 2031 年，有 1/2 的机会被破解。"

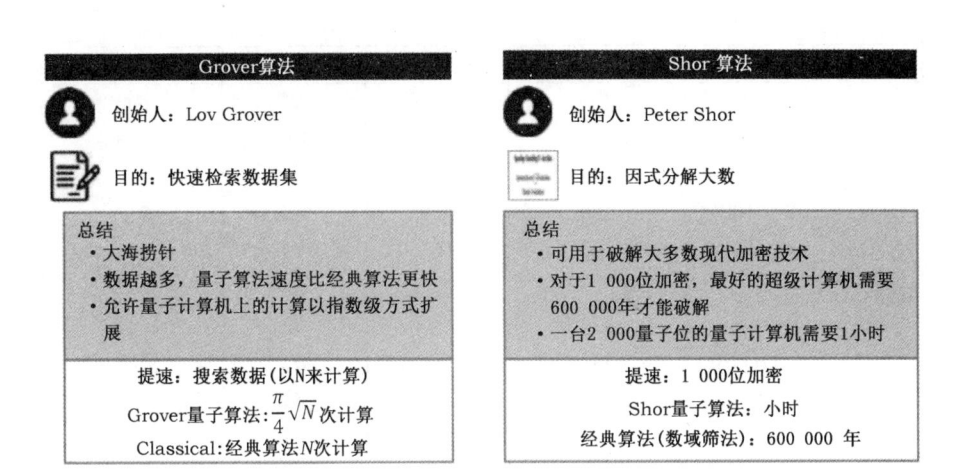

Grover算法	Shor 算法
创始人：Lov Grover	创始人：Peter Shor
目的：快速检索数据集	目的：因式分解大数
总结 • 大海捞针 • 数据越多，量子算法速度比经典算法更快 • 允许量子计算机上的计算以指数级方式扩展	总结 • 可用于破解大多数现代加密技术 • 对于1 000位加密，最好的超级计算机需要600 000年才能破解 • 一台2 000量子位的量子计算机需要1小时
提速：搜索数据(以N来计算) Grover量子算法：$\frac{\pi}{4}\sqrt{N}$次计算 Classical:经典算法N次计算	提速：1 000位加密 Shor量子算法：小时 经典算法(数域筛法)：600 000 年

图 3.11　Grover 算法与 Shor 算法对比

NIST 已筛选了 26 种可能抗量子的算法，NIST 抗量子密码算法标准草案预计将于 2023—2025 年完成。

使区块链抵御量子攻击的最具成本效益的方法是用后量子方案取代当前部署的基于 RSA 或 EC-DSA 的数字签名方案。

后量子方案的示例是基于晶格的方案[带误差学习(Learning with Errors,LWE)]、超奇异同构方案、多元多项式方案、基于代码的方案或基于 Merkle 树的签名。

②区块链使用量子密码。量子加密工具也可用于使区块链更安全。例子包括：

● 量子随机数生成器(QRNG)——它们避免了与伪随机数生成器相关的密码分析风险，并承诺提供比传统的基于熵的随机数生成器更基本、更可靠的随机性源。

● 量子密钥分发(QKD)系统——该系统使用不可信的量子信道，通过不可信但经过身份验证的通信信道建立对称密钥。这是今天通常使用基于公钥的密钥协议(通过公钥签名进行认证)实现的，并且可以在将来使用后量子公钥方案实现。

● 其他量子工具，如量子认证、量子货币和量子指纹。

抗量子区块链项目已经宣布，例如，莫斯科的俄罗斯量子中心表示，他们已经由 QRL 基金会于 2018 年 6 月推出了世界上第一个量子证明区块链，即抗量子账本。据说，以太坊也将在 2022—2024 年实现抗量子。

③替换易受攻击的算法。针对量子攻击修补现有区块链可能比从头设计量子安全区块链要复杂得多。第一步是用抗量子密码原语替换易受攻击的密码原语。例如，需要在比特币网络中用抗量子密码取代数字签名，并使用前者来签署新的交易。这种方法将为未来的交易提供安全保障。

针对比特币，也有研究对比特币受到量子计算机攻击的风险进行了研究，研究结果表明，在未来十年内，比特币所使用的工作环境，对量子计算机的大幅加速具有一定的抵抗力；然而，比特币使用的椭圆曲线签名方案风险更大，最早可能在 2027 年被量子计算机完全破坏。同一研究还回顾了可用的后量子签名方案，这表明，最能满足区块链应用的安全和效率要求的候选方案是散列和基于晶格的方案(见图 3.12)。

类型	名称	安全等级 (bits)	PK长度 (kb)	Sig.长度 (kb)	PK+Sig.长度 (kb)
I.1	GPV	100	300	240	540
I.2	LYU	100	65	103	168
I.3	BLISS	128	7	5	12
I.4	DILITHIUM	138	11.8	21.6	33.4
II.1	RAINBOW	160	305	0.244	305
III.1	LMS	128	0.448	20	20.5
III.2	XMSS	128	0.544	20	20.5
III.3	SPHINCS	128	8	328	336
III.4	NSW	128	0.256	36	36
IV.1	CFS	83	9216	0.1	3216
IV.2	QUARTZ	80	568	0.128	568

注：以千比特 (kb) 为单位的后量子签名方案的公钥 (pk) 和签名长度的比较。给出的安全级别是针对经典攻击的。类型I基于晶格、类型II基于多元多项式、类型III基于哈希和类型IV基于代码。

图 3.12 后量子签名方案的公钥和签名长度的比较

④安全过渡战略。研究人员仍在进行研究，以检查现有区块链的安全过渡策略，例如，提交延迟揭示方法，其中提出了6个月的足够长的延迟期，以达成共识。

IBM 建议，从 GPU 到量子时代的硬件转型将分三个阶段进行：

- 至 2022 年：利用 GPU，使用传统 CMOS 构建新加速器。
- 2022—2026 年：克服冯·诺依曼瓶颈，模拟设备可以将记忆和计算、神经形态计算结合起来。
- 2026 年后：量子计算。

3.3 当前发展和未来

虽然量子计算在未来有着巨大的前景，但这项技术还远未实现商业用途。量子计算领域的领先公司包括 D-Wave、谷歌、IBM、英特尔、1QBit 和 QxBranch。

学习目标

检查量子计算的当前发展，并确定量子计算机的基本特征。

主要内容

要点

- 存储在量子位中的信息可能会被环境因素破坏，如温度、磁通量或随机光线。
- 纠正错误或以低错误率运行的能力对于量子计算机很重要。
- 与 UQC 相比，AQC 的灵活性较差。

重点名词

- 纠错（Error Correction）：用于添加容错量子位以保留量子位中存储的信息的方法。
- 绝热量子计算机（Adiabatic Quantum Computer，AQC）：与一般量子计算机等效的模拟计算机,适用于优化算法,但存在量子位去相干问题。
- 通用量子计算机(Universal Quantum Computer,UQC):许多量子算法都要在其上运行的系统;计算是由作用于不同量子位的逻辑运算符序列实现的。

学术界在可以在这种设备上运行的潜在算法方面取得了进展。D-Wave 正致力于生产量子退火机,而谷歌、IBM 和英特尔正在推动通用 QCs(UQC)的前沿。像 1QBit 和 Qx-Branch 这样的初创公司专注于将这项技术应用于行业。最后,像 Rigetti 这样的其他初创公司正试图通过构建处理器、为处理器设计软件并将其应用于行业来连接所有团队。

所有这些计算机的最终目标是 QCs 能够超越经典计算机,这是一条终点线,恰如其分地称为"量子至上"。据估计,在错误率低于 0.5% 的 UQC 上运行的 50 个逻辑量子位是所需的,但要达到这一目标可能需要 5~10 年。这条道路上最重要的障碍是环境噪声和误差,下面将对此进行解释。

纠错

今天,量子计算的许多领域类似于灯泡灯丝的发现。这项技术的一般逻辑是存在的,但我们仍然难以找到交付这项技术所需的材料。

如上所述,QCs 面临的最大挑战是保留信息。QCs 使用量子现象作为数据和存储源进行操作。温度、磁通量或随机光线的变化也会引发这些量子行为,破坏存储在量子位中的信息。此外,量子位的可能物理候选者是有限的。无论使用什么,都必须①能够被操纵成量子态,如叠加和②被存储并访问这些信息。领先的候选者包括电子、光子、超导体,甚至钻石,但没有一个被证明是完美的匹配。

除了相对容错的候选量子位之外,研究人员还在研究计算机能够主动纠正错误的方法。领先的解决方案由 Peter Shor(他也发现了 Shor 的算法)提出。这涉及耦合多个量子位和辅助量子位以在设计中具有容错冗余。如果一个量子位被破坏,它的辅助层假设不会被破坏,并将被破坏的量子位恢复到其原始状态。这种解决方案区分了物理量子位和操作逻辑量子位。

当然,这种设计仍然存在一些问题。也就是说,根据哈佛大学的 Alan Aspuru Guzik 的说法,一个逻辑量子位将需要大量的物理量子位,据估计,对于一个逻辑量子位,目前的物理量比特高达 10 000 个。此外,纠错的开销计算成本几乎与今天的 QCs 可以处理的总功率相同,因此几乎没有运行实际算法的空间。

这不仅仅是增加新量子位的竞赛,更是增加容错量子位的竞赛,评估技术进步需要对这两个指标进行基准测试。目前的目标是 0.5% 的一致性。在这些水平上,计算能力预计将呈指数级增长。在更高的错误率下,性能的增长会显著下降;超过 1% 的错误率,即使增加更多的量子位,也根本不会增加任何计算能力。

这不能是增加量子位数量的竞赛。IBM 提出了一种称为量子体积的度量,它可以随容错和量子位计数进行缩放(见图 3.13)。随着量子位的增加,它减少了误差。换句话说,减少误差与增加计算能力同样重要。

绝热量子计算机(AQCs)

AQCs 可以被视为与一般量子计算机等效的模拟。AQC 特别适用优化算法,以计算特

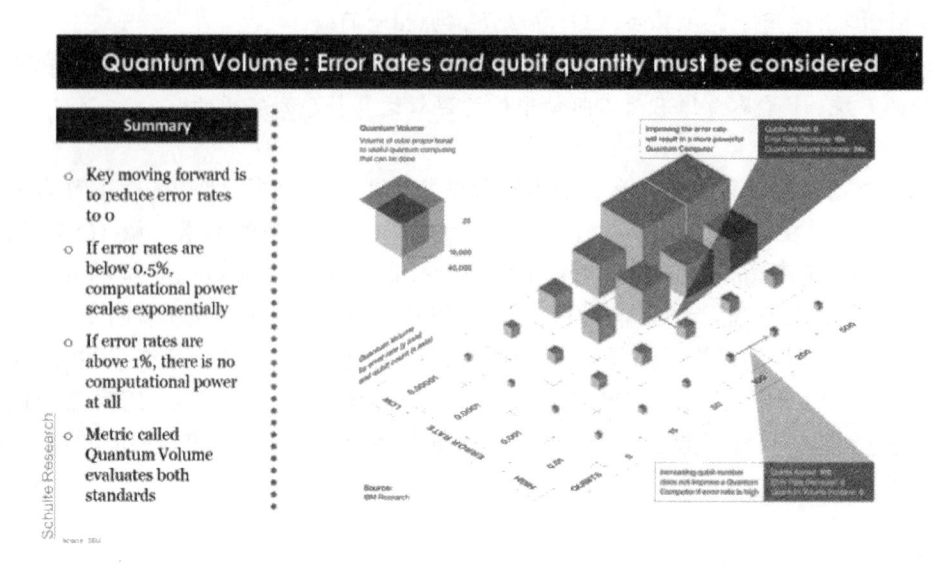

图 3.13 IBM Research 提供的量子量信息图

定给定场景中所有可能解决方案的最佳选择。高效优化的前景是特别有价值的,因为它对于几乎每个行业都是必要的,也是现代计算中最显著的限制之一。虽然这种计算范式在某些情况下运行良好,但它无法完成量子计算所设想的许多算法。更紧迫的是,AQC 受到量子位去相干的影响,并且缺乏任何纠错基础设施。

AQC 面临的另一个问题是,这些计算的性质要求同时发生多个量子位之间的相互作用。然而,量子位之间的相互作用越多,量子位就越容易出错,跟踪每个相互作用也就越困难。问题有两方面:为了减少噪声,必须限制量子位之间的相互作用;然而,这反过来会限制特定 AQC 所能完成的任务。

假设,完全连接的 AQC 可以与通用量子计算机竞争。这种 AQC,也称为一般 AQC,它能完成近似于 UQC 的操作,尽管计算速度较慢。实现这样的技术可能需要几年的时间,但 AQCs 作为第一个实验上可实现的 QCs 仍然是最有希望的。现在的研究重点是寻找一种方法来最小化误差并升级现有技术。实现这一点的两种方法要么是找到自然容错的物理材料,要么是设想一种在计算过程中进行纠错的方法。

通用量子计算机(UQCs)

与绝热量子计算机不同,它只专注于优化计算,UQCs 是量子计算的一种形式,具有更大的前景和潜力。在这个范例中,计算是通过作用于不同量子位的逻辑运算符序列来实现的。由于其灵活性,UQC 是许多量子算法都要在其上运行的系统。这意味着围绕 UQCs 及其潜在应用已经有了许多学术基础设施。

虽然这项技术在两种选择中更为灵活,但 UQCs 也面临着最多的开发问题。这些系统依靠它们的量子位来存储信息,而逻辑门访问这些信息并得出结论。因此,整个信息的保存和处理是 UQCs 的基本组成部分。然而,由于量子叠加是一种微妙的现象,保持多个量子位在独立叠加中的物理性是具有挑战性的。量子力学不仅仅是实验室产生的现象,这一事实加剧了量子叠加。整个自然界都是按照量子力学运行的,因此量子位与其环境的任何相互作用都会破坏量子位,从而破坏它们所代表的信息。

防止这类错误(称为纠错或量子位相干)似乎是不可能的,长期以来一直是反对 QCs 可行性的最大论据。然而,量子纠错研究的快速发展有助于实现具有容错能力的 UQC 的可能性。基本解决方案是将许多量子位耦合在一起,并将这组量子位视为其多数的总和。如果一个量子位被破坏,它会被仍然稳定的剩余量子位所掩盖。这也是经典计算发展中使用的故障安全冗余方法。

D-Wave 2000Q

D-Wave 是 QCs 的领先生产商,其最新的模型容纳了令人印象深刻的 2 000 个量子位。它与研究机构、公司和大学的大量合作证明了其在该领域的进步,但 2 000 个量子位仍远未达到量子霸权。最重要的是,它的系统针对 AQC,而不是 UQC,因此不符合 50 量子位基准。此外,对于 D 波计算机是真正参与量子计算还是仅仅使用潜在的量子基础设施进行计算,存在争议。主要的一点是,尽管 D-Wave 最初计划向绝热量子计算(AQC)发展,但它已经将其技术应用于量子退火系统。这种量子计算范式是 AQC 的一个子集,但缺乏扩展为通用 AQC 的潜力,使其能够与 UQCs 竞争。相反,量子退火是一种有限的技术,对于这种计算是否能达到比经典计算更快的速度存在重大争议。也就是说,南加州大学的研究人员已经证明,经典计算机的性能可以超过 D-Wave 的 2000Q。此外,如果 D-Wave 打算继续扩展其技术,则必须处理错误(见图 3.14)。虽然 UQCs 拥有构建物理量子位和逻辑量子位的基础设施,但 AQCs 无法做到这一点,因此其研究主要侧重于为容错量子位寻找材料。

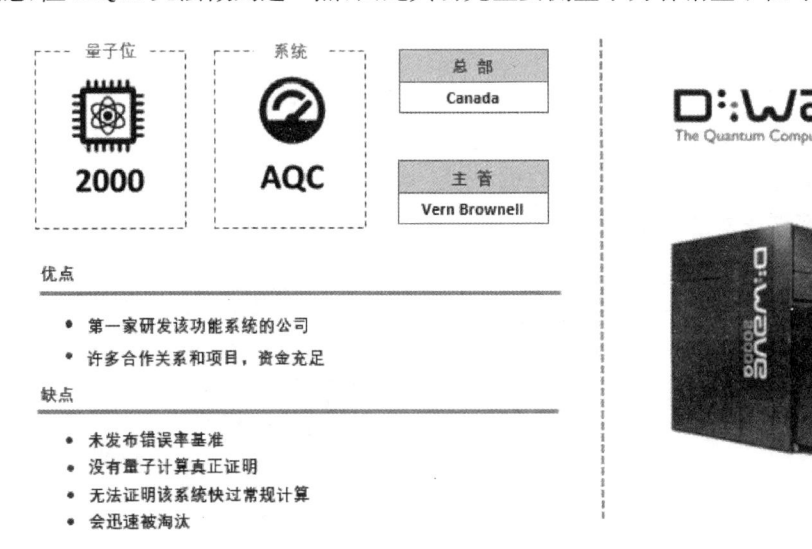

图 3.14　D-Wave 2000Q

尽管存在怀疑,D-Wave 仍在参与众多项目和合作。即使 D-Wave 没有生产高度先进的 QCs,其 2 亿美元的资金至少证明了它的潜力。

Google Bristlecone

2018 年 3 月,谷歌宣布其新制造的 72 量子计算机,他们"谨慎乐观"地认为它可以证明量子优势。这项技术是在谷歌使用其 9 量子位设备进行试运行后推出的,该设备的错误率仅为 0.6%,仅比普遍接受的 0.5% 的阈值低 0.1%。谷歌的 72 量子位设备是 9 量子位设备的放大版,他们希望保持这样的错误率,尽管这种新芯片的基准尚未发布。

谷歌还发布了考虑混合绝热-UQCs 的计划,尽管目前还没有生产出系统(见图 3.15)。

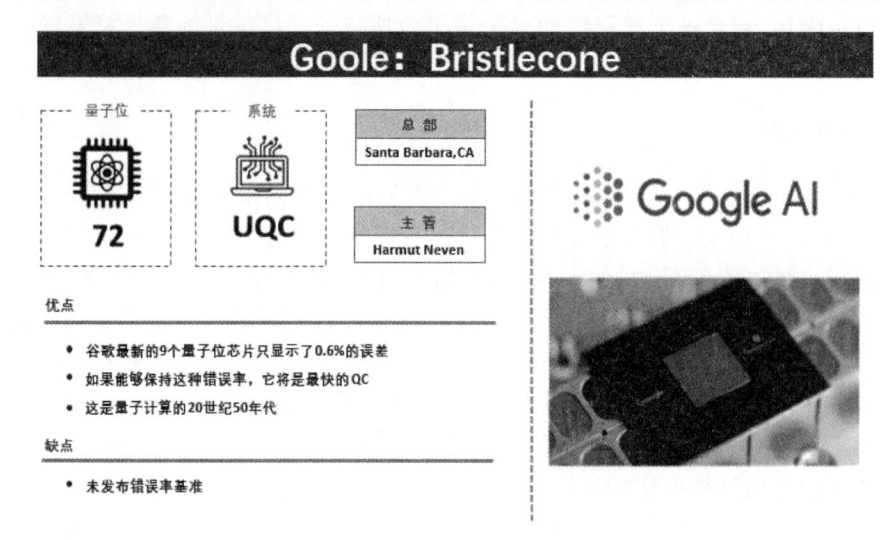

图 3.15　Google:Bristlecone

IBM

2017 年 11 月,IBM 发布了一款 50 量子位的量子计算机,可以将其量子状态保持 90 毫秒——这是一项行业纪录。除了 50 量子位系统外,它还有一个功能齐全的 5 量子位系统和 20 量子位系统,这两个系统的错误率都很低,研究人员可以在云中访问和使用。他们的 50 量子位计算机的错误率基准信息尚未发布(见图 3.16)。

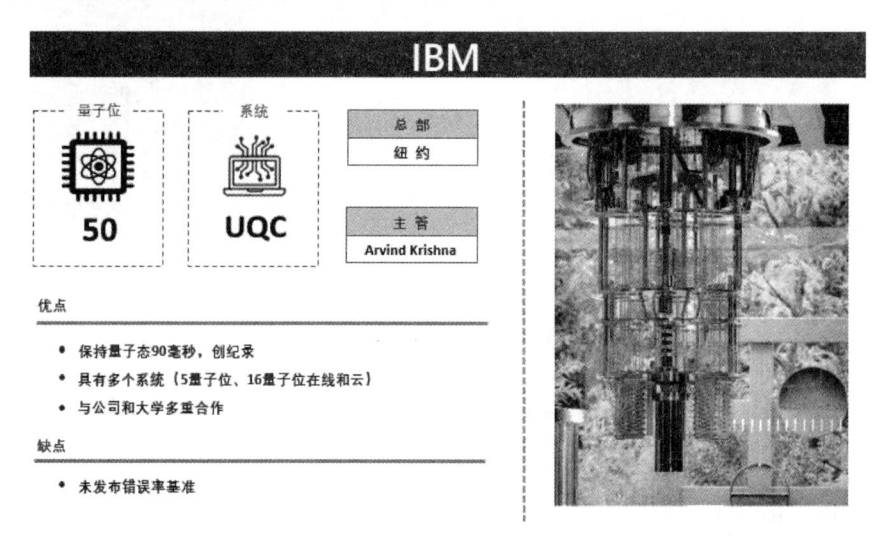

图 3.16　IBM

Intel Tangle Lake

尽管生产起步较晚,英特尔还是在 2018 年 CES 上生产了一款代号为 Tangle Lake 的 49 位芯片。虽然这种芯片并没有给量子计算技术带来任何突破,但英特尔正在研究一种量子位,它可以用硅中的单个电子构建。撇开技术细节不谈,这种量子位是有益的,因为它可以用与今天晶体管相同的制造方法大规模生产。毫不奇怪,这是一种类似的制造方法,在过去几十年大规模制造微处理器之后,英特尔变得特别擅长(见图 3.17)。

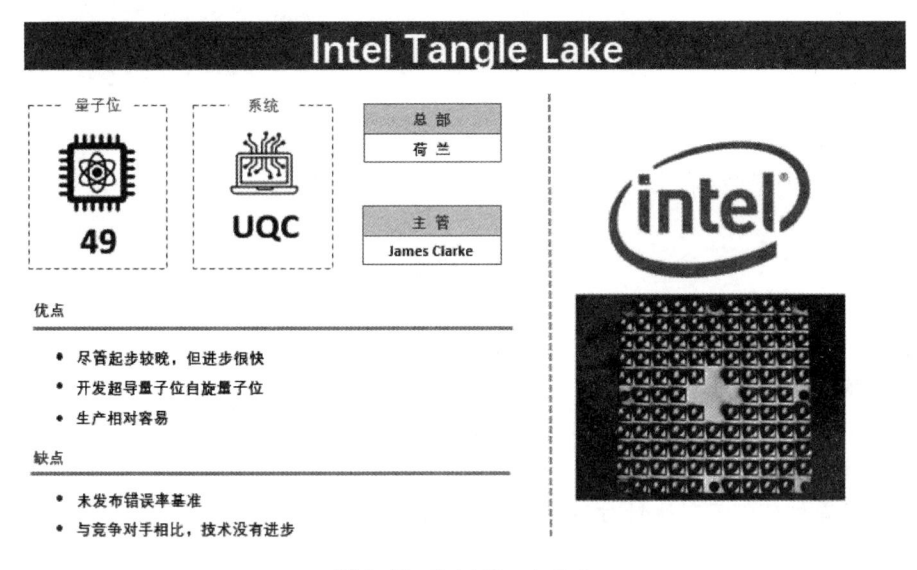

图 3.17　Intel Tangle Lake

全球竞赛

随着不同的私营公司迅速走向量子霸权,类似的竞争正在世界各国展开。2015 年,中国最大的零售商阿里巴巴与国家支持的中国科学院合作研究该领域。2018 年 2 月,第一个 11 量子位芯片原型可用于云测试,此后中国政府承诺为一个新的国家量子实验室的研发提供 100 亿美元。同样,欧盟计划在研究方面投资 11 亿美元。

参考文献/拓展阅读

Schulte, P. (2019). AI and Quantum Computing for Finance and Insurance: Fortunes and Challenges for China and America (Singapore University of Social Sciences—World Scientific F). WSPC.

Lee, D. K. C. (2020). Artificial Intelligence, Data and Blockchain in a Digital Economy, First Edition (Singapore University of Social Sciences—World Scientific F). WSPC.

Corcoles, A. D., Kandala, A., Javadi-Abhari, A., McClure, D. T., Cross, A. W., Temme, K., Nation, P. D., Steffen, M. and Gambetta, J. M. (2020). Challenges and Opportunities of Near-Term Quantum Computing Systems. Proceedings of the IEEE, 108(8), 1338−1352. https://doi.org/10.1109/jproc.2019.2954005.

Cusumano, M. A. (2018). The Business of Quantum Computing. Communications of the ACM, 61(10), 20−22. https://doi.org/10.1145/3267352.

Egger, D. J., Gambella, C., Marecek, J., McFaddin, S., Mevissen, M., Raymond, R., Simonetto, A., Woerner, S. and Yndurain, E. (2020). Quantum Computing for Finance: State-of-the-Art and Future Prospects. *IEEE Transactions on Quantum Engineering*, 1, 1-24. https://doi.org/10.1109/tqe.2020.3030314.

Fernandez-Carames, T. M. and Fraga-Lamas, P. (2020). Towards Post-Quantum Blockchain: A Review on Blockchain Cryptography Resistant to Quantum Computing Attacks. *IEEE Access*, 8, 21091—21116. https://doi.org/10.1109/access.2020.2968985.

Gyongyosi, L. and Imre, S. (2019). A Survey on Quantum Computing Technology. *Computer Science Review*, 31, 51—71. https://doi.org/10.1016/j.cosrev.2018.11.002.

Mavroeidis, V., Vishi, K., Zych, M. D. and Jøsang, A. (2018). The Impact of Quantum Computing on Present Cryptography. *International Journal of Advanced Computer Science and Applications*, 9(3), 405—414. https://doi.org/10.14569/ijacsa.2018.090354.

Orús, R., Mugel, S. and Lizaso, E. (2019). Quantum Computing for Finance: Overview and Prospects. *Reviews in Physics*, 4, 100028. https://doi.org/10.1016/j.revip.2019.100028.

练习题

习题 1

以下哪项是错误的?

a. 在模拟、数字和量子计算机中,信息存储为 0 和 1 的字符串

b. 模拟计算机仅限于单个任务

c. 数字计算机可以不断地针对不同的问题进行重构

习题 2

关于经典计算机和量子计算机,下列哪一项是正确的?

a. 两者都只表示 0 和 1 字符串中的信息

b. 两者都产生确定性计算

c. 经典计算机的计算能力比量子计算机小

习题 3

什么是量子金融?

a. 量子计算机在金融交易中的应用

b. 量子算法在金融领域的应用

c. 对量子计算发展的投资

习题 4

Shor 算法:

a. 中断现有的加密哈希函数

b. 用于在无序列表中搜索特定项目

c. 旨在将数字缩减为其素数

习题 5

绝热量子计算机(AQC):

a. 适用于优化算法

b. 比通用量子计算机(UQC)更具容错能力

c. 能够处理不同的量子算法

参考答案

习题 1

答案:a。

模拟计算机使用一个物理模型来表示信息,该模型模拟了它要解决的问题。量子计算机以量子位表示信息。

习题 2

答案:c。

量子计算机以量子位、0 或 1 或 0 和 1 的叠加表示信息。量子计算机的计算是概率的。

习题 3

答案:b。

习题 4

答案:c。

Shor 的算法打破了数字签名方案。Grover 算法是一种加快密码散列函数破坏的算法。

习题 5

答案:a。

与 AQC 相比,UQC 具有更强的容错能力。选项 c 描述了 UQC。

第二部分

合规和风险管理

第 4 章 技术风险管理(TRM)

4.1 技术景观、地缘政治和技术风险管理(TRM)的必要性

学习目标
了解技术风险管理(TRM)的重要性,尤其是对金融机构而言。

主要内容

要点
- 商业领域的技术创新是一个持续不断的进化过程。
- 电子商务、移动银行和数字支付的兴起导致技术风险。
- 国家间争夺关键技术领先地位的竞争导致企业技术部署的地缘政治风险。

重点名词
- ABCD:这是人工智能(AI)、区块链(Blockchain)、云(Cloud)和数据(Data)的缩写。
- 核心银行系统(Core Banking System,CBS):这是一项关键技术,几乎控制着银行的所有重要业务。
- 数字银行(Digital Banking):指传统银行服务的自动化。
- 分布式账本技术(Distributed Ledger Technology,DLT):指与用户网络中不可变记录的通信和更新相关的技术。
- 移动银行(Mobile Banking):在移动设备上进行金融交易。
- 神经处理单元(Neural Processing Unit,NPU):是一种专门的电路,用于实现机器学习算法的基本逻辑。
- 开源(Open Source):指源代码因其许可证而属于公共领域的软件和相关开发活动。
- 智能认知(Smart Cognition):指在解决问题时模仿人类行为或推理的计算过程。
- 技术风险管理(Technology Risk Management,TRM):是规划和监控技术使用以及缓解过程的设置和控制所产生的风险的学科。这不仅包括信息安全和数据保护,还包括管理技术控制和技术管理。

金融和经济领域的技术创新

数字商业转型(Digital Business Transformation,DBT)是当前商业领域创新转型的源

泉。DBT 的定义是"使用技术从根本上提高企业的绩效或影响力"（Westerman、Bonnet and Mcafee，2014）。管理人员使用一套技术工具来改进传统技术的现有使用，如客户关系管理（CRM）系统、企业资源规划（ERP）系统以及其他涵盖内部处理和价值主张交付的系统。DBT 对商业实体有着深远的影响。

然而，对数字技术的持续依赖使公司面临新类型的风险。这些被称为技术风险，包括网络安全、数据和隐私盗窃以及入侵。为了应对这一威胁，当局制定了精心编制的技术风险管理（TRM）指南，指导公司管理和最小化风险。

本节讨论了技术的相关发展、金融机构对新技术的依赖以及这种依赖如何导致技术风险。

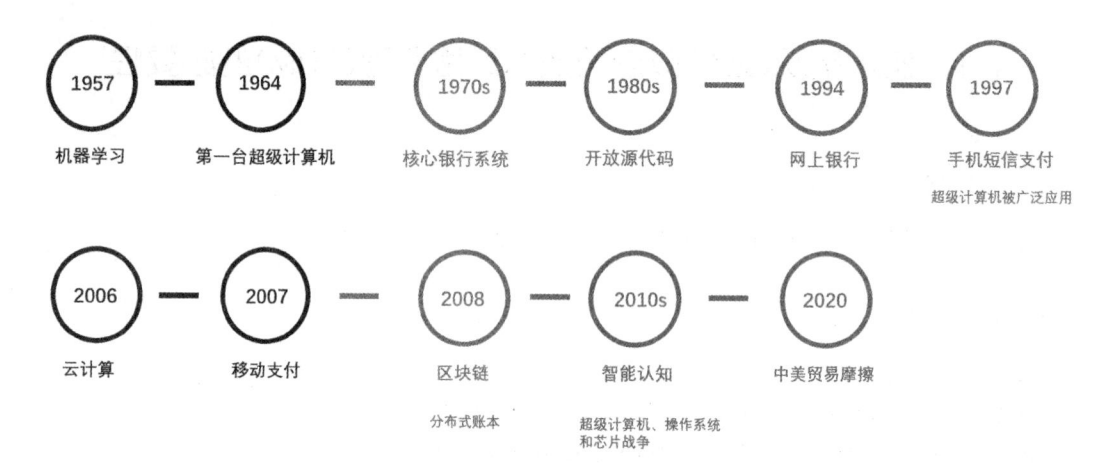

图 4.1　技术发明或中断的关键里程碑时间表

图 4.1 显示了技术发明或中断的关键里程碑。每个里程碑引致了对全面 TRM 的进一步需求。

核心银行系统：集中分行系统

在核心银行系统（CBS）替换浪潮期间，金融机构（FIs）出现了早期大规模技术破坏阶段。核心银行系统是一项关键技术，几乎占据了银行所有主要业务的核心。Heidmann（2010）将 CBS 描述为神经系统的类比。在架构上，CBS 将跨业务部门的所有银行服务与客户连接到一个公共网络上。这与神经的解剖网络相当。以集中方式处理数据存储和处理。这与大脑相当。CBS 系统也是一个平台，在该平台上开发新功能并能够实现有机增长。

在 CBS 出现之前，通常每个银行分行都有自己的服务器，并且独立于中央控制。每天结束时，每个分支的数据都会进行物理整理并发送到数据中心。该系统被称为"基于分支的系统"（www.diffen.com，n.d.）。这个系统相当不完善。由此产生的时间和信息操作滞后导致银行寻求新的方法来提高其网络的效率。解决办法是集中化。哥伦比亚广播公司的继任者于 20 世纪 70 年代首次将其引入美国。在 20 世纪 80 年代，它蔓延到欧洲和印度。

CBS 具有以下优势（Moreno and Sindhu，2012）：

①通过单一数据库提供与客户关系的整体鸟瞰图，开启了一个更加以客户为中心的业务战略。

②提供经济高效的数据库。
③通过将生产创建与产品分发分离,同时拆分内部流程,实现更灵活的业务线。
④降低成本。
⑤增强系统灵活性。

此外,集中式平台允许以前分散的分支机构快速连接。这在全球环境中尤为重要,因为它有助于金融机构在全球扩张。中央数据库还允许进行全球交易,潜在地连接股票市场和外汇市场。

由于上述利益,金融机构已变得依赖 CBS。然而,这种依赖反而导致了不同类型的威胁。由于 CBS 基于技术平台和集中化,随着目标变得更加集中和有吸引力,技术威胁隐约可见。连接分支的传统系统是一个相当封闭的系统,可以通过有限的点对点连接在现场进行物理保护。随着 CBS 的出现,银行网络在广域配置中更加暴露。此外,银行数据中心的集中数据存储是潜在攻击者的一个诱人目标。

开源

包容性技术的关键是开放与合作。一个例子可以在开源软件和开发空间找到。1985年,Richard Stallman 为 GNU 项目撰写了 GNU 宣言(Carilllo and Okoli,2008),这一年见证了开源的诞生。这是一种宣传开源的尝试。

开源软件与专有软件形成了显著的对比(Econimids and Katsamakas,2006)。后者是指具有受版权保护的源代码的许可软件产品。这通常是为了商业利益而出售的。例如 Microsoft Windows 操作系统和各种 PC 游戏。开源软件是指具有向公众公开的源代码的软件。任何公众人士都可以访问、使用、研究、修改和分发其源代码。例子包括 Linux 操作系统(什么是开源? n.d.)和比特币(比特币是一种创新的支付网络和一种新的货币,n.d.)。根据 FinTech Futures 的数据,最近,主要金融机构已开始为开源做出贡献,试图在巨大的收入蛋糕中分得一杯羹(消除金融服务中关于开源的四个神话,2019)。

数字/移动银行和支付解决方案

电子支付系统几乎是随同互联网本身开始的。第一家提供网上银行服务的金融机构——斯坦福联邦信用社——成立于 1994 年(融洽关系,2004)。提供电子现金替代解决方案的其他公司包括 Milicent(1995 年)、ECash(1996 年)和 CyberCoin(1996 年)(电子支付历史上的 5 个转折点,n.d.)。这些解决方案包括数字现金、电子货币或代币。在此期间,亚马逊(Amazon)和必胜客(Pizza Hut)等先驱公司在普及消费者在线支付和交付方面发挥了决定性作用(电子支付历史上的 5 个转折点,n.d.)。电子商务网站,如 eBay,成立于 1995 年(我们的历史,n.d.)。之后不久,移动支付就出现了。1997 年,可口可乐推出了自动售货机,允许通过短信购买可乐(Martins,2015)。

这些事件表明了一个明确的趋势,网上银行和网上交易不仅仅是最近才发明的。最近智能手机、应用程序和社交媒体的使用率上升有助于提高在线交易和在线银行平台的采用率。一个突出的例子是 M-Pesa(What is M-Pesa,2007)。该公司开展了第一次移动对移动交易。思考一下,为什么金融机构和商业实体喜欢在线或移动支付方式,这很有启发性。麦肯锡公司(McKinsey,2019)提到的一些原因,包括跨境企业对企业(B2B)交易日益重要、在线支付行业收入不断增长以及进入壁垒降低。自 2018 年以来,在线支付行业的复合年增长率为 6%(McKinsey,2019)。提到的另一点是,支付解决方案正变得越来越数字化。这些支付服务的管理必须依靠先进技术,并结合数字化功能,以提高数据分析能力。进一步的原因是移动支付的速度和效率,以及它所代表的更容易获取资金的方式(Cudjoe、Anim and Nyanyofio,2015)。

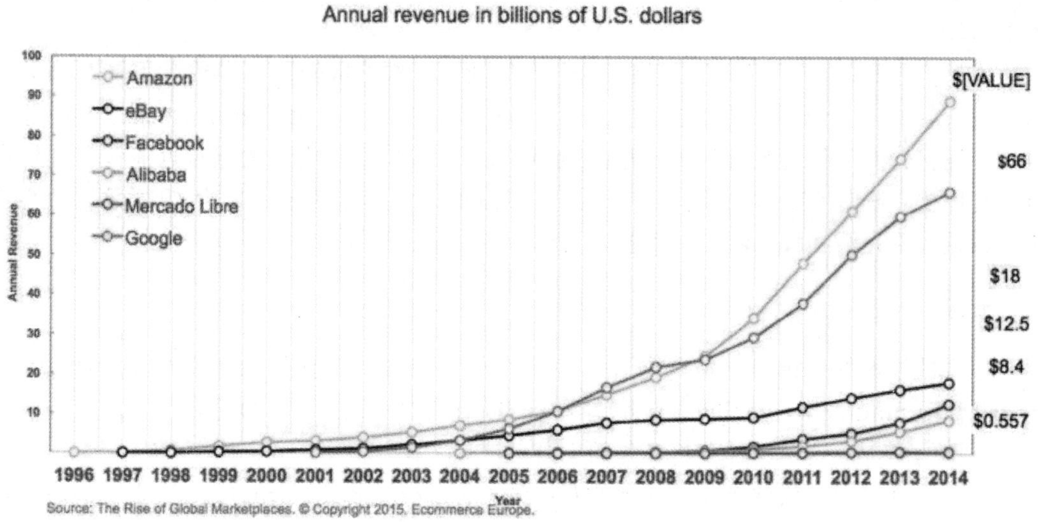

图 4.2　电子商务巨头的崛起

资料来源:Bigcommerce.com。

20 世纪 90 年代中期,电子商务和支付技术取得了一系列增长。一方面,互联网的兴起以及电子商务巨头亚马逊和易趣的崛起。Laudon 和 Traver(电子商务史,2008)甚至宣称亚马逊和 eBay 是电子商务的发起者。然而,如果没有互联网作为基础设施和 1994 年互联网支付的兴起,这是不可能的。从那时起,电子商务巨头的年收入出现了令人印象深刻的增长(见图 4.2)。

美国科技巨头提供的电子商务采用的电子支付方式很简单。大多数客户已经拥有信用卡,因此他们只需向电子支付服务提供商注册信用卡即可开始付款。然而,这种情况在中国和其他发展中国家并不存在。

电子商务的兴起并非美国独有。发展中国家,特别是中国,拥有自己的电子商务产业和相应的巨头。正如 Klein(2020)所解释的,美国专注于开发具有先进芯片和磁条的更好的信用卡,而中国电子商务巨头阿里巴巴则专注于更引人注目的技术——二维码和数字钱包。中国政府通过禁止美国信用卡服务提供商进入,保护了国内银行卡行业。这意味着使用信用卡进行电子支付的中国公民数量一直很小。在中国,从头开始建立无线或有线借记卡支付系统也很昂贵。因此,中国商人有动机寻找更便宜的替代品。这是以智能手机的形式出现的。中国移动支付量猛增(见图 4.3)。广泛采用也是由于规模经济和积极反馈。

巨大的中国市场迅速提升了电子支付的收入。此外,范围经济战略在中国电子商务巨头中得到广泛应用。一旦积累了足够的用户,他们愿意扩大服务范围(中国:数字支付革命,

图 4.3 中国移动交易量

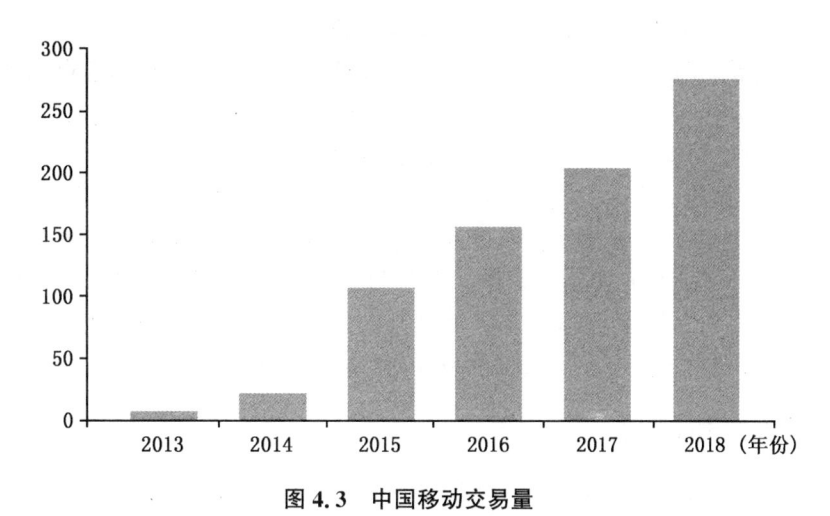

资料来源：Klein(2020)。

2019)。

电子支付的兴起在其他发展中国家也遵循类似的模式,这为使用移动技术提供了有利条件。

世界贸易组织(WTO,2013)认为,缺乏银行基础设施,但存在足够的智能手机和数据覆盖,引致了电子支付的扩散。例如,M-Pesa 于 2007 年在肯尼亚开始提供银行和移动支付服务。它是最早使用移动钱包的公司之一,并成为小额融资的领导者(Graham,2010)。2012年,仅在肯尼亚,M-Pesa 用户数量就增加到 1 700 万。这是由于缺乏便利的银行设施。

随着数字/移动银行和支付的大规模增长,技术风险呈指数增长,尤其是网络风险和信息或身份盗窃。Pegueros(2012)和 Bankable(2008)指出,网上银行和移动交易存在若干风险。一个关键问题是恶意软件。根据一些研究,仅 Android 平台上的恶意软件样本就从 2011 年 6 月的 400 个增加到 2011 年 12 月的 13 000 个(Jackson,2012)。其他类型的风险包括支付技术的 POS 漏洞、无线运营商数据中心的漏洞以及隐私问题。

Bankable Frontier Associates LLC(2008)强调了其他几种传统移动金融服务(m-FS)风险。例如,发展中国家手机与移动网络运营商的独立性和低安全功能是移动电话固有的技术风险。黑客可能会利用这些漏洞。

ABCD

"ABCD"是人工智能、区块链、云和数据的缩写(GovTech,2018)。它们是未来数字化的基本组成部分。例如,它们构成了下一代 CBS 和交易服务的基础。

每个项目的简要概述如下：

①AI：AI 代表人工智能。人工智能在商业领域有着深远的影响,在自动化支持、数据分析以及与客户和员工的互动方面都有应用。当今最流行的人工智能形式是机器学习(ML)。商业管理是人工智能的一个应用领域,被称为神经处理,是全球最先进的处理芯片背后的技术(高通人工智能神经处理 SDK,n.d.)。

②区块链：在比特币和其他一些加密货币网络中,分布式账本技术(DLT)的形式称为区

块链(有关区块链和DLT的更多详细信息,请参见第三部分)。

③云:云是指易于访问的集中式数据库。云计算的创新改变了数据的存储和处理方式。根据 Harvard Business Review(Hardy,2018),云计算极大地改善了业务流程管理(BPM)。关于云计算的风险、挑战和注意事项,请参阅第四部分。

④大数据:数据构成了人工智能、区块链和云背后的基本块。根据麦肯锡(Hurtgen and Mohr,2018),大型、准确的数据集在增强分析能力、预测维护、欺诈检测能力、需求规划和企业实体供应链优化方面具有深远的影响。我们目前生活在"大数据"时代,这对我们的预测能力有着深远的影响。然而,数据收集及其随后的分发导致了不同利益相关者的隐私问题。此外,存储在云服务器上的有价值数据会引发网络安全问题。

分布式账本技术(DLT)

从本质上讲,DLT通过取消中央权威而具有包容性。Mills等人(2016)认为,DLT的特征组合会对数字资产的存储、监控和传输方式产生深远影响。反过来,这将使我们当前的清算支付和结算流程更加高效。Collomb、Sok和Leger(2017)认为,可以通过DLT有效追踪所有公司股东,以确保准确支付股息。

DLT通过其在财务报告和合规方面的不可变分类账,在自动化和合规执行方面拥有保证。其中一个应用是实现巴塞尔协议Ⅲ或欧盟偿付能力Ⅱ规定的更严格的合规性,以促进在这两个监管框架下资本或流动性按要求执行。最后,贷款和结算可以更有效地完成,因为DLT可以分别跟踪贷款人和付款。所有这些都表明了DLT的潜力及其在交易、贷款和合规方面的深远影响。

智能认知

知识就是力量,但传统的计算机不处理知识。数据科学和人工智能的最新发展可以通过学习算法帮助缓解这一限制。机器学习(ML)作为一种这样的学习形式,今天被广泛采用。ML可以分为两种类型:有监督学习和无监督学习。

在无监督学习中,通过从未标记数据集中提取关键特征来导出模式。无监督学习算法的一个示例是K均值聚类。在监督学习中,必须依赖标记数据集。机器将使用不同的标记数据集进行学习,以在学习试验中提高其准确性。监督学习包括诸如K—最近邻的算法。

监督学习应用于商业领域的欺诈检测和市场预测。另一个典型的例子是带有回归的股票价格预测模型(见图4.4)。Netflix等公司使用预测模型向用户推荐节目(Schatsky、Muraskin and Gurumurthy,2015),占所有使用量的75%。相反,无监督学习用于客户反馈分析和数据可视化,其中对给定数据集没有固定的响应。然而,无监督机器学习通常可以允许机器提取模式。

除了上述学习机制之外,还有被称为深度学习的高级学习领域。深度学习是指以无监督的方式从非结构化数据集学习的能力,它能在多个层次上模拟人类大脑及其神经网络(Marr,2018)。深度学习应用的示例包括自然语言处理、模式识别、图像识别和语音识别。这一领域的进步可以对世界产生深远影响。深度学习目前由三星Bixby、苹果和华为麒麟芯片组等机构进行调查和开发(Faggella,2019)。

华为在这一领域处于领先地位。它还开发了一些慈善项目,如StorySign,该项目利用

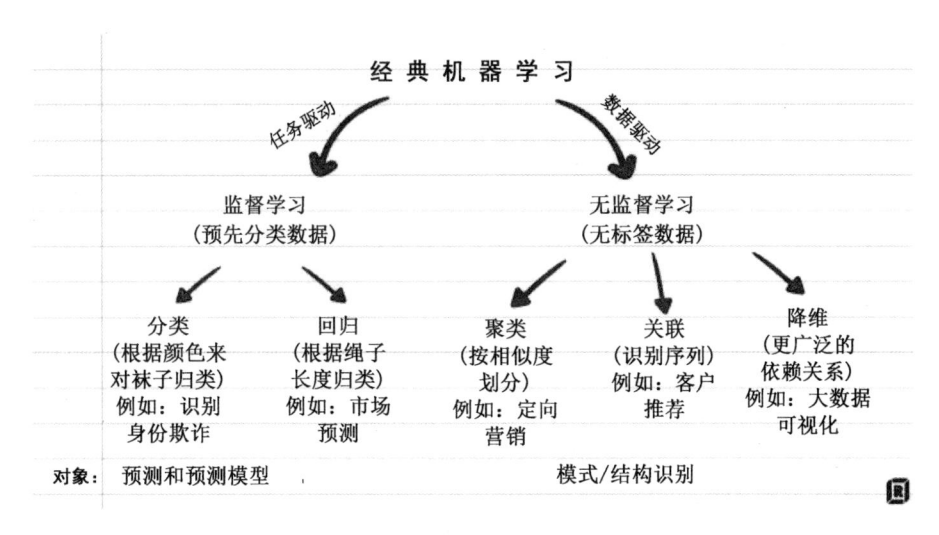

```
                          经典机器学习
                    任务驱动        数据驱动

              监督学习                无监督学习
            (预先分类数据)             (无标签数据)

        分类        回归        聚类       关联       降维
      (根据颜色来  (根据绳子   (按相似度   (识别序列)  (更广泛的
      对袜子归类) 长度归类)    划分)     例如:客户   依赖关系)
      例如:识别  例如:市场   例如:定向    推荐     例如:大数据
       身份欺诈     预测      营销               可视化

     对象:预测和预测模型              模式/结构识别
```

图 4.4　机器学习的类型及其功能

资料来源:Medium.com(Io,2019)。

人工智能提高聋哑儿童的识字能力。德勤(Schatsky,Muraskin and Gurumurthy,2015)强调了智能认知在构建无人驾驶汽车和业务流程自动化中的应用,这可以显著改变我们的生活和工作方式。然而,应用智能认知存在风险。与技术风险相关的一些威胁包括以下内容(Waterman and Bruening,2014):

①包含错误的源数据可能会导致错误的结果。

②数据保护和边界没有建立在如何收集和使用数据上。

③涉及决策时的企业、社会和道德责任。例如,一家保险技术公司可能会面临谁值得信任的困境。如果具有智能认知能力的人工智能正在做出决策,这是否合乎道德?

社交媒体的影响已经在政治领域得到见证,面对网民批评的候选人被迫退出竞选或辞职。

社交媒体也可以被用来在选举期间左右公众情绪,如英国脱欧公投和 2016 年美国总统选举期间,凸显出智能认知在被操纵时的负面影响,从而凸显出政府对技术公司施加治理和风险管理的必要性。

特别是,机器学习、智能认知技术已被用于网站推荐引擎。正如 Wang(2020)所解释的,推荐引擎使用机器学习来分析用户配置文件。这些分析有助于网站向用户发布有针对性的产品推荐。Gomez-Uribe 和 Hunt(2015)发现,有证据表明,Netflix 的预测算法可以让该组织执行更个性化的推荐,每年为 Netflix 节省约 10 亿美元的营销成本。根据 Wang(2020)的说法,TikTok 每月活跃用户超过 8 亿,因此也使用了此类算法,以确保 TikTok 的营销成功。它在很大程度上利用了机器学习(见图 4.5)。Davis(2019)概述了 TikTok 如何通过字节跳动的机器学习工具分析其活跃用户的行为,以向这些用户推广有针对性的视频。除了视频之外,广告也精心针对用户。视频制作者也从机器学习中受益,机器学习提供了针对用户偏好和视频编辑的建议。基于网络的公司对机器学习和数据分析的依赖引发了数据隐私问题。这些公司可访问的大量数据可能成为黑客的一个有利可图的目标。因此,需要建立技术参考模型(Technical Reference Model,TRM),以保护这些数据不被利用。

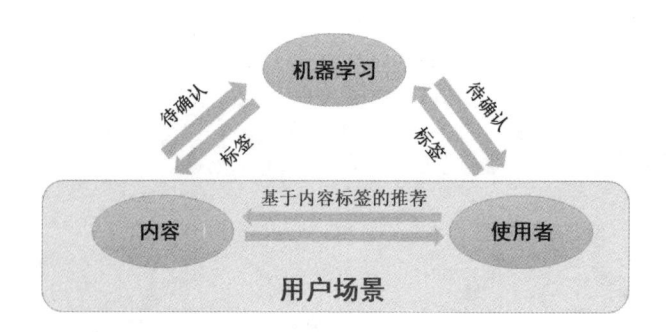

图 4.5　TikTok 部署的预测算法

资料来源：走向数据科学(Wang,2020)。

技术战争

传统微观经济学理论认为，竞争促进了企业的生产效率。随着稀缺资源得到更有效的利用，企业的生产率也随之提高。然而，最近的一些事态发展与此相矛盾。Chin(2019)认为，最近的地缘政治发展导致了主导地位的竞争，而不是效率竞争。在同一篇文章中，Chin指出，当今各国将其支持投向关键技术，以在全球舞台上竞争并最终占据主导地位。

图 4.6　Fugaku,世界上最快的超级计算机(本文撰写时)

资料来源：共同社新闻(日本新超级计算机 2020 年全球排名最快)。

最近，抗击"新冠"疫情的斗争展示了超级计算机应用的一些例子(世界上速度最快的日本超级计算机正在抗击冠状病毒,2020)。这些超级计算机的计算速度比普通计算机快1 000 倍以上，能够进行快速分析。截至 2020 年，最快的超级计算机是位于日本神户的"Fugaku"(日本新的超级计算机在世界上排名最快,2020)(见图 4.6)。其他排名前五的超级计算机来自中国和美国(Jackson and Alering,2020)。第一台超级计算机是 1964 年发明的控制数据公司的 CDC6600。它的发展主要是由用于科学目的的公司资金驱动的。

从 1997 年开始，中国、日本和美国的超级计算机资金主要由国家资助，情况发生了变化

(Bell,2015)。几乎每一个科学和技术领域都开始使用超级计算机,各国之间的竞争加剧。快进到2010年,随着中国推出世界上最快的超级计算机,超级计算机的"战争"愈演愈烈(Jarvis,2010)。两年后,在2012年(McMillan,n.d.),美国推出了超级计算机"Titan",其处理速度比2010年的超级计算机快10倍。这种竞争一直持续到今天,并因美中贸易摩擦而成为焦点(Tao and Perez,2019)。

除了超级计算机之外,智能手机已经成为几乎所有人必备的小工具。对智能手机的依赖加速了下一代操作系统(OS)的竞争。由于美国禁止其公司与华为合作,华为推出了HarmonyOS(Sin,2020),与现有的Android和iOS操作系统进行直接竞争。HarmonyOS是目前华为家庭业务生态系统的一个补充,它有自己的一套支持中国制造手机的硬件和软件。市场上还有其他移动操作系统。激烈的竞争导致了其中一些操作系统的失败,包括WebOS、MeeGo、Windows Phone、BlackBerry 10和FirefoxOS(Collomb,2017)。

"芯片战争"是地缘政治紧张的延伸,超出了传统商业竞争的范畴。我们看到的最引人注目的芯片战争是美国试图严格监管并最终击败华为(美国决心击溃华为,2020)。美国部署这种战术是基于以下考虑:先进的芯片制造与石油供应相当(Blank,2020)。它不仅对技术,而且对经济和军事都有深远的影响。到目前为止,美国在芯片技术方面处于世界领先地位(Wong and Gallagher,2020)。2018年,华为在柏林IFA电子展上推出了其麒麟980核心处理器芯片(Cheng and Li,2018)。这是世界上第一个具有两个神经处理单元(NPU)的移动芯片。它使华为在智能成像、面部识别和语音识别方面拥有更快的处理速度和机器学习能力。相比之下,美国最先进的芯片是苹果A11核心处理器,它只有一个NPU。这对美国产生了严重影响。随着最近的发展,中国的芯片技术可能会超过美国,更不用说中国拥有世界上最大的稀土储量,达440万吨(McLead,2019),这对于先进的芯片制造至关重要。因此,从美国的角度来看,通过限制华为使用美国技术,对华为采取积极的保护主义措施是有道理的。

超级计算机和智能手机已经成为我们生活中不可或缺的一部分。单是市场价值就足以吸引强大的机构,更不用说政治动机了。国家和大公司控制关键技术的行为令人担忧。国家监控问题已经浮出水面(Mitchell and Diamond,2018),增加了隐私泄露的风险。另一种风险出现在国家收集因举报而泄露的数据时,爱德华·斯诺登(Edward Snowden)和朱利安·阿桑奇(Julian Assange)的例子表明了这一点。当主要技术公司主导操作系统和芯片的供应时,同样的问题也会出现。如果黑客闯入这些公司并访问个人数据怎么办?这一威胁是非常真实的,因为Facebook之前经历过这样的灾难(Silverstein,2019)。最近,安卓系统报告了黑客涉嫌的数据泄露(Winder,2020),这进一步加剧了用户的风险水平。

贸易战和潜在关税是地缘政治风险的表现。三星电子陷入了中美芯片"战争"引发的冲突(Mellow,2020)。因此,需要采取适当措施,确保商业实体在整个区域分散风险。

4.2 TRM的重要性

学习目标

回顾技术风险管理(TRM)对公司的重要性。

主要内容

要点
- 生活在数字经济中的每个人都需要技术风险管理。
- 技术风险管理包括网络安全、信息安全、数据隐私和变更管理。
- 技术风险管理的本质体现在 BCBS 的七项运营复原力原则中：治理、运营风险管理、业务连续性规划和测试、互联映射和相互依赖性、第三方依赖性管理、事件管理和 ICT 与网络安全。

重点名词
- BCBS：这是巴塞尔银行监管委员会的缩写。它是为银行审慎监管制定全球标准的主要组织，并为银行在监管事项上的定期合作提供了一个论坛。

TRM 简介

世界高度数字化。经济，特别是金融业，正在从基于实物现金的系统转向基于数字支付的系统。随着货币和交易向比特和字节移动，物理障碍正在降低。确保金融机构（FI）的安全不仅仅是实体场所。金融机构专业人士、监管机构和消费者都需要了解影响世界的技术，并防范由此产生的风险。可以合理地说，对生活在数字经济中的每个人来说，对 TRM 的基本理解都是必要的。

随着我们越来越依赖技术，更大的数字化和连通性使我们更容易受到威胁。图 4.7 给出了一个示例，它仅说明了数据泄露的普遍性。

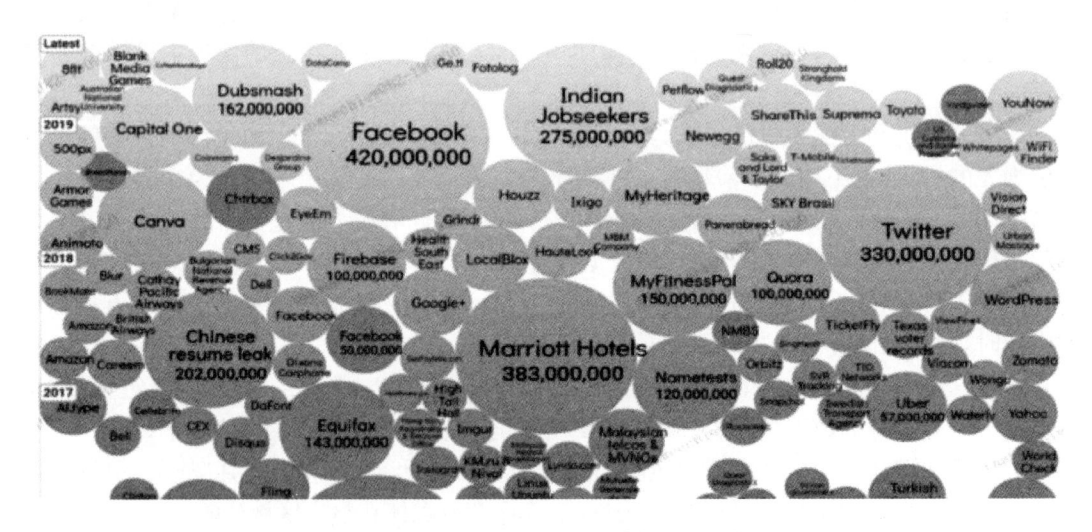

图 4.7　世界上最大的数据泄露（快照，请参阅网站获取最新信息）

资料来源：World's Biggest Data Breaches & Hacks, n. d. ; Information Is Beautiful。

信息安全、网络安全、数据隐私和 TRM 之间的区别

为了避免这种威胁，每个人，特别是管理层，都必须更多地了解 TRM。

TRM 是指技术领域的风险管理。这不仅仅是通常组合在一起的信息风险、网络风险或数据隐私风险。这些术语经常被随意互换使用。然而，它们之间存在明显差异，因此可以描述为：

①信息安全涉及保护所有形式的信息或数据的完整性、保密性和可访问性（Olcott，2019）。它涉及保护软拷贝和硬拷贝、数据中心或机柜中数据的机密性。信息安全的例子包括使用后锁定所有文件和文档，以及为计算机上的数据访问设置多因素身份验证。

②网络安全涉及电子形式数据的保护（Olcott，2019）。这包括存储在移动设备、计算机、云或服务器上的数据。确保网络安全的例子包括加密和设置防火墙。

③数据隐私涉及保护、收集、共享和保留敏感信息的能力（Dean，2017）。它不同于安全，无论是信息还是网络，目标都是保护。数据隐私下，一些问题不属于网络安全或信息安全，它们涵盖如何收集数据，可与谁共享收集到的数据，以及收集到的数据可保留多长时间。

虽然大多数注意力都集中在网络攻击和信息泄露上（这些都是最吸引眼球和最具新闻价值的），但在数字经济中经营企业并不仅仅是为了抵御攻击者。由于大部分业务都是由技术骨干运营的，因此基于技术的可靠运营至关重要。这包括弹性和业务连续性等领域。

流程用于开发和管理技术，实施控制以确保技术得到保护，风险得到缓解。如果没有这些控制措施，一台价值数百万美元的设备可能会在运行过程中出现短路或小错误而彻底崩溃。

今天，许多企业并不是自己制造或运营一切，而是依赖于供应商、合作伙伴和承包商的生态系统。它们都是有价值的组成部分和风险点。正如俗话所说，"你的强大取决于你最薄弱的一环"，外包管理是 TRM 的一个重要考虑因素。正如我们稍后将看到的，许多弱点都是由于金融机构的合作伙伴和供应商的失误造成的。

如果不正确理解和管理外包流程，内部流程和控制将是徒劳的，无论它们有多强大。

TRM 的另一个重要方面是面对灾难时的业务连续性。对技术而言，这意味着两个方面：①部署的技术必须具有弹性，并能够在灾难发生时在合理的时间框架内恢复（即灾难恢复规划）；②用于支持非技术性灾难的技术必须稳健，并使业务能够继续运营。最近的"新冠"疫情说明了第②点对所有行业和企业的重要性。它强调公司要确保第①点做得好，并强调技术的重要性。

因此，TRM 的适用范围和相关性要广得多，许多监管机构在监管金融机构时也采取了类似的立场。根据新加坡金融管理局（MAS）指南（2013）（风险管理实践指南——技术风险，2013），TRM 被称为一项指南，规定了风险管理原则和最佳实践标准，作为金融机构在以下方面的指南：

①建立稳健的技术风险管理框架；
②增强系统的可恢复性、可靠性、弹性和安全性；
③部署强身份验证以保护客户数据、事务和整个系统。

金融机构应了解的技术风险领域包括但不限于：
①信息安全/网络安全；
②应用程序开发；
③测试（系统和技术）；
④访问控制；

⑤变革管理；
⑥特权访问；
⑦补丁管理；
⑧软件开发生命周期管理；
⑨技术生命周期管理；
⑩内部攻击；
⑪治理(技术/运营)；
⑫外包(技术/运营)。

FI 需要将 TRM 作为更广泛的超级集合。它还考虑了运营、变更管理和弹性，以管理快速发展的技术空间中存在的所有风险。图 4.8 显示了维恩图，总结了不同的概念——网络安全、信息安全、数据隐私、变更管理和 TRM，表明它们是相关的，但并不相同。

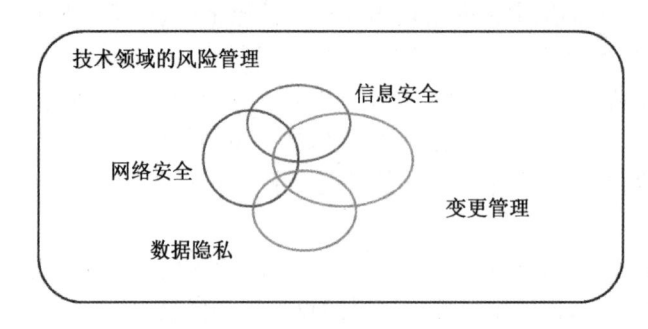

图 4.8　网络安全与信息之间差异的维恩图

巴塞尔——操作风险的定义

巴塞尔银行监管委员会(BCBS)是制定银行审慎监管全球标准的主要组织。它为银行在监管事项上的定期合作提供了一个论坛(巴塞尔委员会—概述, n.d.)。

巴塞尔 1998 年关于操作风险管理的文件(操作风险管理,1998)中指出,当时没有普遍共识的操作风险定义。然而,许多银行将操作风险定义为任何不被视为市场风险或信用风险的风险。一些银行将其描述为各种人为或技术错误造成的损失风险。

根据新巴塞尔协议,预测了七种操作风险(Barakat,2014)：
①内部欺诈；
②外部欺诈；
③就业惯例和工作场所安全；
④客户、产品和业务实践；
⑤对有形资产的损害；
⑥业务中断和系统故障；
⑦执行、交付和过程管理。

2020 年,巴塞尔制定了一份咨询文件,以完善操作风险指南(操作弹性原则,2020)。BCBS 试图通过该出版物推广一种基于原则的方法,以增强运营弹性。该文件包含以下 7 项原则：

①治理：银行应利用其现有治理结构，建立、监督和实施有效的运营弹性方法，使其能够应对和适应破坏性事件，并从中恢复和学习，以尽量减少其对关键运营的影响。

②操作风险管理：银行应利用各自的操作风险管理职能，持续识别人员、流程和系统中的外部和内部威胁和潜在故障，及时评估关键运营的脆弱性，并根据其运营弹性预期管理由此产生的风险。

③业务连续性规划和测试：银行应制订业务连续性计划，并在一系列严重但合理的情况下开展业务连续性演习，以测试其交付关键业务的能力。

④映射互连和相互依赖关系：一旦银行确定了其关键业务，银行应映射相关的内部和外部互连和相互依存关系，以设定关键业务交付所需的运营弹性预期。

⑤第三方依赖关系管理：银行应管理其依赖关系，包括但不限于第三方或集团内部实体的依赖关系，以提供关键业务。

⑥事件管理：银行应制订并实施响应和恢复计划，以根据银行对中断的风险承受能力，管理可能中断关键业务交付的事件，同时考虑银行的风险偏好、风险能力和风险状况。银行应通过吸取以往事件的经验教训，不断改进其事件响应和恢复计划。

⑦信通技术包括网络安全：银行应确保通信技术具有弹性，包括受到定期测试的保护，检测、响应和恢复计划的影响，纳入适当的态势感知，并及时向用户传达相关信息，以充分支持和促进银行关键业务的交付。

因此，在 2020 年关于七项关键原则（2020 年运营风险健全管理原则）的咨询文件中，巴塞尔纳入了 TRM 的本质。

参考文献/拓展阅读

5 Turning Points in the History of E-payments. (n. d.). Retrieved from https://securionpay.com/blog/5-turning-points-history-e-payments/.

America is Determined to Sink Huawei. (2020, May 23). Retrieved from https://www.economist.com/leaders/2020/05/23/america-is-determined-to-sink-huawei.

Auchard, E. and Ingram, D. (2018, March 20). Cambridge Analytica CEO Claims Influence on US Election, Facebook questioned. Retrieved from https://www.reuters.com/article/us-facebook-cambridge-analytica/cambridge-analytica-ceo-claims-influence-on-u-s-election-facebook-questioned-idUSKBN1GW1SG.

Bankable Frontier Associates LLC. (2008, March 24). Managing the Risk of Mobile Banking Technologies. Retrieved from https://www.ifc.org/wps/wcm/connect/d39fa663-96dd-4d91-8036-e9893b1ced89/7.2+Managing+Mobile+Money+Risk.pdf? MOD=AJPERES&CVID=kbZlhJu.

Barakat, M. N. (2014, December 15). The Seven Operational Risk Types projected by Basel II. Retrieved from http://www.care-web.co.uk/blog/seven-operational-risk-event-types-projected-basel-ii/.

Bell, C. G. (2015). Supercomputers: The Amazing Race. San Francisco: Microsoft Research.

Bitcoin is an Innovative Payment Network and a New Kind of Money. (n. d.). Retrieved from https://bitcoin.org/en/#:~:text=Bitcoin%20uses%20peer%2Dto%2Dpeer,and%20everyone%20can%20take%20part.

Blank, S. (2020, June 11). The Chip Wars of the 21st Century. Retrieved from https://warontherocks.com/2020/06/the-chip-wars-of-the-21st-century/.

Carilllo, K. D. and Okoli, C. (2008). The Open Source Movement: A Revolution in Software Development. *Journal of Computer Information Systems*,42(2):1—9.

Cheng,T.-F. and Li,L. (2018,August 31). Huawei Unveils World's Most Advanced Chip to Counter Apple. Retrieved from https://asia.nikkei.com/Business/Business-trends/Huawei-unveils-world-s-most-advanced-chip-to-counter-Apple.

Chin,W. (2019). Technology,War and the State:Past,Present and Future. *International Affairs*,Volume 95,Issue 4,765—783.

China:A Digital Payments Revolution. (2019,September). Retrieved from https://www.cgap.org/research/publication/china-digital-payments-revolution.

Collomb,A.,Sok,K. and Leger,L. (2017). Distributed Ledger Technology. Retrieved from http://annales.org/Financial_Regul_and_Gov/fintechs/2017-08-RI-CollombEtAl.pdf.

Consultation Paper—Technology Risk Management Guidelines. (2019,March). Retrieved from https://www.mas.gov.sg/-/media/Consultation-Paper-on-Proposed-Revisions-to-Technology-Risk-Management-Guidelines.pdf.

Consultation Paper on Proposed Revisions to Business Continuity Management Guidelines. (2019,March 1). Retrieved from https://www.mas.gov.sg/publications/consultations/2019/consultation-paper-on-proposed-revisions-to-business-continuity-management-guidelines.

Cudjoe,A.G.,Anim,P.A. and Nyanyofio,J.G. (2015). Determinants of Mobile Banking Adoption in the Ghanaian Banking Industry:A Case of Access Bank Ghana Limited. *Journal of Computer and Communications*(Vol 3,No.2).

Davis,J. (2019,June 19). The TikTok Strategy:Using AI Platforms to Take over the World. Retrieved from https://knowledge.insead.edu/entrepreneurship/the-tiktok-strategy-using-ai-platforms-to-take-over-the-world-11776.

Dean,B. (2017,March 23). Privacy vs. Security. Retrieved from https://www.secureworks.com/blog/privacy-vs-security#:~:text=We%20typically%20define%20security%20as,they%20can%20access%20specific%20data.

Economides,N. and Katsamakas,E. (2006). Two-Sided Competition of Proprietary vs. Open Source Technology Platforms and the Implications for the Software Industry. *Management Science*.

Faggella,D. (2019,November 24). Smartphone AI Trends—Comparisons of Apple,Samsung,and More. Retrieved from https://emerj.com/ai-sector-overviews/smartphone-ai-trends-comparisons-apple-samsung/.

Gomez-Uribe,C.A. and Hunt,N. (2015). The Netflix Recommender System:Algorithms,Business Value. Retrieved from https://dl.acm.org/doi/pdf/10.1145/2843948.

GovTech. (2018,Oct 3). ABCD:Not As Easy As You Might Think. Retrieved from https://www.tech.gov.sg/media/technews/stack-18-abcd-ot-as-easy-as-you-might-think.

Graham,F. (2010,November 22). M-Pesa:Kenya's Mobile Wallet Revolution. Retrieved from https://www.bbc.com/news/business-11793290.

Guidelines on Business Continutiy Management. (2003,June 1). Retrieved from https://www.mas.gov.sg/regulation/guidelines/guidelines-on-business-continuity-management.

Guidelines on Outsourcing. (2018,October 5). Retrieved from https://www.mas.gov.sg/regulation/guidelines/guidelines-on-outsourcing.

Guidelines on Risk Management Practices—Technology Risk. (2013,June 1). Retrieved from https://www.mas.gov.sg/regulation/guidelines/technology-risk-management-guidelines.

Hardy,Q. (2018). How Cloud Computing Is Changing Management. *Harvard Business Review*.

Heidmann, M. (2010). Overhauling Banks' IT Systems. McKinsey Digital. History of Ecommerce. (2008). Retrieved from https://www. ecommerce-land. com/history_ecommerce. html#:~:text=History%20of%20ecommerce%20dates%20back ,up%20residence%20at%20web%20sites.

Hurtgen, H. and Mohr, N. (2018). Achieving Business Impact with Data. McKinsey & Company. Io, R. (2019, October 3). *Supervised vs Unsupervised Learning: Key Differences*. Retrieved https://medium. com/@recrosoft. io/supervised-vs-unsupervised-learning-key-differences-cdd46206cdcb.

Jackson, K. and Alering, A. (2020, June 23). The 5 Fastest Supercomputers in the World. Retrieved from https://sciencenode. org/feature/the-5-fastest-supercomputers-in-the-world. php.

Jackson, W. (2012, February 16). Mobile Malware is on the March, and Android is Target No. 1. Retrieved from https://gcn. com/articles/2012/02/16/mobile-malware-android-top-target. aspx.

Japanese Supercomputer, Crowned World's Fastest, is Fighting Coronavirus. (2020, June 23). Retrieved from https://www. bbc. com/news/world-asia-53147684.

Japan's New Supercomputer Ranked Fastest in World. (2020, June 23). Retrieved from https://english. kyodonews. net/news/2020/06/ebec3baa008c-japans-new-supercomputer-ranked-fastest-in-world. html.

Jarvis, S. (2010). *Supercomputer Warfare: New Research Provides Effective Battle Planning*. Warwick: University of Warwick.

Killing Four Myths About Open Source in Financial Services. (2019, June 28). Retrieved from https://www. fintechfutures. com/2019/06/killing-four-myths-about-open-source-in-financial-services/#:~:text=Major%20financial%20institutions%2C%20such%20as, like%20OpenPOW ER%20and%20Linux%20Foundation.

Klein, A. (2020, April). China's Digital Payment Revolution. Retrieved from https://www. brookings. edu/wp-content/uploads/2020/04/FP_20200427_china_digital_payments_klein. pdf.

Kleinman, Z. (2018, March 21). Cambridge Analytica: The Story So Far. Retrieved from https://www. bbc. com/news/technology-43465968.

Marr, B. (2018, August 20). 10 Amazing Examples of How Deep Learning AI is Used in Practice? Retrieved from https://www. forbes. com/sites/bernardmarr/2018/08/20/10-amazing-examples-of-how-deep-learning-ai-is-used-in-practice/#3299f08bf98a.

Martins, F. (2015, June 9). The History of the Mobile Payment Experience #INFOGRAPHIC. Retrieved from http://winthecustomer. com/technology-changing-the-mobile-payment-customer-experience/.

MAS Consults on Proposed Enhancements to Technology Risk and Business Continuity Management Guidelines. (2019, March 7). Retrieved from https://www. mas. gov. sg/news/media-releases/2019/mas-consults-on-proposed-enhancements-to-trm-and-bcm-guidelines.

MAS Issues New Rules to Strengthen Cyber Resilience of Financial Industry. (2019, August 6). Retrieved from https://www. mas. gov. sg/news/media-releases/2019/mas-issues-new-rules-to-strengthen-cyber-resilience-of-financial-industry.

Matei, A. (2020, February 14). TikTok Slammed for Being Too Addictive in App's First "I Quit" Essay. Retrieved from https://www. theguardian. com/technology/2020/feb/14/first-quitting-tiktok-statement-shows-popular-app-has-come-of-age.

McLead, C. (2019, May 22). Top Rare Earth Reserves by Country. Retrieved from https://investingnews. com/daily/resource-investing/critical-metals-investing/rare-earth-investing/rare-earth-reserves-country/.

McMillan. (n. d.). Is Supercomputing the New Space Race? Retrieved from https://www. wired. com/insights/2012/10/is-supercomputing-the-new-space-race/.

Mellow, C. (2020, June 5). Taiwan Semi and Samsung Are in the U. S. -China Crosshairs. *Why Investors Shouldn't Worry*. Retrieved from https://www.barrons.com/articles/taiwan-semi-and-samsung-are-in-the-u-s-china-crosshairs-but-investors-shouldnt-worry-51591354800.

Mills (et al). (2016). Distributed Ledger Technology in Payments, Clearing, and Settlement—An Analytical Framework. Retrieved from https://papers.ssrn.com/sol3/papers.cfm?abstract_id=2881204.

Mitchell, A. and Diamond, L. (2018, February 2). China's Surveillance State Should Scare Everyone. Retrieved from https://www.theatlantic.com/international/archive/2018/02/china-surveillance/552203/

Moore, K. (n. d.). Ecommerce 101 + The History of Online Shopping: What the Past Says. About Tomorrow's Retail Challenges. Retrieved from https://www.bigcommerce.com/blog/ecommerce/#what-is-ecommerce.

Moreno, J. P. and Sindhu, F. (2012, February 24). Rebuilding the Revenue Model: 5 Benefits of Core Systems Transformation. Retrieved from Information Week—Bank Systems & Technology: https://www.banktech.com/core-systems/rebuilding-the-revenue-model-5-benefits-of-core-systems-transformation/a/d-id/1295160.html.

Notice 644 Technology Risk Management. (2013, June 21). Retrieved from https://www.mas.gov.sg/regulation/notices/notice-644.

Notice PSN05 Technology Risk Management. (2019, December 5). Retrieved from https://www.mas.gov.sg/regulation/notices/psn05.

Olcott, J. (2019, September 15). Cybersecurity vs. Information Security: Is There A Difference? Retrieved from https://www.bitsight.com/blog/cybersecurity-vs-information-security.

Operational Risk Management. (1998, September 21). Retrieved from https://www.bis.org/publ/bcbs42.htm.

Our History. (n. d.). Retrieved from https://www.ebayinc.com/company/our-history/.

Payment Services Act. (2019, February 20). Retrieved from https://sso.agc.gov.sg/Acts-Supp/2-2019/Published/20190220?DocDate=20190220#pr102.

Pegueros, V. (2012, November 1). *Security of Mobile Banking and Payments*. Retrieved from https://www.sans.org/reading-room/whitepapers/ecommerce/security-mobile-banking-payments-34062.

Principles of Operational Resilience. (2020, August 6). Retrieved from https://www.bis.org/bcbs/publ/d509.htm.

Principles for the Sound Management of Operational Risk. (2021, May 16). Retrieved from https://www.bis.org/publ/bcbs195.pdf.

Qualcomm Neural Processing SDK for AI. (n. d.). Retrieved from https://developer.qualcomm.com/software/qualcomm-neural-processing-sdk.

Rapport, M. (2004, February 3). Stanford FCU Set to Mark 10-Year Anniversary as First Financial to Offer Online Banking. Retrieved from https://www.cutimes.com/2004/02/03/stanford-fcu-set-to-mark-10-year-anniversary-as-first-financial-to-offer-online-banking/?slreturn=20200820015729.

Response to Feedback Received-Consultation paper on the Technology Risk Management Guidelines. (n. d.). Retrieved from https://www.mas.gov.sg/-/media/MAS/News-and-Publications/Consultation-Papers/Response-to-Consultation-Paper_TRM-Guidelines.pdf.

Schatsky, D., Muraskin, C. and Gurumurthy, R. (2015, January 27). Cognitive Technologies: The Real Opportunities for Business. *Deloitte Review* (Issue 16).

Silverstein, J. (2019, April 4). Hundreds of Millions of Facebook User Records Were Exposed on Amazon Cloud Server. Retrieved from https://www.cbsnews.com/news/millions-facebook-user-records-exposedamazon-cloud-server/.

Tao, L. and Perez, B. (2019, June 26). China' Has Decided Not to Fan the Flames on Supercomputing Rivalry' Amid US Tensions. Retrieved from https://www.scmp.com/tech/policy/article/3015997/china-has-decided-not-fan-flames-super-computing-rivalry-amid-us.

The Basel Committee—Overview. (n.d.). Retrieved from https://www.bis.org/bcbs/.

Toh, T. (2020, June 28). Singapore GE2020: Ivan Lim Incident "Regrettable", Says Heng Swee Keat. Retrieved from https://www.straitstimes.com/politics/singapore-ge2020-ivan-lim-did-responsible-thing-by-withdrawing-says-lawrence-wong.

Torson, O. D. (2017, March 22). That Thing About Core Banking Platform. Retrieved from https://medium.com/@odtorson/that-thing-about-core-banking-platforms-9e21610ea7ee.

Wang, C. (2020, June 7). Why TikTok Made Its User So Obsessive? The AI Algorithm That Got You Hooked. Retrieved from https://towardsdatascience.com/why-tiktok-made-its-user-so-obsessive-the-ai-algorithm-that-got-you-hooked-7895bb1ab423.

Waterman, K. and Bruening, P. J. (2014). Big Data Analytics: Risks and Responsibilities. *International Data Privacy Law*, Volume 4, Issue 2, 89—95.

Westerman, G., Bonnet, D. and McAfee, A. (2014). The Nine Elements of Digital Transformation. *MIT Sloan Management Review*.

What is Blockchain for Business? (n.d.). Retrieved from https://www.ibm.com/blockchain/for-business#:~:text=Applications%20of%20blockchain%20for%20business,government%2C%20retail%2C%20and%20more.

What is M-Pesa. (2007). Retrieved from https://www.vodafone.com/what-we-do/services/m-pesa.

What is Open Source? (n.d.). Retrieved from https://opensource.com/resources/what-open-source.

Winder, D. (2020, April 19). Hacker Claims Popular Android App Store Breached: Publishes 20 Million User Credentials. Retrieved from https://www.forbes.com/sites/daveywinder/2020/04/19/hacker-claims-android-app-store-breach-publishes-20-million-user-credentials/#27a785da736d.

Wong, J. and Gallagher, D. (2020, June 4). Real Winner in U.S.-China Chip War Won't Be Either Side. Retrieved from https://www.wsj.com/articles/real-winner-in-u-s-china-chip-war-wont-be-either-side-11591265619.

World's Biggest Data Breaches and Hacks. (n.d.). Retrieved from https://www.informationisbeautiful.net/visualizations/worlds-biggest-data-breaches-hacks/.

WTO. (2013). E-Commerce in Developing Countries. Retrieved from https://www.wto.org/english/res_e/booksp_e/ecom_brochure_e.pdf.

www.diffen.com. (n.d.). Retrieved from https://www.diffen.com/difference/Branch_Banking_vs_Unit_Banking.

练习题

习题1

考虑以下关于核心银行系统(CBS)的声明：

- 当CBS首次引入时，通过使用单一数据库，它引致了一种更加以客户为中心的业务战略。
- CBS帮助银行克服了网络安全风险。

- 20世纪90年代,随着商业互联网的兴起,CBS彻底改变了银行业。

关于CBS的说法有多少是正确的?

a. 1

b. 2

c. 3

习题2

以下哪一项是设置防火墙所属的技术风险管理的最适当方面?

a. 网络安全

b. 数据隐私

c. 信息安全

习题3

在"技术战争"中,有争议的技术类型有:

a. 超级计算机、操作系统和云技术

b. 加密货币、开源和分布式账本技术

c. 芯片、超级计算机和操作系统

习题4

以下哪一项最适合解释中国和其他发展中国家的移动支付发展相对强劲于美国?

a. 更广泛地采用开源技术

b. 信用卡使用率低

c. 以上都没有

参考答案

习题1

答案:a。

只有第一点是正确的。

习题2

答案:a。

这在正文中提到。

习题3

答案:c。

云、分布式账本、加密货币和开源是相对较新的技术领域。国家没有参与这些活动的积极竞争。另一方面,芯片、操作系统和超级计算机也在激烈竞争。

习题4

答案:b。

没有信用卡,企业必须找到高效的支付方式。该解决方案是随着移动技术的发展而出现的。

第 5 章　去中心化的监管与治理

5.1　概　述

学习目标
概述在去中心化背景下的监管和治理问题。

主要内容

要点
- 监管和治理是关于人类社会互动和社会进程的重要概念。
- 金融科技带来的去中心化是考虑监管和治理问题的一个重要背景。

重点名词
- 监管(Regulation)：治理的一个方面，与对共用一个系统的组织的前瞻性指导过程有关。
- 治理(Governance)：控制一个组织或系统达到理想结果的所有方面。
- 去中心化(Decentralization)：在系统中，把单个实体的职能任务重新分配给多个实体。

去中心化是一种新兴的监管和治理的实用概念。随着金融科技的快速发展和创新方案的出现，去中心化受到了广泛的关注。去中心化作为一种概念，在政界和学术界，尤其是社会科学和计算机科学领域，受到了讨论和研究(Decentralization,2021)。拜占庭将军问题(Lamport et al.,2019)曾经引起了计算机科学领域的研究热潮，最终促进了以去中心化为核心概念的加密货币网络的出现(Nakamoto,2019)。

在相关科技不断进步的支持下，金融科技的强劲发展让去中心化普及到了所有网络中。监管和治理是普遍重要的概念，指的是在巩固人类社会结构中起作用的过程(Enfield et al.,2006)，金融互动的研究理应属于这一范畴。只要社会互动不再协调，就必然伴随着监管和治理问题。

本章对去中心化监管和治理思想进行了研究。关于去中心化、监管和治理的文章已经有很多了，因为它们是社会科学中的基本概念。虽然将这三个概念结合起来还只是一个新兴问题，但对这一领域的强烈关注已经产生了许多著作和研究材料。

本章从"加密货币网络中的去中心化"这一节开始,研究了一些加密货币网络,以揭示去中心化、监管和治理的思想。然后,我们将在"什么是去中心化?"以及"监管和治理"这两节中通过研究去中心化、监管和治理的概念来回归基本面。这些概念在过去对于普通大众只是一些理论。随着技术的推广和互联网的广泛使用,它们对许多人来说已经变得具体,而且无论公司大小,对公司来说都有一个实际应用的发展前景。在"使能技术"一节中,我们将研究一些使去中心化大规模应用成为可能的突出技术。最后,在"从去中心化的社区到去中心化的社会"一节中,我们探讨了去中心化社会的各个方面,这些方面要么是通过去中心化的监管和治理实现的,要么是与之相关的;那些监管和治理可能已经存在了,也可能未来才出现。

5.2 加密货币网络中的去中心化

5.2.1 比特币(Bitcoin)

学习目标

讨论比特币体系的监管和治理问题。

主要内容

要点

- 比特币体系保持分布式对等节点之间的共识。
- 如果用户愿意遵守协议,并假定大多数用户都没有恶意,那么系统功能的规则性就会得以实现。
- 比特币协议背后的开发者社区通过适当的管理得到了良好的组织。随着比特币作为一种稳定的社会技术被广泛接受,现任金融监管机构对比特币的监管也随之产生。

重点名词

- 协议(Protocol):管理(软件)组件彼此之间如何进行交互的规则。

比特币是第一个成功的加密货币项目,它催生了无数其他类似的网络。它们有一个共同的特点,是用户可以在互联网上获取、交流和改变自己的状态,而不需要依赖中央协调器。它的成功还体现在美元兑比特币的高价格[从2010年7月的大约0.000 8美元和0.08美元(Bitcoin price history, n. d.)上升到2021年1月4日的33 113美元(Bitcoin price history, n. d.)],以及认可这种潜在机制的开放思想。由于这些思想对任何一个足够热情和坚定地在互联网上的虚拟世界或在真实的有形世界里来修补和创建自己的互动系统的人来说是公开的,所以这些思想已经并且正在被剖析和重组,用来创造下一个更好的网络或者理解社会可能会发生的事情。

比特币的成功取决于它作为一个系统的正常运行(Meadows, 2008),其中包括当用户之间不断地发送消息,更新着他们的个人状态时,用户必须维护一个正确性得到普遍认可的全局状态。

一个要保持整体性的系统,在随着时间的推移更新自己的同时,必须在极端的僵化与武断之间运行。如果过于僵化,这个系统几乎无法进行内部改革。如果过于武断,组成部分就会分崩离析,造成系统崩溃。一个物理系统,比如一个分子,是在数学定律的作用下结合在一起的,该数学定律决定了组成分子的原子是如何与其他原子相互作用的。只要我们相信该数学定律如实地反映了自然规律,这一说法就是正确的。一个生态系统是一个可持续的整体,被食者和捕食者相互依赖以获取食物,并保持着竞争平衡(Levin et al.,2012)。在第一种情况下,系统由数学结构控制。在第二种情况下,被食者与捕食者之间的反馈循环相互作用。

人类的互动系统也需要适当的监管来发挥作用,尽管其形式不同于物理和生物系统。人类的监管不是数学法则,而是人为制定的规章、法律或协议。人类与生物和原子不同,生物和原子不具备任何复杂的或根本不具备精神思想,而人类可以认知、持有态度,还有既存的价值体系。他们在交往中可能会相互欺骗。

比特币最具体可见的方面是,用户需要下载和安装一个钱包软件,才能与网络上的其他人交流,成为比特币所有者社区的一部分(Antonopoulos,2014)。这个钱包软件遵循比特币协议。它允许以区块链的形式存储,而且它还促进了互联网上对等节点之间的交流和交易。每个用户都有权通过发送一些比特币来改变另一个用户(以及他自己)的所有权状态。这是通过在网络上的广泛交易来实现的。进行的交易可能会影响系统的全局状态。要让交易也进入全局状态,还需要一个额外的步骤,即特殊的用户类别(称为矿工)将交易放入区块中,但在将交易添加到现有区块链的末尾之前,要验证这些交易是否相互一致。

因此,用户行为受钱包底层协议的监管。矿工监管着因为用户进行交易而导致的状态变化,同时矿工自己的行为也受协议的监管。该协议大体上是由中本聪(Nakamoto,2019)创建的。后来,开发者继续对其进行改进和添加。虽然开发者似乎在决策的层次中处于顶端,但他们的代码开发工作也受到了限制,因为他们需要保证系统正在积极发展,并要考虑来自用户社区的声音。

外部机构也对比特币网络实施着监管。作为一个可观察的转账系统,比特币可以与有形商品和服务进行交换,这一过程也可以被记录。因此,比特币在操作上可以起到像货币一样的作用,只是它没有被普遍贴上货币的标签。比特币要想被贴上货币的标签,就需要得到主权国家的承认,这是符合国家金融监管机构规定的前提。对于像比特币这样的货币工具,金融监管主要关注的是洗钱和逃税等犯罪活动的潜在用途,以及它们可能对国家货币作为法定货币和经济政策工具的功能构成的挑战(De Filippi,2014)。国家认可能够将这种货币工具的流通纳入主流机构。

在比特币之前,创造类似于货币的工具的尝试要么被停止了(Mullan,2016),要么这些工具仅限于本地使用(Collom,2005)。这些尝试都是组织上中心化的。另一方面,互联网具有跨国性质,促进了去中心化社区的增长和发展。

中本聪的著作提出了很多卓越的想法,在这里我们关注的是与监管和治理问题的联系。一个具有吸引力的方面是,在一个去中心化的环境中,监管和治理如何发挥作用。这与从命令和控制角度出发只关注单一焦点的一般概念形成了鲜明的对比。

比特币网络的成功表明,去中心化监管可以通过以下两种方式发挥作用:①公开可用的编码协议,清楚地说明了代理商之间的交互应该如何进行。②计算复杂性可以有效地确保不存在欺骗。结合合适的社会规范和动机来进行隐性监管约束,适当的系统运作就会促成网络的成功。

随着比特币和其他加密货币被世界各地的央行广泛接受(见 Legality of bitcoin by country or territory,n. d. 和其中的参考文献),金融监管机构将不得不开始担心在去中心化的环境中需要什么样的监管。

常规监管针对的是可以将行为和动机单独归因的个别实体。在点对点网络中,通常采用避免单点故障的设计原则,所以很难甚至不可能查明责任应归因于哪些个体。任何常见的功能都可以通过合适的协议设计分配给不同的节点负责,以提高系统的稳健性。最近的一篇文章就考虑了这个问题,并提出了针对网络应用层中出现的中间商的法规和禁令(Nabilou,2019)。

5.2.2 以太坊(Ethereum)

学习目标

讨论以太坊平台的监管和治理问题。

主要内容

要点
- 以太坊是一个包含智能合约的加密货币网络,构建在比特币概念基础的扩展上。
- 因为它们都是加密货币网络,所以除了围绕与比特币的监管和治理相似的问题之外,基于以太坊的智能合约功能而产生的去中心化组织,创造了更多新的监管和治理问题。
- 像智能合约那样用代码监管用户行为就是代码规范这一概念的体现。

重点名词
- 智能合约(Smart Contract):运行在加密货币网络上的计算机程序,它将许多用户绑定在一起,协调他们的交互。
- 代码规范(Regulation by Code):当用户通过绑定代码进行交互时,底层协议用于监管他们的行为。

虽然不知道谁是比特币的发明者,但众所周知,市值排名第二(All Cryptocurrencies,2021)的以太坊网络的创造者是维塔利克·布特林。在以太坊白皮书(Buterin,2013)中,布特林概述了比特币协议基于代币在其用户之间转移的基本功能上进行的扩展。以太坊被称为智能合约平台,也允许用户创建合约,并参与到合约中。

以太坊首先修改比特币架构的某些方面以满足自身需求,同时让其他人依赖久经考验的加密货币网络。以太坊的智能合约和用于编写合约的编程语言 Solidity 与比特币的交易类型和 Script 语言类似,只是更复杂。

虽然比特币采用了工作量证明(PoW)算法,但以太坊最初使用了一种称为 Ethash 的内存硬哈希算法，旨在避免类似于比特币网络中发现的浪费能源的挖掘竞争。

从以太坊发展的早期阶段以来，它一直试图用一种被称为权益证明（PoS）的共识算法取代工作量证明算法。PoS提供了较低的进入网络的门槛，能进一步推进去中心化，以及能够提供给支持网络向上扩展的分片链更好的支持（Proof-of-Stake，2021）。

有人可能会将PoW解释为一种监管协议。在比特币中算法的一个主要目的是减慢矿工验证区块的速度，然后将这一事实传播到网络中以被用户社区接受。当两个或多个区块几乎同时被宣布更改时，冲突就会出现。这可能会分裂网络中对全局状态的共识看法。通过遵守协议，网络中向前更改的趋势受到了约束，因为需要克服计算上的重大难题，才能形成可接受的更改，从而减少了网络分叉的可能性。正如De Filippi和Hassan（De Filippi et al.，2018）所讨论的那样，这是代码规范的一个典型例子。因为监管可以被理解为与事件和行为趋势的转向有关的治理方面（Braithwaite et al.，2007）。

在以太坊PoS协议中，创建、检查和确认区块的这一重要类别的网络用户被称为验证者（而不是矿工）。根据协议，验证者从合格用户中随机选择。通过质押，即存入32以太币来激活验证器软件，即可成为合格用户。当验证器证实区块不应该丢失时，质押可能会灭失（Staking，2021）。

智能合约的一个主要应用是创建一个去中心化的自治组织（DAOs）。它们在概念上与公司是等同的，只是公司是借助国家法律框架而产生的，而DAOs的出现依赖于智能合约。反过来，这些智能合约在以太坊网络的基础上发挥作用。在一个去中心化的自治组织中，作为公司董事会的模拟，员工和客户通过以太坊平台制定的智能合约进行交互。他们的行为受智能合约底层代码的监管，通过以太坊网络被解释，并被解析为区块链所显示的全局状态的变化。

正如法律的作用是规范守法公民的行为，代码的作用是规范遵守协议的网络用户的行为。法律在应用和修正中逐渐变化，但每一次案件的审议都要遵循规定的法律。类似地，以太坊协议是通过在持续的开发过程中修改代码而完成的。另一方面，从用户的角度来说，网络协议被认为是正确的，并且为智能合约的创建和维持奠定了基础。在著名的DAO黑客攻击事件中，有人指出，导致事件发生的原因是DAO背后的智能合约里的一个错误，而不是以太坊协议的漏洞（Siegel，2020）。这加强了底层协议对用户的规范力度。

5.2.3 Dfinity

学习目标

讨论Dfinity的监管和治理问题。

主要内容

要点

- 在Dfinity加密货币系统中，治理代币被称为"神经元"，用于为社区投票选择有助于项目发展的提案。

重点名词

- 互联网计算机(Internet Computer)：Dfinity 的核心系统,可以以去中心化的方式向全球社区提供云计算服务。

Dfinity 是一个相对较新的区块链项目,由多米尼克·威廉姆斯(Dominic Williams)创始,总部设立在瑞士楚格(Dfinity,2021)。其目的是创建一个基于去中心化原则,向全球社区提供云计算服务的互联网计算机(IC)。就像比特币提供了一种去中心化的替代方案,以消除对代币交易中介的依赖一样,Dfinity 目的是给以亚马逊和谷歌等大型科技公司为中心的云计算提供一种替代方案。为了实现它的目标,Dfinity 创建了互联网计算机协议(ICP)来取代一些现有的互联网协议(What is the Internet Computer 2021)。

在金融方面,Dfinity 因在 2018 年从 Andreessen Horowitz and Polychain 资本那里融资了 1.02 亿美元而闻名(Dfinity,2021)。Dfinity 在宣布它的开放算法治理系统后,估值飙升至 95 亿美元,并有望在上市时成为市值最高的加密货币网络之一(Martin,2020)。

代币经济学涉及 ICP 代币(Internet Computer's Token Economics,2020)。这些代币可以转换为在 IC 上运行应用程序的计算周期。这使得 ICP 代币能像稳定币一样发挥功能。此外,它们还可以被锁定在 Sodium 网络(Dfinity 的治理系统)中,以创建神经元,用于为 Dfinity 投票选择有助于项目发展的提案。

通过这种方式,代币、投票和计算周期结合在了一起,彼此之间都能够获得价值,表明金融、治理和计算之间的密切联系。

5.2.4 Hedera

学习目标

讨论 Hedera 的监管和治理问题。

主要内容

要点

- Hedera 是一个去中心化的加密货币网络,通过使用互相传播协议和虚拟投票来达成共识。
- Hedera 使用的是名为哈希图的数据结构来代替区块链,以维护系统的全局状态。

重点名词

- 互相传播(Gossip—about—Gossip)：一种协议,该协议确保节点定期随机地与其他节点进行传播,在此期间,节点所知的差异通过交换而趋于一致。
- 哈希图(Hashgraph)：Hedera 使用的一种数据结构,用来代替区块链,维护其去中心化网络系统的全局共识状态。
- 虚拟投票(Virtual Voting)：让每位用户查看自己在网络中的通信历史副本的一种方式,最终以系统中所有人共识的方式对交易进行排序。

与到目前为止讨论的所有示例不同，Hedera 哈希图并不依赖于区块链才能运作。Hedera 网络以一种分布式和去中心化的方式维护全局状态，但是 Hedera 的协议使用的是有向无环图(DAG)，在此称为哈希图，而不是区块和区块链，这是为了在整个网络中随着时间的推移对交易进行排序。在工作量证明算法中的挖矿是无效的。该系统于 2017 年由 Leemon Baird 首次发布，与比特币和以太坊不同的是，Hedera 具有每秒超过 10 000 笔交易的高吞吐量，并且交易费用较低(Home Page，2021)。

Hedera 的代码库获得了专利，而且不是开源的。这防止了它的系统分叉，也降低了它的协议的透明度。尽管如此，Coq(最著名的数学证明检查器)已经证明哈希图共识算法是异步拜占庭容错(ABFT)，从而在理论上肯定了系统的安全性。

Hedera 的共识是通过其互相传播协议和虚拟投票达成的(Baird，2017；Hedera Hashgraph，2021)。Hedera 没有区块，但是有事件。当一个节点与另一个节点通信时，就产生了事件。每个事件都包含交易和一些其他数据，这些数据可用于追溯整个网络的通信历史。该协议确保节点定期随机地与其他节点进行传播，在此期间，节点所知的差异通过交换而趋于一致。通过这种方式，信息在网络中以指数级的速度传播，这解释了系统的高吞吐量。虚拟投票是每个用户查看自己在网络中的通信历史副本的一种方式，最终以系统中所有人共识的方式对交易进行排序。

Hedera 哈希图网络中的节点有两种类型：共识节点和镜像节点。共识节点接收交易并在网络中建立共识。系统会奖励共识节点。镜像节点存储交易并帮助优化网络中的问题。它们不发送交易，也不参与共识维护。

Hedera 在两个层面实现了去中心化的监管和治理——网络内部的交互层面和整个系统的组织层面。

哈希图共识算法不用再依赖任何节点或不同类别的节点(如 PoW 系统中的矿工)来达成共识。

互相传播协议和每个节点根据该协议进行的虚拟投票，将保证交易的正常进行，并及时接收到所有用户都同意的命令。共识节点不像矿工那样需要高速设备来执行他们的职责。任何安装必要软件的节点都将有助于达成共识。因此，交互层面的监管是去中心化的。

组织层面的治理是去中心化的，因为开发海德拉哈希图是由理事会监督的，该理事会由 39 个一流的全球组织组成(Hedera Governing Council，2021)。该理事会的成员是有任期限制的，并且成员不从该网络的运营中获得利润。在公开的协议中规定，成员拥有海德拉哈希图有限责任公司的部分所有权。理事会成员负责在软件升级、财务管理等方面做出高层决策。理事会成员还运作着共识节点，以便在网络发展的初始阶段达成共识。随着时间的推移，这些运作将逐步移交给社区。

5.3　什么是去中心化？

学习目标

讨论去中心化的概念。

主要内容

要点
- 去中心化的概念可以追溯到18世纪。
- 去中心化通常在政府、经济和技术的背景下讨论。
- 去中心化可以通过系统理论的概念来讨论。

重点名词
- 中心（Center）：系统中对系统起关键功能性作用的实体。
- 外围（Peripheral）：系统中远离中心的实体集合。

正如本书所讨论的，我们对去中心化的关注与金融科技作为一个学术领域和行业应用变得越来越重要有关，但去中心化并不是一个新的想法。法国大革命结束后，法国作家在以重新分配政府职能为标志的18世纪与19世纪之交，使用过这个术语（Leroux，2012）。如果去请教那些观察历史上文明发展趋势的人，就会发现去中心化和中心化的交替可能是人类整体进步过程中发展阶段的周期性规律（Chase-Dunn，2018；Sanderson，1995）。

去中心化通常在政府、经济和技术的背景下进行讨论。在政府事务中，当中心化被认为是具有足够政治吸引力的祸根时，就会出现去中心化的倾向。去中心化的结果是削弱了集中在中心的决策权，并将这种权力转移到外围。在经济学中，自由市场的理念（Doyle，2005）是指互动的参与者在没有明确协调手段的情况下获得积极的结果，这种理念可以直接转化为去中心化。技术去中心化的最好例子是互联网，它现在已经为全球所熟知。然而，在刚开始，这充其量只是一个可能会实现的理想。

目前，科技巨头通过互联网流量或云服务的使用占据了互联网宇宙的中心空间（De Filippi，2019）。政府、经济和技术涵盖了如此广泛的人类活动，以至于可以合理地推测，中心化和去中心化的动态存在于人类社会互动的每一个领域。当试图理解由比特币引发的金融科技现象的本质时，这种观点似乎很合理，而且目前非常流行。

这一观点是正确的，在金融科技下，加密货币网络的发展不仅仅集中在金融方面。Dfinity是目前最热门的加密货币项目之一，它有一个使互联网去中心化的计划，包括将代表投票、经济价值和计算周期的代币从一种形式转换为另一种形式。预计区块链技术将给社会带来根本性的变化（Swan，2015）。

为了深入了解去中心化的本质，采用系统理论概念的抽象观点是有帮助的（Meadows，2008）。通信是人类社会生活的一部分。将一个人表示为一个圆圈，将圆圈连接起来的线是他们之间的通信线，中心化和去中心化可以用图5.1表示。

图5.1似乎是中心化的典型代表，而图5.2仅仅是去中心化无限多可能性中的一种图解。去中心化意味着删除一个中心节点，同时保持系统的相关功能。

现实比这些图片所显示的要复杂得多，因为实体之间可能存在许多不同的连接模式。因此，虽然加密货币网络是去中心化的，但它们是为了存储交易记录这一特定目的而去中心化的，而交易记录只有在底层协议通用的环境中才有意义。这种普遍共享和接受的协调系统可以追溯到项目的创始人，这也是一个中心来源。

将系统表示为一个独立的实体，其中包含内部的网络节点，以及启动系统的组织，我们

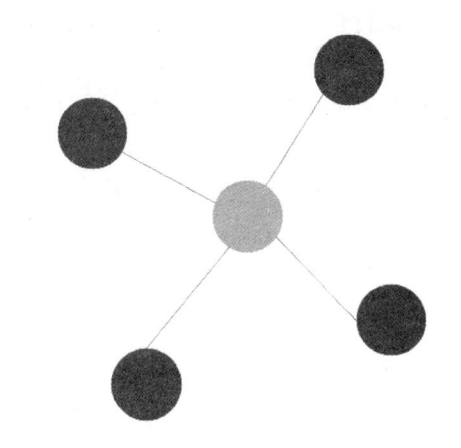

图 5.1 中心化通信技术

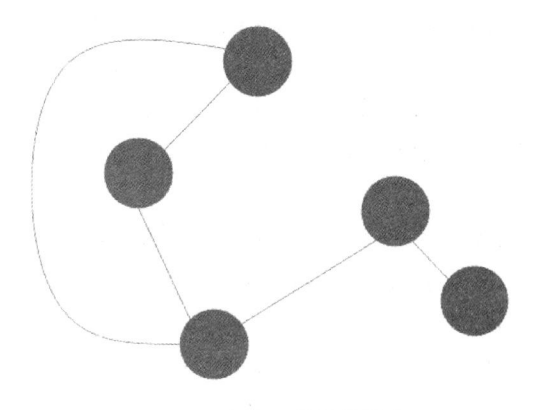

图 5.2 去中心化通信技术

用图 5.3 进行表示。

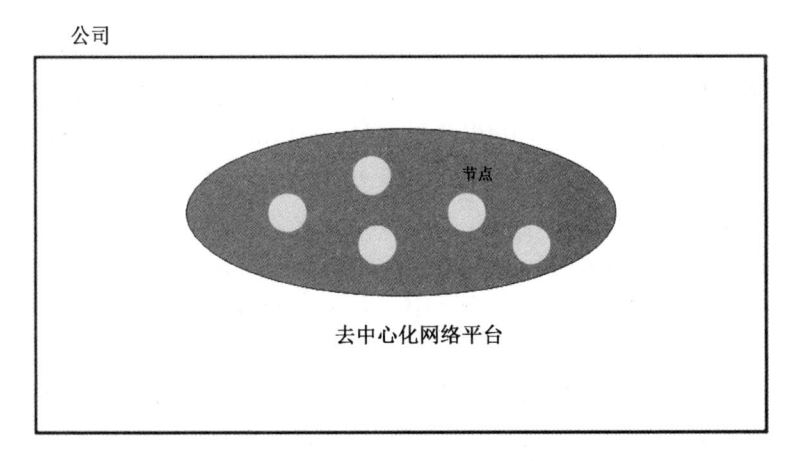

图 5.3 公司维护的去中心化网络

这个图解清楚地显示了系统由内部的交互组件组成,并在外部显示为单个实体。正如节点所表示的那样,每个组件在执行自己的操作时都有一定程度的自主权。与此同时,它还必须应对系统内的共性问题。

我们接下来将讨论,在进行监管和治理时,必须理解底层结构(Hsieh et al.,2017)。

5.4 监管与治理

学习目标

介绍监管和治理的定义,并讨论相关概念。

主要内容

要点
- 在对监管和治理概念的批判性分析中,发现围绕常见概念存在着各种各样的解释。
- 一个常见的概念是,治理指的是系统或组织控制的各个方面。与此同时,监管是治理的一个子集,它指的是对组织或系统朝着预期目标发展的前瞻性指导。
- 常见的相关概念有控制、管理、法律、合规、会计、报告和风险。

重点名词
- 会计(Accounting):可以指与会计学科或负责记录和追踪的社会概念相关的活动。
- 合规(Compliance):监管的另一概念,涉及代理商如何应对监管的情况。
- 控制(Control):影响系统状态的权力。
- 法律(Law):是主权国家的监管得以正当实施的基础。
- 管理(Management):经营一个组织所涉及的所有活动。
- 报告(Reporting):以某种媒体形式记录的数据的传播,来告知他人某一情况。
- 风险(Risk):不确定性的消极影响。

我们不对监管和治理进行定义,而只是提供对文献中的定义的调查,一方面可以指出有关监管和治理的各种解释,另一方面能使对批判性分析的概念的理解更加清晰明了。

在对监管的反思(Black,2002)中,朱莉娅·布莱克(Julia Black)致力于在一个去中心化的背景下对监管进行合适的概念化,讨论了文献中对监管这一术语的众多定义和观点。从命令和控制的角度来理解监管这一术语,即中央权力来源通过使用处罚规章来对构成要素进行控制。以政府为中心的阐述产生了以下三个教科书定义(Black,2002,Sect.2):
- 监管是政府规章的施行,附有监测和执行机制,通常假定是通过一个专门的公共机构执行的。
- 监管是国家对经济各种形式的直接干预,无论这种干预可能采取何种形式。
- 监管是所有社会控制或影响的机制,无论其来源是有意还是无意,都会影响行为的各个方面。

这些定义被作为一个参考点,与来自其他背景的定义进行对比。以下是这个概念背后的关键要素(Black,2002,Sect.2):

- 什么是监管?
- 谁来执行监管?
- 监管的形式是什么?
- 监管涉及什么样的参与者或生活领域?
- 监管是如何完成的,通过什么样的手段/技术?

以及给出了适用于去中心化背景的定义(Black,2002,Sect.3):

监管是根据确定的标准或目的来改变他人行为的持续且集中的尝试,以产生广泛认同的结果,这可能涉及标准制定、信息收集和行为修正的机制。

这一定义的提出受到了控制论的启发(Ashby,1961;Novikov,2015),即一般系统理论中对控制的研究(Von Bertalanffy,1972;Meadows,2008)。这个定义包括了意图和目标设定的要素、系统的普遍性(例如,不仅仅局限于政府),以及为达到结果所需任务的具体说明。除了确立其作为定义地位的内在语义,从经验的角度,这个定义能够在监管标准约束的现实世界中的社会活动进行应用和测试。

治理和监管经常被同时提及。如前所述,在宽松的用法中,这两个术语是可以互换的,因为它们都是通过控制来达到理想结果。然而,每个术语都已形成常见词组或与其他提供了额外的独特深度的术语相关联,例如,公司治理、治理和政府、监管和监管机构。根据《监管与治理》报刊的介绍(Braithwaite et al.,2007),治理与在政府的背景下所进行的提供、分配和监管有关。

监管被认为是一个比治理更狭义的术语,与对事件和行为发展趋势的指导有关。一般来说,我们可能认为治理指的是控制组织或系统达到理想结果的所有方面。在监管与治理之间,治理指的是有关控制的所有可见方面,其中也包括监管。因此,治理是一个包含范围更广的术语,而监管则与前瞻性指导过程更密切相关。

一些概念通常与监管和治理相关,如控制、管理、法律、合规、会计、报告和风险。这里有必要提一下它们,并简要阐明它们之间的关系,因为对监管和治理问题的分析可能随时会引用其中一个概念。需要指出的是,对这些概念的阐明只是为了围绕并指导当前的讨论。例如,由朱莉娅·布莱克在 Black(2002)中所说,术语只能从其他术语中获得其含义。准确的概念是模糊的,我们所能认知的是一个概念网中每个术语的模糊语义。

- 控制。控制是控制论的一个基本概念(Ashby,1961;Novikov,2015),进入了一个系统理论(Von Bertalanffy,1972;Meadows,2008)才能解决的抽象水平。抽象意味着能普遍适用。基于此,我们已经从系统控制的角度解释了监管和治理。
- 管理。管理是指经营一个组织所涉及的所有活动(Robbins et al.,2018)。标准和目的是预设的。因此,管理要受到治理和监管的约束。
- 法律。法律与监管之间的关系在概念上进行了分析(Black,2002)。人们承认,法律和监管的定义是广义上对彼此的重新描述。有了这个附加说明,我们可以将就使用隐含在"监管是法律一部分"这一描述中的共同含义。所以法律在方向上也是工具性的,包含在大量的技术法规、法定文书和其他二级三级规则中,这些规则通常十分细致地规定了要遵循的行为标准(Black,2002,Sect.4)。
- 合规。合规与监管是一枚硬币的正反面。如果让一个代理商监管另一个,并且另一个代理商同意被监管,那么他就被认为是合规的。这种联系引出了监管的相关性质。不寻求理解合规企业背后的驱动力,而是凭空讨论监管,是毫无意义的。对合规或应对监管进行的理论分析,可以在 Etienne(2011)和 Mitchell(2007)中找到。

- 会计。Accounting 可以指会计学科,也可以指更一般的意义,因为它可以用在短语"social accounting"(社会会计)或"to account for"(解释)中。会计的基本方面似乎是①向他人报告一个实体的内部情况,②承诺与规定保持一致或合规。第②点确保第①点所报告的内容与制定规定的群体相关并且是可信的。从这个角度来看,会计是一个社会概念。
- 报告。报告指的是以某种媒体形式记录的数据的(显式或隐式)传播,来告知他人某一情况。
- 风险。风险是指不确定性的消极方面。不确定性可能带来积极的结果,在这种情况下,合适的术语/词组是"潜力,潜在奖励",或简单地说是"奖励"。在金融学中,这通常被称为"回报"。风险是监管和治理不可分割的一个方面,因为对系统的控制是随着时间发生的,伴随着不确定性。总是有失败的因素会导致不能实现预期目标或保持良好的轨迹。

5.5 使能技术

5.5.1 互联网

学习目标

概述互联网作为一种促进社会进程去中心化的使能技术的演变。

主要内容

要点

- 互联网使以可承受的成本进行近乎即时的全球通信这一构想成为可能。
- 互联网的活力促进了社区的发展,社区中的成员拥有共同的利益,不受地理距离或文化差异的限制。
- 在 2009 年比特币出现以来,开源软件社区是一个著名的互联网社区类型,它促成了金融科技的蓬勃发展。

重点名词

- 开源(Open Source):一种互联网运动,它要求软件与其源代码一起发布,以便其他人也可以学习其中的底层思想。

就像古代丝绸之路在公元前 114 年至公元 1450 年之间横跨亚洲大陆连接东西方,使之前不可能的贸易和文化交流成为可能一样(Silk Road,2021),20 世纪的互联网将世界连接成一个信息网络,使全球数据近乎即时地传输成为可能,不仅可以发送数字,还可以发送复杂的软件,并且能够促进以各种不同的形式进行互动的社区的发展。

互联网的开放性使广泛参与成为可能。20世纪90年代HTML(Hyper Text Markup Language,即超文本标记语言)和互联网浏览器的发明使具有丰富语义内容的媒体形式得以传播(A History of HTML,2021)。对人类最有意义的信息形式是文字、图像和动作。因此,如果互联网需要为每一个人所用,那么仅靠文字作为信息交换的媒介是不够的。图像和视频是必要的。

互联网使合作超越了单打独斗。廉价的存储设备能够存储大量的数据,以便以后检索。这使得活动被记录下来,并产生了社区。在社区中,成员们为了一些共同的目标聚在一起。存储的记忆将形成虚拟世界中的身份,虚拟世界中的身份可能与现实世界中的任何身份密切相关,也可能与现实世界中的任何身份不相关。每个身份对应着在社区中操作该身份的代理,并与其在那里的行为相关联。

其中最著名的一类是开源软件开发社区。这些对等生产社区已经得到了充分的研究(Benkler,2016),因为它们是一种新的经济生产形式的缩影。他们生产的目标是软件。其中最引人注目的是复杂的软件系统,它们可以与传统公司开发的软件相媲美,甚至更好。传统公司将软件视为私有财产,对它们进行保密并且用知识产权法保护它们。相反,开源软件是需要开放源码的(Rosen,2005),这通常是为了防止任何人隐藏软件以供个人使用。这确保了公共基准点的持久性,构建可以从该基准点进行,而不会有中断的风险。

有趣的是,许多加密货币网络社区,包括最初的社区,都是建立在这种开源软件社区的基础上的。现实世界中持续存在的社区必须先被构建起来并能很好地融入周围的社会和物理环境中。然而,被现实世界背景的熟悉感和假设所麻木,往往会忽略了底层结构。相比之下,互联网上社区和互动的演变揭示了底层结构及其变化过程。

5.5.2 监管科技和其他技术

学习目标

回顾监管及相关领域的技术发展。

主要内容

要点
- 监管科技的发展可分为3个阶段:监管科技1.0、监管科技2.0和监管科技3.0。
- 中间阶段的监管科技2.0与2008年全球金融危机期间金融科技的兴起有关,而监管科技1.0和监管科技3.0则分别跨越了危机之前和之后的时期。
- 监管科技是与金融科技一起出现的,因为监管机构需要跟上适当的技术手段的变化,以便根据金融互动方式的技术变化来执行其任务。

重点名词
- 政府科技(GovTech):与金融科技一起出现的提供政府服务功能的科技生态系统。
- 法律科技(LegalTech):与金融科技一起出现的提供法律服务功能的科技生态系统。
- 监管科技(RegTech):与金融科技一起出现的提供监管功能的科技生态系统。

RegTech 可以被理解为监管科技(regulatory technology)的缩写,也可以被理解为一个流行语。根据(Weber,2017),监管科技 2015 年在英国首次作为一个流行语发展起来,当时政府科学办公室和英国财政部也提到了金融科技。监管科技有时被视为金融科技的一部分。

这种观点认为监管是金融的一部分。任何具有可识别监管组件的系统都可以将监管科技作为应用于该系统技术的一部分。因此,政府科技(Desmond et al.,2017)和法律科技可以合理地把监管科技称为一个组成部分。注意,GovTech 中的"Gov"通常与"Government"而不是"Governance"联系在一起。

Arner et al.(2016)对监管科技的前景进行了详细分析。

监管科技的演变分为监管科技 1.0、监管科技 2.0 和监管科技 3.0。监管科技 2.0 是与 2008 年全球金融危机后的金融科技兴起以及 2009 年从比特币开始的加密货币网络出现相关的阶段。监管科技 1.0 在这个阶段之前,而监管科技 3.0 在以后即将到来。监管科技 2.0 的特征是,危机后的监管变革带来的海量数据需求、数据科学的进步、对公司通过创新方案进入该领域从而降低监管成本的经济激励,以及监管机构为维护金融稳定而承受的改进监管工具的压力。

监管科技包括改进监管流程和补充合规的技术。监控、报告、风险管理、欺诈、市场操纵检测、复杂交易分析和压力测试是传统的关注点。技术的不断发展和广泛采用可以产生大量的数据以供分析。这与大数据分析技术工具的发展相匹配。对了解你的客户(KYC)的传统监管关注点正在转变为针对了解你的数据(KYD)的更加全面的目标(Weber,2017)。

金融科技以互联网为通信和交换的媒介,为金融服务提供商这个领域带来了许多新的参与者。这确实是基础设施层面的一个转变,因为传统金融通信的重点是服务于大型金融机构(即银行和交易所)的网络,如 SWIFT(国际资金清算系统)、CHIPS(清算所银行同业支付系统)和 Fedwire(美联储转移大额付款的系统)。随着互联网成为一种媒介,网络安全作为一个金融监管问题变得更加突出。监管科技还引发了对监管框架的重新思考。

最近的一个新技术是监管沙盒,即在封闭环境中创建并测试金融科技系统,以进行适用性、效率和风险评估(Arner et al.,2016)。

5.6 从去中心化的社区到去中心化的社会

5.6.1 互联网治理和 ICANN

学习目标
认识互联网治理的去中心化性质和 ICANN 中心化和去中心化的双重性质。

主要内容
要点
- 当今互联网的治理结构是去中心化的,遵循多利益相关方模式。

- ICANN 是一个总部设在美国的全球性组织。由于其全球性，它是去中心化的。它也是中心化的，因为它是唯一维护互联网地址和域名注册的组织实体。

重点名词
- ICANN：互联网名称与数字地址分配机构。

要讲述互联网带来的去中心化社会是很容易的一件事。互联网为去中心化的监管和治理提供了许多可能性，并且互联网本身就是去中心化治理的一个模式，尽管它并不完美。

随着时间的推移，互联网通过各种小型网络的复杂合并发展成了今天的样子。在发展过程中，最早的网络是阿帕网（ARPANET），它创建于 20 世纪 60 年代，隶属于美国国防部。计算机科学网络（CSNET）于 1981 年开始运作，是用于连接学术和研究机构的计算机科学部门。美国国家科学基金会网络（NSFNET）是美国国家科学基金会（NSF）在 1985 年创建的，它是从 ARPANET 和 CSNET 发展到当今互联网的过渡。这些网络最初仅限于美国军方和学术界参与。20 世纪 80 年代，NSFNET 的出现吸引了世界各地学术机构的参与。商业网络在 1991 年开始互联。

使这样一个庞大的网络能够稳定地运作并向全球社区提供有益于社会的全球通信服务的关键要点是协调。这是由适当的治理所保障的。当今互联网的治理结构是去中心化的，遵循多利益相关方模式。利益相关方来自政府和私营部门、学术和研究界以及国际上的各种组织。在这种模式下，召集全球行动者对提案作出贡献或投票表决。那些达成了适当共识的提案，成为互联网上建设工作的任务。这可能是一个艰辛的过程。

虽然互联网的治理基本上都是去中心化的，但互联网中也有某个方面在一个组织中是中心化的。互联网名称与数字地址分配机构（ICANN）负责维护互联网域名系统（DNS）的根区域。DNS 是互联网上的实体通过与分层 DNS 中的 IP 地址相关联的名称来定位彼此的方式。由于这是一项至关重要和必不可少的服务，ICANN 可以被视为一个关键的互联网基础组织。

互联网名称与数字地址分配机构（ICANN）是一家总部位于美国的非营利组织。它已经与美国商务部的国家电信和信息管理局（NTIA）签订合同，提供对互联网数字分配机构（IANA）的管理功能，并受商务部监督。自 2016 年 10 月与商务部的合同结束后，该组织转变为一个全球性的多利益相关方组织。

由于其与美国政府的联系，以及其决定域名和发行价格的权力，ICANN 一直是被批判的对象。过去，欧盟委员会曾呼吁削弱美国在 ICANN 上的权力（Internet Governance too US-centric, 2014）。反对者认为，ICANN 的地位能让它单方面审查网站，对此，ICANN 有义务解释，它不是互联网内容警察（ICANN Is Not the Internet Police, 2015）。

区块链域名是区块链技术建立去中心化域名系统的应用。在对等网络中存储互联网地址和名称的记录可以确保没有一个实体可以对网络中域名的使用实施绝对控制。星际文件系统（IPFS）是一种在可以执行此功能的点对点网络中存储和共享数据的协议。已经尝试使用 IPFS 创建区块链域名，来规避 ICANN 设置的限制（Unstoppable Domains Partners, 2020）。

由此可见，在具有多个利益相关方（如互联网）的分布式环境中，有必要进行某种形式的去中心化治理。与此同时，中心化和去中心化的力量在持续发展的进程中不断激烈地竞争着。

5.6.2 去中心化金融(DeFi)

学习目标

介绍去中心化金融(DeFi),是在加密货币网络,特别是智能合约平台上兴起的一系列的金融应用。

主要内容

要点
- 去中心化金融是指在去中心化环境中进行借贷、交易、资产管理、保险和其他熟悉的金融操作。
- 通过去中心化而分散的中心可能会在去中心化金融价值链的某处以不同的形式再次聚集。
- 监管可以以嵌入式监管的形式构建到去中心化金融的设计中。

重点名词
- Compound:去中心化金融平台的一个主要例子。
- cToken:换取该代币用来将其他加密货币存入Compound平台中。
- DeFi:去中心化金融。
- 嵌入式监管(Embedded Regulation):指的是去中心化网络的监管是由网络内的实体执行的。

去中心化金融(DeFi)指的是在去中心化坏境中进行借贷、交易、资产管理、保险和其他熟悉的金融操作,而不是像以往那样依赖中间商(Hertig,2020)。围绕DeFi的问题范围很广,从如何以去中心化方式具体开展各类金融业务,到智能合约取代中间人角色后对全球金融体系影响的考量。正如金融业受到严格监管一样,去中心化金融也将受到同样的系统性风险审查。因此,去中心化监管将成为一个重要问题。

没等传统金融公司研究出来如何在去中心化环境下进行业务转型,以获得更低的交易成本等潜在好处,加密货币网络世界就已经开始尝试使用去中心化金融了。像以太坊这样的智能合约平台是这种尝试的沃土,因为金融运作可以通过智能合约实现。这些平台上的去中心化应用程序(dApps)和去中心化自治组织(DAOs)的生态系统提供了一个金融服务可能会蓬勃发展并且去中心化金融也会扎根的环境。区块链软件技术公司ConsenSys甚至每个季度都会以太坊平台上编制并发布去中心化金融的开发状态。新兴的去中心化金融应用包括去中心化交易所、借贷平台、稳定币和预测市场。

一个著名的去中心化金融平台是Compound(https://compound.finance/),它的核心包括一个协议和用这个协议编写的dApps生态系统。Compound主要涉及一些加密货币的借贷,其中包括Dai、Ether(以太币)、USD Coin、Ox、Tether(泰达币)、Wrapped BTC(包装比特币)、Basic Attention Token(注意力币)、Augur和Sai。用户可以把其中任何一种代币贷给Compound,作为交换,可以收到Compound代币,也称为cTokens。cTokens相当于银行存款,它们代表Compound中持有的资产数量。就像普通的代币一样,它们可以被转移给其他用户。当借用一个代币时,用户需要提交并锁定另一种类型的代币,作为Compound的抵押品。如果抵押品的价值低于贷款的价值,用户就会失去抵押品,但可以继续借用代币。

用户在贷款给Compound时获得利息,而在借款时则支付利息。利率由协议计算,并与所持有的代币池相对应——代币池的规模越大,利率就越低。Compound还有一种治理代币,称为COMP,按从资产借贷中产生的利息的比例向借款人和贷款人发行。治理代币由协议在每次挖掘以太坊区块时创建。任何用户都可以用其拥有的治理代币来投票更改利率。如果一个提案至少获得了COMP总供应量的1%,那么它将被接受,代码更改也将在未来几天内完成。这种方式可以说明,Compound是一个去中心化的、自治的系统,是通过它的协议进行协调和监管的。

Compound的cTokens可以在Compound生态系统中投入使用以赚取收益,从而增加收益产出或流动性挖掘活动。例如,cTokens可以存放在被称为流动池的代币对的交易场所中。每个池对应一对代币。这些代币池由自动化做市商维护,很像现实世界中的货币交易所。做市商通过维护这些流动池来对冲风险。代币池的规模越大,在即将到来的交易请求面前,代币池枯竭的风险就越小。池中两种代币的数量也决定了汇率。代币池通过提供有吸引力的收益率相互竞争以获取流动性。

在传统金融中,监管在控制系统层面的风险、保护金融产品消费者这些方面发挥着不可或缺的作用。去中心化金融给传统监管带来了挑战,因为它一直针对的是金融生态系统中聚焦于关键个人的可识别实体。在去中心化金融中,这些参与者要么分散到一个更大的池中,拥有分布式的角色和职责,要么被没有固定身份的角色所取代,要么被协议和代码所取代。这是去中心化带来的对监管挑战的核心。正如金融科技随着去中心化而兴起,预计监管科技也将随之发展,以获得去中心化监管的技术能力。Zetzsche等(2020)从监管的角度考察了去中心化金融,认为去中心化金融有可能降低传统监管和执行方法的有效性。

这个问题是通过文中提出的两个有吸引力的想法解决的:①通过去中心化而分散的中心将在去中心化金融价值链的某处以不同的形式再次聚集;②监管可以以嵌入式监管的形式构建到去中心化金融的设计中。第①点是对传统监管的一种慰藉,因为传统方法可能仍然适用于去中心化金融价值链中出现的新中心。例如,Nabilou(2019)认为有可能将监管重点重新放在去中心化系统产生的应用上,把这作为一种间接的监管方式,因为去中心化基础设施的存在与它所创建的下游价值链是不可分割的。第②点是去中心化监管如何随着监管科技的发展而形成的最终表现。

5.6.3 公共产品的治理

学习目标

概述如何使用区块链技术进行公共产品的治理。

主要内容

要点
- 可以通过事前自动化和事后核查的方式实现区块链技术的使用、去中心化治理和社区中公共池资源的协调使用。

重点名词
- 公共池资源(Common-pool Resources)：由社区的用户共享的自然或信息资源。
- 事前自动化(Ex-ante Automation)：根据对活动的预测创建规则、算法和流程。
- 事后核查(Ex-post Verification)：在预期活动发生后，对协议的遵守情况进行核查。

这里的"商品"从一般意义上说就是"公共池资源"(CPR)。因此，商品可能指的是自然资源或信息公共资源，如开源软件。

对公共池资源的治理是经济学家兼诺贝尔奖得主 Elinor Ostrom 研究的一个传统课题。公共池资源的核心问题是，如果没有适当的协调，公共池资源很可能缺乏使用或过度使用。相反，如果社区能够监督其成员的行为并制裁违法者，那么就有可能改善公共池资源的使用，使其达到最佳状态。必须指定一个特别单位负责监督和管制，以在中心化环境中维持社区内的协调。如果没有合适的技术，这很难在去中心化环境中实现(Ostrom, 2000)。

使用区块链技术，Poux 等(2020)认为，可以通过事前自动化和事后核查在去中心化治理的社区中协调使用公共池资源。通过使用智能合约，事前自动化允许无须依赖可信的中间商就可以进行合作。事后核查有助于建立对通过软件实现的协调方法的信任。这些措施减少了对中心化监视和管制的需求。

用于追踪货品的区块链系统的一个实际例子是 Provenance(Baker et al., 2015)。该系统记录在区块链上要运输的货品的状态，这样，处理在供应链上货品的代理商就可以在没有一个主导的可信的第三方的情况下交互数据。这也有利于可持续发展，因为货品的来源通常也会写入区块链中。

参考文献/拓展阅读

A History of HTML (2021, 19 Jan). Retrieved from https://www.w3.org/People/Raggett/book4/ch02.html.

All Cryptocurrencies. (2021, 7 Jan). Retrieved from https://coinmarketcap.com/all/views/all/.

Antonopoulos, A. M. (2014). *Mastering Bitcoin: Unlocking Digital Cryptocurrencies*. O'Reilly Media, Inc.

Arner, D. W., Barberis, J. N. and Buckley, R. P. (2016). The Emergence of RegTech 2.0: From Know Your Customer to Know Your Data.

Ashby, W. R. (1961). *An Introduction to Cybernetics*. Chapman & Hall Ltd.

Baird, L. (2017, 14 Sept). How Hashgraph Works—A Simple Explanation w/Pictures[Video]. https://www.youtube.com/watch?v=wgwYU1Zr9Tg.

Baker, J. and Steiner, J. (2015). *Provenance Blockchain: The Solution for Transparency in Product*. Provenance org.

Benkler, Y. (2016). Peer Production and Cooperation. In *Handbook on the Economics of the Internet*. Edward Elgar Publishing.

Von Bertalanffy, L. (1972). The History and Status of General Systems Theory. *Academy of Management Journal*, 15(4), 407—426.

Bitcoin Price History. (n. d.). Retrieved from https://www.investopedia.com/articles/forex/121815/bitcoins-price-history.asp.

Bitcoin Prices. (n. d.). Retrieved from https://www.coinbase.com/price/bitcoin.

Black, J. (2002). Critical Reflections on Regulation. Austl. J. Leg. Phil., 27, 1.

Braithwaite, J., Coglianese, C. and Levi-Faur, D. (2007). Can Regulation and Governance Make a Difference? *Regulation and Governance*, 1(1), 1—7.

Buterin, V. (2013). A Next Generation Smart Contract and Decentralized Application Platform. Whitepaper. Ethereum Foundation.

Chase-Dunn, C. (2018). Rise and Demise: Comparing World Systems. Routledge.

Collom, E. (2005). Community Currency in the United States: The Social Environments in Which It Emerges and Survives. *Environment and Planning A*, 37(9), 1565—1587.

Decentralization. (2021, 20 Jan). https://en.wikipedia.org/wiki/Decentralization.

Desmond, J. and Kotecha, B. (2017). State of the UK GovTech Market. Retrieved from public.io.

Dfinity(2021, 12 Jan). https://en.wikipedia.org/wiki/Dfinity.

Doyle, E. (2005). *The Economic System*. John Wiley & Sons.

Enfield, N. J. and Levinson, S. C. (2006). Human Sociality As a New Interdisciplinary Field. Oxford: Berg.

Etienne, J. (2011). Compliance Theory: A Goal Framing Approach. *Law and Policy*, 33(3), 305—333.

De Filippi, P. (2014). Bitcoin: A Regulatory Nightmare to a Libertarian Dream. *Internet Policy Review*, 3(2).

De Filippi, P. (2019). Blockchain Technology and Decentralized Governance: The Pitfalls of a Trustless Dream. Decentralized Thriving: Governance and Community on the Web, 3.

Harper, C. (2020, 23 Dec). What Is XRP, and How Is It Related to Ripple? https://www.coindesk.com/what-is-ripple-what-is-xrp.

Hedera Governing Council(2021, 12 Jan). Retrieved from https://hedera.com/council.

Hedera Hashgraph (2021, 12 Jan). Retrieved from https://en.bitcoinwiki.org/wiki/Hedera_Hashgraph.

Hertig, A. (2020, September 19). What is DeFi? https://www.coindesk.com/what-is-defi.

Home Page (2021, 12 Jan). https://hedera.com/.

Hsieh, Y. Y., Vergne, J. P. J. and Wang, S. (2017). The Internal and External Governance of Blockchain-basedorganizations: Evidence from Cryptocurrencies. In *Bitcoin and Beyond* (Open Access) (pp. 48—68). Routledge.

ICANN Is Not the Internet Content Police (2015, 12 Jun). https://www.icann.org/news/blog/icann-is-not-the-internet-content-police.

Internet Governance too US-centric, Says European Commission(2014, 12 Feb). https://www.theguardian.com/technology/2014/feb/12/internet-governance-us-european-commission.

Lamport, L., Shostak, R. and Pease, M. (2019). The Byzantine Generals Problem. In *Concurrency: the Works of Leslie Lamport* (pp. 203—226).

Leroux, R. (Ed.). (2012). *French Liberalism in the 19th Century: An Anthology*. Routledge.

Legality of Bitcoin by Country or Territory(2021). https://en.wikipedia.org/wiki/Legality_of_bitcoin_by_country_or_territory.

Levin, S. A., Carpenter, S. R., Godfray, H. C. J., Kinzig, A. P., Loreau, M., Losos, J. B. and Wilcove, D. S. (Eds.). (2012). *The Princeton Guide to Ecology*. Princeton University Press.

Martin, J. (2020, 30 Sept). Dfinity Poised to Launch Straight into Top 5 Crypto Tokens by Market Cap. https://cointelegraph.com/news/dfinity-poised-to-launch-straight-into-top-5-crypto-tokens-by-market-cap.

Meadows, D. H. (2008). *Thinking in Systems: A Primer*. Chelsea Green publishing.

Mullan, P. C. (2016). The Liberty Dollar and Bernard von NotHaus. In *A History of Digital Currency in the United States* (pp. 87—109). Palgrave Macmillan, New York.

Nabilou, H. (2019). How to Regulate Bitcoin? Decentralized Regulation for a Decentralized Cryptocurrency. *International Journal of Law and Information Technology*, 27(3), 266—291.

Nakamoto, S. (2019). *Bitcoin: A Peer-to-peer Electronic Cash System*. Manubot.

Novikov, D. A. (2015). *Cybernetics: From Past to Future* (Vol. 47). Springer.

Ostrom, E. (2000). Collective Action and the Evolution of Social Norms. *Journal of Economic Perspectives*, 14(3), 137—158.

Poux, P., de Filippi, P. and Ramos, S. (2020, December). Blockchains for the Governance of Common Goods. In *Proceedings of the 1st International Workshop on Distributed Infrastructure for Common Good* (pp. 7—12).

Proof-of-Stake (POS) (2021, 12 Jan). Retrieved from https://ethereum.org/en/developers/docs/consensus-mechanisms/pos/.

Robbins, S. P. and Coulter, M. A. (2018). *Management*, 14th Edition. Pearson Education.

Ronald B. M. (2007). Compliance Theory: Compliance, Effectiveness, and Behavior Change in International Environmental Law. In Oxford Handbook of International Environmental Law (pp. 893—921). Editors: Jutta Brunee, Daniel Bodansky, and Ellen Hey. Oxford University Press.

Rosen, L. (2005). *Open Source Licensing* (Vol. 692). Prentice Hall.

Sanderson, S. K. (1995). *Civilizations and World Systems: Studying World Historical Change*. Rowman Altamira.

Siegel, D. (2020, 18 Dec). Understanding the DAO Attack. https://www.coindesk.com/understanding-dao-hack-journalists

Silk Road. (2021, 19 Jan). https://en.wikipedia.org/wiki/Silk_Road.

Staking (2021, 12 Jan). Retrieved from https://ethereum.org/en/eth2/staking/.

Swan, M. (2015). Blockchain: Blueprint for a New Economy. O'Reilly Media, Inc..

The Internet Computer's Token Economics: An Overview. (2020, 7 Oct). https://medium.com/dfinity/the-internet-computers-token-economics-an-overview-29e238bd1d83.

Third-Party Relationships: Risk Management Guidance. (2013, 30 Oct). Office of the Comptroller of the Currency (OCC). https://www.occ.gov/news-issuances/bulletins/2013/bulletin-2013-29.html.

Unstoppable Domains Partners with Opera Browser to Integrate Decentralized Websites. (2020, 20 Mar). https://www.businesswire.com/news/home/20200330005064/en/Unstoppable-Domains-Partners-With-Opera-Browser-to-Integrate-Decentralized-Websites.

Weber, R. H. (2017). Regtech As a New Legal Challenge. *Journal of Financial Transformation*, 46, 10—17.

What Is the Internet Computer? (2021, 12 Jan). https://dfinity.org/faq/what-is-the-internet-computer.

Zetzsche, D. A., Arner, D. W. and Buckley, R. P. (2020). Decentralized Finance. *Journal of Financial*

Regulation,6(2),172—203.

练习题

习题 1

下列哪项与共识协议相关?

a. 工作量证明

b. 互相传播

c. 以上都是

习题 2

选择以下陈述的错误回答:

监管通常是通过强制个别实体遵守规定进行的。因此,在去中心化金融的背景下,监管将无法进行。

a. 正确。实体太多,导致职能分散,不可能合理分配责任

b. 错误。一种策略是对从去中心化网络中产生的商业实体实施监管,并对监管措施按重要性(如大小)排列

c. 错误。监管科技的创新可能会促进去中心化网络中的嵌入式监管

习题 3

以下哪种治理功能与监管的联系最密切?

a. 分配

b. 提供

c. 指导

习题 4

代码规范是什么意思?

a. 它统称为监管科技公司开发的软件机制

b. 它指的是通过用计算机程序表达所要求的规定,并让用户通过这些渠道进行交互,从而实施所期望的行为

c. 它是指有机器人通过自动化监控来确保受监管社区的成员符合规定

习题 5

在比特币网络和社区的系统的前瞻性指导中,以下哪项是最新的?

a. 比特币协议

b. 开发者社区的领导过程

c. 国家金融监管机构的监管

参考答案

习题 1

答案:c。

工作量证明是比特币的共识协议。互相传播是 Hedera 使用的一种算法。

习题 2

答案：a。

文中给出了选项 b 和 c 的原因，来指出在去中心化网络的背景下监管应该如何进行。

习题 3

答案：c。

分配、提供和监管是基本的治理功能。监管指的是对事件和行为发展趋势的指导。

习题 4

答案：b。

本书是这样解释"代码规范"的：用户通过绑定代码进行交互，底层协议用于监管他们的行为。

习题 5

答案：c。

比特币协议首先出现，因为它是中本聪的发明。开发者社区的领导过程紧随其后。比特币不属于金融监管机构的监管范围。

3

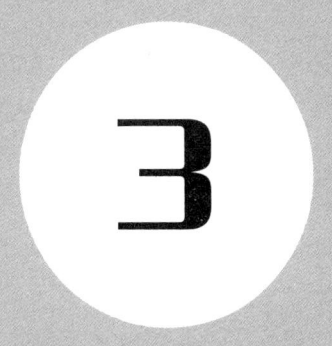

第三部分
全球金融科技发展趋势

第6章　全球金融科技发展趋势

学习目标

回顾金融科技、金融科技监管以及国际金融危机的历史和进程。

描述金融科技在发达市场和新兴市场不同的发展路径。

总结六个不同国家的市场格局和市场结构。

回顾数字干扰和 ASEAN 的应对措施。

讨论中美在金融科技投资、教育和发展方面的关系。

主要内容

要点

- 美国和中国都是金融科技的主要参与者。
- 监管对市场格局的塑造起着重要的作用。
- 金融科技颠覆了银行业。
- 学生贷款在金融和人才发展中发挥着重要作用。
- 中国在海外有大量学生,对美国大学有一定影响力。
- 凭借更多的投资和国家战略,中国在金融科技领域处于领先地位。
- 美国正在放缓对金融科技的投资。
- AI、区块链、云计算和数据技术对金融科技至关重要。
- 数据收集通过物联网和云服务完成。
- 新加坡、澳大利亚和印度正于金融科技领域逐渐追赶。
- 中国正依仗金融服务和技术全面综合的发展主导金融科技,并且该领导地位仍将保持。

重点名词

- 金融科技中心(Fintech Hub):一个拥有许多能促进行业快速发展的金融科技协会和多个金融科技孵化器的地区。
- 全球金融危机(Global Financial Crisis):一场发生于2008年的金融危机,当时全球金融市场和全球银行体系面临极大压力,经济面临下行。
- 保险科技(InsurTech):一种为提升效率而产生的科技创新与当前保险行业模式的

结合。
- 近场通信(Near-Field Communication,NFC):一种短程无线技术,用于在智能手机等设备之间快速便捷地传输信息。
- 千禧一代(Millennial):1981年至1996年出生的一代。
- 学生贷款(Student Loan):以有竞争力的利率支持学生的贷款。
- 手机钱包(Phone-based Wallet):应用于手机的电子钱包技术。
- 蚂蚁金服(Ant Financial):前身为支付宝,现更名为蚂蚁科技集团。它是中国最大的数字支付平台。
- 金融科技1.0(Financial Technology 1.0):关注基础设施建设和金融市场全球化的技术。
- 金融科技2.0(Financial Technology 2.0):以传统金融机构和金融市场数字化为核心的技术。
- 金融科技3.0(Financial Technology 3.0)或金融科技(Fintech):利用金融领域的新生和移动互联网技术,创造新的商业模式,服务新客户。
- 大数据技术(Big Data Technology):用于提取大量信息集和分析复杂数据的各种技术。
- 人工智能(Artificial Intelligence):借助计算软件和硬件模拟人类智能的各种技术。
- 云计算(Cloud Computing):如数据云存储和计算能力等一般的计算机资源不直接由个人用户或节点管理。
- 区块链(Blockchain):一个去中心化的分布式账本,在密码学的帮助下维护数字记录。
- 互联网金融(Internet Finance):众筹、P2P网贷等新型融资渠道。
- 金融科技独角兽(Fintech Unicorn):估值极高(通常超过10亿美元)的私人公司或金融科技初创公司。
- 进化算法(Evolutionary Algorithm):这是进化计算的一个子集,是一种通用的以种群为基础的元启发式优化算法。

6.1 区域趋势和金融科技的未来

在序言和第一章中,Lee和Linda(2018)对金融科技进行了介绍。本章涵盖了金融科技的定义、历史、动机、问题、解决方案、类型以及金融科技公司和初创企业面临的挑战。特别是LASIC模型,它概述了金融科技独角兽的特征并且描述了金融科技初创企业指数级增长的必要不充分条件。

下面选出的参考文献为这个主题提供了全面概述。您需要阅读列出的学习材料:

Lee, D. and Low, L. (2018). Inclusive Fintech: Blockchain, Cryptocurrency and ICO. *World Scientific*. Chapter 10, pp. 437—448.

6.2 全球金融科技发展

金融技术和金融科技的历史

现代金融科技的发展可以追溯到 150 年前。根据不同的发展重点和特点,可分为三个阶段。金融技术 1.0 始于发达国家开始注重基础设施建设和金融市场全球化。金融科技 2.0 是关于传统金融机构的科技引入和金融市场的数字化。互联网科技公司的出现和发展奠定了金融技术 3.0,即金融科技的基础,引入了新的和移动的互联网技术。初创企业和科技公司开始提供金融服务。前三个发展阶段主要发生在发达国家。然而,亚洲和非洲的金融科技革命和快速发展可以被认为是普惠金融科技。

(1)金融技术 1.0(1866—1967 年):金融全球化

1866 年世界上第一条跨大西洋海底电缆的成功铺设标志着金融全球化的开始,这使得欧洲和美国的主要市场能够即时通信,将世界经济和金融作为一个整体连接起来。

第二次世界大战打乱了金融全球化。然而,在通信加密和密码破解系统中开发的技术随后被 IBM(国际商业机器公司)等公司使用,并被整合到早期的计算机中。战争期间计算机技术的快速发展为未来人工智能和在信用卡系统中运用的技术的突破奠定了基础。

(2)金融科技 2.0(1967—2008 年):金融数字化

1967 年,英国的巴克莱银行推出了世界上第一台自动柜员机,即 ATM,这标志着金融技术 2.0 的开始。同年,德州仪器公司推出了手持金融计算器,这使金融行业的操作更加高效便捷,提高了金融工作的效率。

在支付领域,银行自动清算系统(BACS)、纽约清算所银行间支付系统(CHIPS)、环球银行金融电信协会(SWIFT)等相继成立,为国际金融交易的结算提供了便利。此外,在证券交易方面,成立于 1971 年的纳斯达克(NASDAQ)引入了电子股票交易,减少了买卖价差,增加了场外交易市场的流动性。

随着 20 世纪 90 年代互联网的兴起,美国富国银行于 1995 年通过万维网向客户提供了一项在线账户验证服务。这一突破为金融领域引入了互联网的使用,为金融科技 3.0,也就是俗称的金融科技奠定了基础。

(3)金融科技 3.0 与金融科技(2008 年至今):金融动员

2008 年的全球金融危机(GFC)紧随金融科技的发展到来。尽管传统金融遭遇挫折,金融科技却在这一时期迅速发展起来,这或许是因为金融科技被视为传统金融所面临的某些问题的解决方案。公众对以银行为代表的传统金融机构的不信任,为金融科技公司提供了一个开创新商业模式和服务新客户机会。在全球金融危机的余波中,金融机构试图通过科技提高盈利能力。

我们也见证了后 GFC 时代智能手机的发展。移动数据传输速度的加快为金融技术 3.0 提供了机会,使其能够在智能手机以及人工智能、区块链、云计算、大数据分析等新兴技术中拓展金融应用领域。

技术的宏观发展与政策环境

在金融科技 3.0 时代,金融科技的商业模式和技术已经超越了互联网。在人工智能、区块链、云计算、数据分析等技术核心的推动下,金融科技行业现已涉足支付结算、财富管理、贷款融资、零售银行、保险等领域。

(1) 人工智能(AI)

人工智能在金融领域应用的核心突破在于深度学习、智能分析和最终智能决策。大数据、云计算、智能硬件以及随后的区块链技术都是支撑 AI 上层建筑的基础。从目前 AI 在金融领域的应用趋势来看,计算智能与大数据技术的结合使用,使得 AI 技术在营销、风控、支付、投资咨询、投资研究、客户服务等领域的应用成为可能。

2019 年 1 月,联合国下属机构世界知识产权组织(WIPO)发布研究报告称,中国和美国在人工智能的全球竞争中处于领先地位。除了中国和美国,英国、法国和日本都在对人工智能进行全面投资。2016 年 10 月,美国国家科学技术委员会发布了《为人工智能的未来做准备》和《国家人工智能研发战略规划》两份重要战略文件。这两份文件将人工智能提升到国家战略层面,为美国人工智能的发展制定了宏伟的规划和蓝图。2016 年 12 月,美国再次发布了《人工智能、自动化与经济》报告,重点关注以人工智能为驱动的自动化对经济的预期影响,并描述了可以增加人工智能收益和降低其成本的广泛战略。

在欧洲,英国拥有最多的人工智能公司,其次是德国和法国。自 2005 年以来,英国每年增加人工智能公司的速度是其他两个国家总和的两倍。近年来,英国在人工智能领域投入了大量资源。首先,在科研方面,英国政府通过 EPSRC 在英国大学投入了 1 700 万英镑用于 AI 技术的研发。政府资助设立了 1 000 个人工智能博士学位项目,以大力发展人工智能研究。截至 2019 年 4 月,超过 30 所大学开设了人工智能研究生课程。其次,支持全球资本投资英国人工智能产业,对人工智能企业提供免税待遇。因此,2017 年英国从全球吸引了 120 亿英镑的投资,现在英国有超过 220 家人工智能初创企业。

在亚洲,中国的 AI 发展最为突出,占亚洲 AI 公司总数的 68.67%。仅北京和上海的人工智能公司数量就相当于亚洲其他地区的总和。

(2) 区块链

世界各国普遍支持区块链技术。许多国家积极推动区块链技术在日常生活中的应用。除了新加坡和菲律宾已经承认比特币等加密数字货币的合法性外,其他国家都表示将禁止比特币交易。关于 ICO(首次币发行),虽然没有被各国明确禁止,但发行代币总伴随着各种的限制、严格的监管、突出的风险。一项对参与 ICO 企业的调查发现,合规风险和严格的应用要求是区块链在金融领域应用最迫切的问题。目前,中国的区块链技术还处于发展的初级阶段,一些如比特币、ICO 等的相关应用已经被明确禁止。但未来区块链应用的合规风险仍是金融行业关注的焦点。

从理论上讲,区块链可以降低金融行业基础设施的成本,因为该技术适用于许多应用领域。然而由于技术相对不成熟,该技术的广泛应用仍面临着障碍。高频校准、灾难恢复、技术标准、法律法规等问题仍未解决。因此,大多数企业对区块链技术持谨慎态度,在全球金融行业中很少有大规模采用的例子。

这一行业的一个例子是新加坡,它承认 ICO 的合法性。大多数 ICO 筹集了少量资金,大约在 150 万美元到 1 500 万美元之间。然而,新加坡是全球第三大 ICO 中心。新加坡政府一直支持着这个行业。它已经承认了比特币在交易中使用的合法性。它出台税收优惠政策,认为比特币交易是商业活动,不会对正常业务造成太大干扰。新加坡通过开放包容的态度,有望成为亚洲区块链中心,落实企业、金融管理局等发起的区块链项目。

此外,区块链通过去中心化金融(DeFi)、代币化(包括不可替代代币和证券代币)、智能合约和央行数字货币等创新,成为金融科技3.0的桥梁。所有这些发展,以及对区块链之间互操作性的强调,还有其他技术,预示着Web3.0的大规模采用和发展。

(3)云计算

全球云计算市场正在成长,行业转型正在深化。它让越来越多的企业看到创新机会并加以利用。云计算被认为是继PC和互联网之后的第三次IT浪潮。它已成为支撑信息产业发展的重要支柱。云计算是企业转型的主要驱动力。它带来了消费和商业的根本性变化,引发了整个行业的转型。云计算技术发展已进入成熟阶段,安全、稳定、风险防控日益成为云计算应用关注的重点。

2017年,亚马逊AWS、微软Azure、阿里云、谷歌和IBM的全球公共云存储市场份额排名前五,其中亚马逊的份额最高,为51.8%。过去五年里,云计算行业的专利申请增加了一倍多。总部位于美国的IBM、微软和谷歌位列前三,英特尔、亚马逊和惠普也在拥有云计算专利的公司中位列前十。这意味着云计算专利拥有者的前10名中有6个在美国,昭示着美国在该领域的主导地位。中国企业华为在全球排名第八,领先于美国的惠普和德国的SAP。在这一领域,世界其他国家是有办法赶上美国的。

(4)大数据或数据分析

经过多年的发展并经历了数据类型的丰富以及越来越多数据的可用化,对数据的大数据分析及其进行的速度有了很大的进步。如可穿戴设备和智能家居系统等智能硬件的兴起,增加了大数据线下适用性的新维度。

大数据可以克服传统数据分析的局限性,如多维、多形式的数据。随着大数据和机器学习的发展,金融数据计算和分析现在已经涵盖了个人征信、授信、风险控制和保险定价等领域。

IMD发布的《2017年世界数字竞争力排行榜》显示,各国的数字竞争力与其整体竞争力高度相关。数字竞争力强的国家也具有很强的整体竞争力,更有可能产生颠覆性创新。大数据分析在金融行业的应用还处于起步阶段。全球金融大数据缺乏统一的存储管理标准和共享平台,个人隐私保护尚未演变成可信的安全机制。美、英、韩、日等发达国家一直高度重视大数据在促进经济发展和社会变革、提高整体竞争力方面的作用。大数据帮助各国提高了从庞大而复杂的数据资源中获取知识的能力,促进了科学和工程领域的创新和加速发展。这些行动有助于它们保持自己的地位,甚至旨在引领数字经济时代。

美国是第一个将大数据从商业概念转变为国家战略的国家。2012年,白宫科技政策办公室发布了大数据研究与发展计划。如今,该办公室将大数据作为重要的战略资源,大力捍卫大数据技术和产业发展的先发优势。2014年,美国发布了《大数据:抓住机遇与保护价值》白皮书,重申了抓住大数据给经济社会发展带来的重大机遇的重要性。2016年,美国发布《联邦大数据研发战略规划》,形成覆盖技术研发七个维度的体系顶层设计。这些领域包括数据可信度、基础设施、数据开放与共享、隐私安全与伦理、人才培训、多智能体协作等,旨在打造面向未来的大数据创新生态系统。

2012年,英国将大数据列为八大前瞻性技术领域的第一名。2017年11月,英国政府发布了面向全社会的白皮书《产业战略:建设适合未来的英国》。这份白皮书聚焦人工智能和大数据经济,将国家置于人工智能和大数据革命的最前沿。2018年4月底,英国发布了《产业战略:人工智能》报告,从鼓励创新、培养和汇聚人才、提升基础设施、改善营商环境、促进区域平衡发展五个方面提出了一系列具体举措。

至于亚洲的大数据趋势,日本、韩国等发达国家和地区将大数据发展视为重要的国家战略,而印度等国家则将发展大数据产业视为追赶发展的黄金机遇。韩国就是一个例子。2016年底,韩国发布了基于大数据等技术的《智慧信息社会中长期综合对策》,以应对第四次工业革命的挑战。韩国将大数据产业确定为其九大战略产业之一。它的目标是到2019年成为世界三大大数据强国之一。日本政府也率先利用大数据,将国家统计资料、地图等海量数据发布在普通网站上,以统一数据的表达、形式、文件格式等。

全球主要市场结构

在全球金融科技的发展中,普遍认为有两条路径。一种路径是中国模式,通过市场需求和技术创新实现爆炸式增长。这种模式已经在印度、肯尼亚和其他欠发达国家使用。这种模式的主要特点是新的商业模式能够触及服务不足的客户和其他新客户。另一种路径是美国模式,它循序渐进地发展,依靠技术来促进创新,而创新在一定程度上受到监管的限制。但由于市场需求不够强劲,市场规模相对不变,消费者的体验和支持相对不那么普遍。

(1)英国(UK)

自2008年以来,英国已发展成为全球金融科技中心。近年来,英国金融科技产业发展迅速。安永(Ernst & Young)的金融科技数据库显示,英国金融科技公司超过一半都专注于银行支付业务,20%集中在信贷和借贷领域。

伦敦是英国的金融科技中心,也是欧洲最成功的金融科技中心。伦敦在风险投资方面有着悠久的历史。天使投资人和风险投资家都非常重视金融科技的融资。这类金融科技公司早期营运资金的重要来源是众筹和P2P借贷等新型融资工具。近年来,由于国家政策、成熟的商业环境以及较低的运营和生活成本,伦敦以外的一些城市吸引了越来越多的金融科技公司和人才。

英国的优势主要来自三个方面:第一,其悠久的殖民和重商主义历史为其全球分工合作奠定了坚实的基础。16世纪以后,英国开始了全球扩张。《国富论》中提到,英国的财富主要来源于其全球分工和贸易。英国的殖民遗产也为英国金融科技产业的发展带来了巨大的优势。一方面,英国公司对外国投资、并购、文化或意识形态几乎没有抵触。随着金融科技行业的成熟,我们能看到金融科技公司在收购国内外其他金融科技公司。另一方面,英国也有很强的能力吸引国际资本来促进其金融科技产业的发展。第二,在争取外国投资方面,英国政府比其他西方发达国家做得更好。第三,英国完善的教育培训体系为金融科技行业人才转移提供了来源和有力支持。

综上所述,英国之所以能成为全球互联网金融中心,主要得益于以下几个方面:一个支撑良好、运行良好的生态系统;金融科技行业人才、资金和需求储备充足;政府支持政策,包括创新沙盒监管模式,促进监管创新,推动金融科技均衡发展。

(2)美国

美国金融科技市场非常成熟,企业融资在各个细分领域分布均衡。其中,支付板块的融资占比最高,达到30%。支付行业不断创新,借贷市场紧随其后。值得注意的是,金融科技行业是在没有政府干预的情况下自发兴起的。

美国金融市场经过一百多年的发展,已经能够提供相对完整、全面的产品和服务了。传统银行和金融机构正积极地利用互联网等技术进行金融服务创新。美国的金融行业只能在传统大金融公司没有覆盖的新领域发展。例如,目前信用卡市场的发展已经抑制了在线支付的增长。根据 KPMG 的数据,2018 年,美国金融科技投资达到 525 亿美元,是 2017 年 240 亿美元的两倍多,交易达到创纪录的 1 061 笔。

美国的金融科技发展相对集中,最具代表性的是硅谷和纽约。它们都起源于硅谷,那里有相对成熟的专业人士。金融科技生态系统中完善的互联结构使初创企业能够享有投资经验丰富的大型风险投资基金的资助。纽约是一个全球金融中心,得益于华尔街庞大的资本基础和现有的金融市场专业知识,金融科技机构在这里不断涌现。硅谷最大的优势是技术创新,这里孵化了众多的金融科技"独角兽",并且四大企业 GAFA(谷歌、苹果、脸书、亚马逊)将继续扩大在金融科技领域的投资。

美国的实力来自两个方面:一是基础科学研发能力居世界前列。政府最近通过 STEM 项目(科学、技术、工程和数学)增加了对基础研究的投资,并积极开发跨学科系统的设计和实施。这对美国金融科技产业的发展具有深远的意义。一方面,美国是技术创新的先行者,例如,它的大数据研究是世界级的,因为它是科技领域技术研发的先行者;另一方面,科技人才的培养和积累也至关重要。二是美国公司的商业实力和战略规划能力。

这体现在美国企业能够迅速将基础研究(发明)转化为商业应用。战略规划的力量体现在美国公司可以预见未来的趋势,集中和优化他们的资源,以实现他们的目标。例如,许多新的商业趋势(如智能手机、商业智能服务等)首先在美国出现。

尽管法规正在迅速变化,但与许多其他司法管辖区相比,更严格的法规仍然构成了挑战。

(3)新加坡

北美金融行业相对成熟,大部分金融服务用户的需求得到了较好的满足。金融科技专注于为消费者提供更便捷的金融服务,其作用更类似于"锦上添花"。相比之下,以中国和东南亚国家为代表的亚太地区的金融服务水平相对落后。还有大量没有得到满足的需求和未开发的市场。在这些地区,金融科技不仅仅是配角。事实上,对一些国家来说,金融科技通过提供"及时的帮助",让金融服务覆盖到很多长尾用户。总体来看,亚太地区金融科技应用市场机遇巨大、发展潜力巨大。

新加坡是世界领先的金融中心,也是金融科技领域的有力竞争对手。新加坡在提供政府支持、资金、建设创新中心和建立监管沙盒方面做得很好。新加坡经商的便利程度很高。以英语作为商业语言使其成为全球金融资本进入亚洲市场的首选门户。作为全球金融科技发展最受青睐的地区,新加坡拥有相对宽松的"监管沙盒"体系、一系列跨区域合作协议,以及超过 80%的互联网覆盖率。

在新加坡已经成立了超过 300 家金融科技初创企业。超过 20 家跨国金融机构和科技公司在新加坡设立了创新实验室和研究中心,包括全球最大的金融科技中心 LATTICE80。新加坡有很多顶尖的金融科技公司,比如 Bluzelle、DragonWealth 和 Fastacash。在新加坡,电子钱包目前还难以取代传统信用卡的主导地位,P2P 运营受到前所未有的严格监管,而区块链金融面临的监管要少得多。

(4)澳大利亚

澳大利亚的金融科技产业发展迅速,是金融科技的"后起之秀"。KPMG 报告指出,澳大利亚拥有先进的互联网银行和移动终端产业,是全球金融市场进入亚洲生态经济区的理想入口。在过去的五年里,从 2012 年仅 5 100 万美元的金融科技融资到 2016 年超过 6 亿美元,澳大利亚创造了一个健康、活跃的金融科技产业。

澳大利亚是许多世界顶级金融科技公司的所在地。然而,如果从 2015 年 12 月开始的国家创新和科学发展计划能够全面实施,它可能会帮助澳大利亚经济更进一步发展与创新。该计划将有助于弥补一些差距,尤其是风险投资的可获得性(全球排名第 40 位),并通过信息和通信技术,在全球范围内创造新的商业模式(第 41 位)。2019 年初,澳大利亚新兴的金融科技生态系统引起了政府的关注,联邦政府对与创新相关的产业投资超过 5 亿美元。

(5)中国

目前,全球共有 7 个全球金融科技中心和 23 个区域性金融科技中心。7 个全球金融科技中心分别是北京、旧金山、纽约、伦敦、上海、杭州和深圳。数据显示,在 23 个地区性金融科技中心中,有 15 个来自亚洲和美洲,7 个来自欧洲。总体上,从区域金融科技中心的发展趋势来看,亚洲和美洲处于领先地位,欧洲发展略慢。

北京是金融科技行业监管部门的所在地。它拥有许多世界顶尖的科学、技术和信息工程大学,以及大量的金融科技公司。上海作为国内金融中心和互联网经济相对发达的城市,具有良好的金融科技发展基础。上海是金融科技企业的必争之地。深圳对金融机构来说就像一块吸铁石,这里拥有良好的互联网创业环境,为金融科技的发展奠定了基础。深圳还有一个额外的优势,即硬件和软件开发能力。KPMG 的数据显示,北京有 21 家金融科技公司进入前 50 名,上海有 15 家,深圳有 7 家。

中国香港特别行政区(HKSAR)在发展金融科技方面也具有一些优势。这里法律制度健全,人才济济,信息发达,投资创业的资金渠道多种多样。中国台湾地区凭借金融体系健全、信用体系健全、信息基础扎实、用户乐于尝试新技术等优势,积极发展金融科技产业。近期,中国台湾地区金融监督管理委员会通过大幅放宽金融业投资金融科技相关产业的限制,推动了台湾地区金融科技产业的发展。

(6)印度

2018 年,印度 GDP 排名世界第六。印度是世界上人口最多的国家,经济增长率超过 7%,是世界上增长最快的主要经济体。印度也是金砖国家、二十国集团成员之一。2016 年,莫迪政府提出了"印度创业,印度崛起"(Start-Up India,Stand Up India)的口号。它推出了一系列金融科技友好政策,包括统一支付系统(UPI)和 Adhaar 身份识别系统。印度金融科技在区块链、支付、P2P 网贷、智能投管、普惠金融、科技驱动的综合银行服务、互联网金融安全、生物识别等领域有很多亮点和潜力。

在过去的几年里,印度已经试验了几项指导方针和改革,比如发布新的银行政策,发放小额信贷银行和支付银行的许可证。它引入了统一的支付界面,将印度没有银行账户的人口纳入官方金融服务目录,并壮大了支付生态系统。

印度金融服务业正努力应对一些长期存在的挑战,如利润率下降和不良资产增加。由于非传统金融机构的进入,该行业也面临许多挑战。政府和监管机构的几项举措已经引致了向平台驱动型经济的转变。印度要想接受开放的银行架构,释放共享生态系统的真正潜力,必须建立在四个基础上:政府、监管机构、传统机构和金融科技。在过去五年里,人工智能在印度的增长速度超过400%,与人工智能相关的初创企业吸引了1.5亿美元的投资。

根据S&P估计,印度区块链的技术发展在未来5年可以创造高达50亿美元的商业价值。印度金融服务业区块链的发展与全球同行保持一致。许多特定行业的组织出于多种用途构建各种区块链原型。贸易金融、跨境支付、票据贴现、数字身份和供应链金融一直是印度区块链的首选应用领域。

为了建立数字经济,政府在监管机构的支持下,积极致力于创建一个进步的数字生态系统。政府正在加速迈向"无纸化和无现金服务交付"系统,通常被称为"印度堆栈"(India Stack)。在过去的几年中,在"数字印度倡议"下建立了许多数字平台。

新兴市场和亚洲的金融科技行业的发展往往更具包容性,因为监管或缺乏监管使得新的商业模式得以发展,并使政策制定者的利益保持一致,以服务之前服务不足的群体。另外,监管良好的发达市场注重更快、更好、更便宜地为现有客户提供服务。前者强调金融科技的包容性和社交扩展性,而后者则更多地关注银行技术或技术可扩展性,从而区分市场的优先事项和方法。然而,随着金融科技行业的成熟和跨国界以及互操作性变得更加普遍,监管套利的机会将会越来越少,市场之间的差异将会缩小。

6.3 案例研究:在银行与金融科技领域比较美国和中国

介绍

1956年,John McCarthy邀请了来自不同学科的研究人员,如语言模拟、神经元网络、复杂性理论等,参加一个名为达特茅斯的人工智能夏季研究项目(Dartmouth Summer Research Project on Artificial Intelligence),讨论人工智能领域的最终发展方向。[1] 当时选择"AI"一词是为了将其与包括控制论、自动机理论和复杂信息处理在内的"思考机器"区分开来。

关于AI有很多种定义,以下是其中的一部分:

人工智能指的是研究和使用智能机器来模仿人类的行为和思想。随着大数据的可用化、计算的进步以及新算法的发明,人工智能近年来已经崛起为一项颠覆性技术。[2]

人工智能是计算机科学的一个分支,研究计算机对智能行为进行模拟以及机器模仿人类智能行为的能力。[3]

人工智能是指能够执行通常需要人类智能的任务的计算机系统的理论和发展,如视觉感知、语音识别、决策和语言之间的翻译。[4]

一般来说,大多数人认为人工智能是一个像人类一样思考或者像人类一样工作的系统,但它没有弄清楚人类是如何进行推理工作的,或者人类是如何推理模型以执行任务的。以

---

[1] https://www.forbes.com/sites/bernardmarr/2018/02/14/the-key-definitions-of-artificial-intelligence-ai-that-explain-its-importance/#601f57bb4f5d.

[2] https://www.imda.gov.sg/sgdigital/tech-pillars/artificial-intelligence.

[3] https://www.merriam-webster.com/dictionary/artificial%20intelligence.

[4] https://en.oxforddictionaries.com/definition/artificialintelligence.

下几本书①值得那些对更详细的讨论感兴趣的人参考。

根据 Neapolitan 和 Jiang（2018），AI 方法可以分为以下几类：①逻辑智能（LI）；②概率智能（PI）；③突发智能（EI）；④神经智能（NI）；⑤语言理解（LU）。随着 EI 下的进化计算和群体智能日益受到人们的关注，后三种算法最为引人注目。这些研究受到去中心化的生物进化和自组织系统的启发。NI 使用神经网络和深度学习分散地模仿人类大脑，而 LU 处理机器阅读理解。

另一种分类是将方法分为：①符号；②深度学习；③贝叶斯网络；④进化算法。AI 符号是基于问题、逻辑和搜索的高级"符号"（人类可读）表示。② 深度学习（也称为深度结构化学习或分层学习）是基于学习数据表示而不是特定任务算法的更广泛的机器学习方法家族的一部分。学习可以是受监督的、半监督的或无监督的。贝叶斯网络是一种概率图形模型，使用贝叶斯推断进行概率计算。进化算法是进化计算的一个子集，是一种通用的以种群为基础的元启发式优化算法。EA 使用生物进化的机制，如繁殖、突变、重组和选择。在这一章中，我们将超脱于传统教科书所描述的内容，并着眼于应用。为了说明在实践中的使用以及从业人员和投资者感兴趣的问题，我们使用两国研究分析具体问题。我们将关注"谁将在中美人工智能竞赛中胜出：阿里巴巴、腾讯、中国平安、百度、众安保险与 Alphabet、亚马逊、苹果、脸书、微软"。图 6.1 展示了科技巨头之间的竞争。

图 6.1　谁将在中美人工智能竞赛中胜出：阿里巴巴、腾讯、中国平安、
百度和众安保险 vs Alphabet、亚马逊、苹果、脸书和微软

总结

（1）中国：中国公司的生态系统拥有比美国公司更完整的"从金融到生活方式"的 AI 产品。阿里巴巴推出 AI 平台（Platform for AI，简称 PAI 2.0），成为 AI 和云领域的市场领导者，树立了新的标准。人们对中国金融科技公司及其商业模式和风险管理实践缺乏了解。

---

① https://courses.csail.mit.edu/6.034f/ai3/rest.pdf, Russel, S., Norvig, P. (2010). *Artificial Intelligence: A Modern Approach*, 3rd ed. Prentice Hall. Neapolitan, R. E. and Jiang, X. (2018). *Artificial Intelligence: With an Introduction to Machine Learning*, 2nd ed. CRC Press.

② https://en.wikipedia.org/wiki/Symbolicartificialintelligence.

大多数运用互联网和数字设备的商业模式和风险评估方法在中国是独一无二的,在其他地方是找不到的。中国平安似乎不太被分析师认可,但它是中国许多金融、消费、健康和保险业务的技术领导者。腾讯是另一家非常有趣的公司,但在英语国家并不被广泛认可。本章中将对它的一些创新的服务进行描述。密切关注中国监管框架、商业模式和风险管理方法的发展,可以为投资者带来好处。

(2)美国:亚马逊被认为是世界上科技领域无可争议的领导者。脸书、微软、苹果、谷歌是技术领先的公司,运营能力优秀。虽然这些公司都对监管框架和变化进行了充分的研究,但它们仍然是一个主要的风险因素。

(3)美国和中国的公司都面临着监管问题,而这也是有关工人们未来的辩论的核心。最重要的是,这些科技公司希望在没有政府干预的情况下运营。然而,他们中的大多数要么受益于政府的资助,要么受益于宽松的政策,这些在未来很难不受政府的影响。从2020年开始,中国监管机构开始收紧对中国金融科技公司的控制,尤其是在贷款支付方式和利息额度方面。虽然了解技术至关重要,但监测商业环境、业务创新、风险管理方法和监管变化也是决定金融科技股票和项目表现的重要因素。

人工智能和金融:中国抓住了机遇,而美国落后了数年

人工智能将金融与非意向(文字、聊天、图片)和意向(商品收据)来源的数据整合在一起,为生活方式、商业、投资、认知服务和中小企业活动中的人们提供商品和服务的建议和选择。在使用数据和云端的这类应用程序方面,中国在总体上明显领先于美国。

通过推出PAI,阿里巴巴在将金融与意向和非意向数据相结合方面领先于腾讯。将金融数据和云技术结合起来需要一种横向的企业集团风格,即新的业务圈围绕着以数据分析为支柱的中心,而不是垂直的金字塔结构。

以下是根据本章最后给出的参考文献的研究数据进行的总结。借由PAI,阿里巴巴成为新的全球领导者。随着中国平安成长为一家多元化的金融医疗集团,它值得重新审视。腾讯拥有优秀的技术。百度已经失去了优势,似乎正试图通过抛弃旧业务并通过收购进入人工智能领域来东山再起。这两种策略都有极大的风险。此外,百度的信用状况一直在系统性恶化。

A. 美国公司——中国也已经超越了,因为美国公司不得不应对以下问题:
①根深蒂固的说客(在华盛顿)保护垄断利益集团;
②在GFC(罚款3 600亿美元)之后,与州/联邦监管机构处于敌对状态;
③一系列限制美国五大金融科技公司灵活性的州/联邦法规;
④集团结构的困难,GE金融服务的崩溃证明了这一点;
⑤五大金融科技公司与华盛顿军工复合体和高校的关系弱化;
⑥缺乏国家战略。

B. 中国公司在失败后迅速调整,并不断进行新的尝试。我们对美国公司的排名考虑了人工智能产品套件、多重估值以及一些运营和信用标准,结果显示苹果排名最前,亚马逊最后。亚马逊和谷歌拥有最好的AI平台,但它们仍然无法与中国相媲美。

C. 如果我们将运营指标和估值与人工智能组合结合起来,亚马逊是最不具吸引力的。微软在领先15年之后,没有做任何有意义的事情。脸书也未能给人留下深刻印象。总的来说,苹果做得最好,但华为的新技术至少与苹果持平。

格局上的缺口

人工智能已经商品化了。中国在人工智能方面的整体进展与美国相当,甚至可以说比美国更好。这份报告中的所有公司目前每秒都能翻译数千本圣经。此外,它们每秒也都能处理数十万张照片。它们都有会语音私人管家、惊人的视频服务、令人眼花缭乱的面部识别数据,以及预测我们对食物、旅行、健康、教育、书籍、新闻、健康,甚至是生活伴侣的欲望、需求和愿望的能力。

只有阿里巴巴和中国平安提供这些人工智能工具以及支付、保险、贷款、信用评级、货币市场、财富管理、众筹和外汇方面的全套服务。在这些方面,美国公司都存在很大的漏洞。

阿里巴巴的巨大缺口在娱乐/内容领域。亚马逊与几乎所有美国公司一样,最大漏洞是金融服务。为什么金融服务会出现这么大的漏洞?除了上面提到的七个原因外,另一个主要原因是美国的金融服务受到高度监管。美国科技公司推出的金融产品必须绕过银行监管。因此,引进的许多金融产品都不成功。很少有人听说过 Microsoft Wallet、Google Hangout 和 Facebook Messenger Pay。就连 Apple Pay 的规模也比支付宝小 80%。

亚马逊有一项小型中小企业贷款业务,但在财富管理、众筹、评级、保险和任何金融产品方面的其他服务几乎空白。在某种情况下,亚马逊本可以成为世界上最大的银行。脸书和谷歌的大部分收入来自广告,仍然坚守在他们的利基市场。最后,这一格局的另一个缺口是,除了中国和美国这两个国家之外,缺乏其他全球参与者。欧洲没有,日本没有(软银是一家控股公司),韩国也没有。在印度、巴西、印度尼西亚、东欧、斯堪的纳维亚半岛或俄罗斯,没有占主导地位的地区参与者。由此我们可以得出这样的结论:腾讯、平安、阿里巴巴取得了令人瞩目的成就。全球很少有其他公司能够做到类似的事情。

其他问题:政治、政策和监管

A. 美国公司面临着与中国公司类似的风险。美国公司在广告领域的主导地位将最终产生政治后果,并在某个时刻迫使一场反垄断的政治摊牌。这些公司的影响力受到了注意,监管机构和立法者正在考虑解决这些"未经选举"的仲裁者的权力,这些仲裁者决定哪些内容可以或不能在其平台上发布。

B. 在中国,政府试图促进阿里巴巴与腾讯之间的竞争。自谷歌于 2010 年离开中国以来,百度一直没有取得与两家竞争对手相同的成绩,因此这是一场两强争霸。凭借 PAI 2.0,阿里巴巴可以说已经领先于腾讯。竞争是有后果的,因为后来的参与者需要"站边"。只有监管才能阻止中国和美国的先行者成为垄断企业。目前,阿里巴巴、腾讯、谷歌和亚马逊已经在各自的领域站稳了脚跟。

C. 中国大力支持互联网经济,这是其 5 年规划的一个基础。当前五年规划的基础是"互联网+经济"。阿里巴巴可能是其中的核心。此外,完全可以想象,阿里巴巴的新平台 PAI 2.0 可以成为国企改革、税收改革的基石,并为中小企业提供数百万个就业机会。

主要总结:AI 分析

AI 是分析来自物联网(IoT)系统数据的重要组成部分(见图 6.2)。在实践中,物联网从传感器、移动设备和其他数字设备收集物理数据,然后通过机器学习发送到神经网络,与存储在云平台上的金融服务、认知服务、生活方式/健康、自动驾驶汽车、机器人和广告数据相结合,然后使用人工智能进行处理和分析。

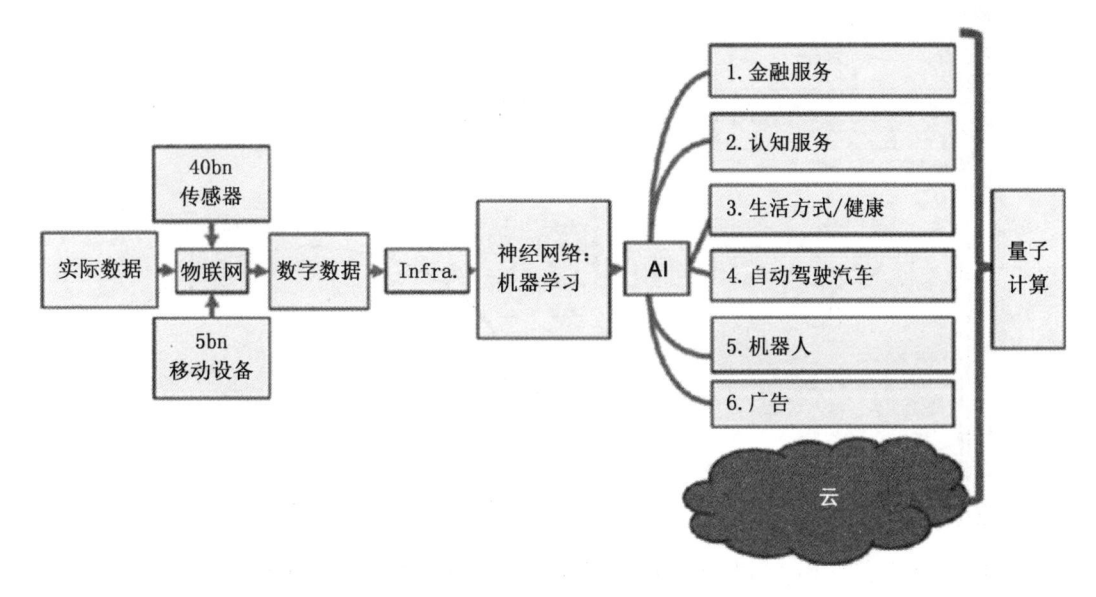

图 6.2 在单个图表中描述人工智能

资料来源:Schulte Research Estimates。

AI 金融服务(见图 6.3)涉及支付、保险、个人贷款、中小企业(SME)贷款、信用评级、货币市场证券、财富管理、众筹和货币兑换等领域。我们可以比较 ATPA(阿里巴巴、腾讯、平安、百度)和 AMGAF(亚马逊、微软、谷歌、苹果、脸书)。这些金融服务由中国科技公司主导,比如阿里巴巴(Alibaba)、腾讯(Tencent)、平安(Ping An),以及百度。亚马逊、微软、谷歌、苹果、脸书等美国的科技公司,都错过了这些机会。

值得注意的是,9 家公司中有 8 家(见图 6.4)拥有自己的云存储数据,包括意向的、非意向的、物联网/汽车和认知服务数据。大多数公司的数据收集能力都非常强,其中一个成功因素是普遍存在的薄弱的隐私保护。直到最近,这些数据在中国的使用和购买还很少受到限制。[1] 2018 年 5 月,中国悄然发布了新数据隐私标准的最终版本,该标准甚至比《欧洲通用数据保护条例》(GDPR)更进一步。这将欧盟和中国的数据立法置于比美国数据法更高的水平上。[2] 中国法律通过规定收集和使用个人信息的标准来解决隐私保护问题。中国国家信息安全标准技术委员会(SAC/TC260)已经制定了 240 多个与网络安全(例如,云端、工业控制系统和大数据)相关的国家标准。《网络安全法》要求在中国收集或产生的个人数据必须存储在国内。对违反《网络安全法》的企业和组织,可以处以 100 万元以下的罚款。由于法律明确规定了网络运营商的义务和安全要求,大多数大型金融机构和技术公司将要或者

---

[1] https://www.networksasia.net/article/chinas-data-privacy-law-came-effect-may-and-it-was-inspired-gdpr.1529296999.

[2] https://assets.kpmg.com/content/dam/kpmg/cn/pdf/en/2017/02/overview-of-cybersecurity-law.pdf.

Company	Payment	Insurance	Personal Loans	SME Loans	Credit Rating	Money Market	Wealth Mgmt	Crowd-funding	Currency Exchange
Alibaba	AliPay (400 mn) (51.8% ms)	Ant Zhong An	Personal loans - Ant	SME loans – Ant SME Service	Zhima Credit	Yue'bao (CNY1.2tn)	Ant Financial, AliPay	ANTSDAQ	AliPay
Tencent	WePay (300 mn) (38.3% ms)	Zhong An	Weilidai	Weilidai	/	WeBank	WeBank	JD.com	/
Ping An	Ping An Bank	Ping An Insurance	Ping An Bank	Ping An Bank	Ping An Insurance	Ping An Asset Mgmt	Ping An Asset Mgmt	/	Ping An Bank
Baidu	Baidu Wallet (100 mn)	/	/	!	Yes	/	Yes	/	/
Amazon	/	Electronic Damage Insurance (UK)	/	USD$3bn SME loans (Amazon Lending)	/	/	/	/	/
Microsoft	MSFT Wallet	/	/	/	/	/	/	/	/
Google	Google Wallet, Android Pay	/	/	/	/	/	/	/	/
Apple	Apply Pay (85 mn, 450% YOY)	/	/	/	/	/	/	/	/
Facebook	Messenger Pay	/	/	/	/	/	/	/	/

MISSED OPPORTUNITY

注：阿里巴巴遥遥领先，中国平安（Ping An）和腾讯（Tencent）也占据了主导地位。

图 6.3　AI 金融服务对比

资料来源：Schulte Research Estimates，Zenith。

已经成为网络运营商就不足为奇了。

根据 Synergy 研究集团的数据，在 2020 年第四季度，云服务的全球领导者是亚马逊，占全球市场份额的 32%，其次是 Azure（微软子公司），占 20%，谷歌云占 9%，阿里巴巴云占 6%，IBM 云占 5%，Salesforce 占 3%，腾讯云占 2%，甲骨文云占 2%。在中国，阿里巴巴排名第一，美团和腾讯分列第二和第三。百度在中国排名第 10。阿里巴巴正在引领亚洲市场。阿里云的国际业务在新加坡注册，总部也设在新加坡。它正在将服务范围扩大到"一带一路"倡议涉及的国家和地区。阿里云将为 2022 年冬奥会提供集成的云技术和创新平台。2018 年 3 月，它在印尼设立了第一个数据中心。在 2017 年它推出了 316 款产品及功能；其中有 60 项专注于高价值领域，包括人工智能。[①] 该公司公布的 2018 年第一季度营收为 43.9 亿元人民币（6.649 亿美元），同比增长 103%。2017 财年总收入达 133.9 亿元，增长 101%。[②]

人工智能的认知服务是微软最初为解决人工智能领域的问题而开发的一套机器学习系统（见图 6.6）。其目标是通过将 AI 打包成独立的组件以便于开发者运用在他们的应用软件中，从而使 AI 大众化。这些服务包括图像、面部和语音识别，以及自然语言学习。因此，微软在这一领域处于领先地位不足为奇，它允许 Web 和通用 Windows 平台的开发者使用他们的算法。虽然微软取得了广泛而深刻的成就，但阿里巴巴 PAI 的进步甚至超过了微软。

---

① https://technode.com/2018/05/10/alibaba-cloud-q1-2018-results/.

② http://www.chinadaily.com.cn/a/201806/27/WS5b3337f5a3103349141df403.html 156/229.

Company	Intentional Data	Un-intentional Data	IoT/Car	Cognitive Service	Cloud
Alibaba	AliPay, Taobao, Tmall, Alibaba.com, Alibaba Express, Yue'bao, Tmall, Alibaba Cloud (750 mn)	Youku, Weibo, UCWeb, Cainiao Logistics, Yahoo China, SCMP, AliWangWang, LaiWang, PAI, Ding Talk	"Connected Car" with SAIC, AutoNavi, Ali Health, KFC	Platform for Artificial Intelligence (PAI 2.0), Tmall Genie	Ali Cloud
Tencent	WeChat Pay, 3rd Party Providers (JD.com, Didi, etc.)	WeChat (938 mn), QQ (700 mn), Qzone, WeChat Ecosystem, Gaming	Didi, Dianping review site	WeChat Voice/Image, Tencent Video	Tencent Cloud
Ping An	Ping An Bank, Ping An Insurance, Ping An Asset Mgmt (350 mn)	Ping An Health, Ping An Securities	Ping An Auto Owner, Wanjia Clinics	Facial recognition, Voice print	Ping An Health Cloud
Baidu	Baidu Search, Baidu Wallet	Baidu Search	Food Delivery Service, Project Apollo	Little Fish	Baidu Cloud
Amazon	E-commerce (B2C, C2C)	Shopping search	Echo, Kindle, Whole Foods, Amazon Books, Logistics	Alexa, Rekognition, Polly, Lex, Amazon Video	AWS
Google	Google Play Store, Google Search	Google Search, Android OS, G-mail, Maps, Chrome, Snapchat (166 mn MAU), Youtube, Waymo	Android OS, Waymo	Health, Translation, Google Assistant, Google Face, Deep Mind	Google Cloud
Apple	iTunes (800 mn), Apple Music, Apple Pay (85 mn)	iOS, Safari	iPhone (1 bn), iPad, iPod, Mac, Apple Watch	Siri, Face Recognition	iCloud
Microsoft	Xbox, Microsoft Wallet (small)	LinkedIn, Office, Skype, Bing, IE	Kinect, Microsoft Surface, Windows Phone	Zo, Computer vision/Speech/Language API	Azure
Facebook	Messenger Pay	Facebook, Facebook Messenger (1.96 bn), Whatsapp (1.3 bn)	Oculus, Project Titan	Deep face, Deep text, Translation	/

注：阿里巴巴可能凭借 PAI、钉钉和天猫精灵超越所有公司。
这使得阿里巴巴与腾讯的地位非常接近。

图 6.4 AI 数据源对比

资料来源：Schulte Research Estimates。

Company	Market Share (in respective markets)	Comments
Alibaba	41%	Leader in Asia, >100 newly developed AI services. Services in storage, networking, healthcare, logistics, lifestyle, media, business enhancements, and etc.
Tencent	7%	#3 in Chinese Market, services in public/private storage for personal/business use
Baidu	1%	Small cloud service
Amazon	47%	Amazon AWS: Global & US leader
Microsoft	10%	Fastest Growth Rate, 97% YOY. Azure & Office 365
Google	4%	Fast growing, 45 teraflops of data (45 trillion bytes/second). Services include AI APIs', storage, search history, e-mail, etc. 71,000 searches/second. New quantum computer
Apple	1%	Small cloud service, primarily strong in private data collection. Services in location, storage, and security

注：阿里巴巴是亚洲第一。

图 6.5 AI 云对比：亚马逊大赢家

资料来源：Schulte Research Estimates，HostUCan，Skyhighnetworks。

Company	Image Recognition	Facial Recognition	Voice	Natural Language Understanding	Video
Alibaba	Document recognition, image search+, PAI	Identity authentication, Alipay	Customer service AI, voice->text service, etc., PAI	Real-time translation services, PAI	Video analysis, broadcast service, PAI
Tencent	Fashion trend analysis	Identity authentication	WeChat Voice/Image	Translation	Tencent Video
Baidu	xPerception, Pixlab API, WICG Shape Detection API	Baidu Facial Recognition (99.7% accuracy)	Voice Search, Text-Speech Converter, Deep Voice (97% accuracy)	Translation, Speech Recog., Kitt.AI, RavenTech	/
Amazon	Amazon Rekognition	Emotion recog., Face Comparison	Alexa, Lex	Alexa, Echo, Polly	Amazon Video
Microsoft	Image understanding, Celebrities/Landmark recog.	Face API, Emotion, Verification, Detection	Speech Verification, Text-Speech Converter	Translation, Text analytics, LUIS	Video analysis, Video Indexer
Google	Image searching	Google Face	Google assistant	Translation AI, Text analytics	YouTube
Apple	Classification/ Detection/ Checking	Facial Rec.	Siri	Siri	/
Facebook	Text recognition, translation	Deep Face	Oculus VR Voice Recog.	Translation, Deep Text	/

注：有一种"跟随"的态度。微软已经取得了广泛而深刻的成就。但是，阿里巴巴 PAI 做得比其他任何公司都要深入和广泛。

图 6.6　AI 认知服务对比：微软胜出

资料来源：Schulte Research Estimates，Zenith。

在媒体、美食、旅游、娱乐、互动、搜索、教育和健康等人工智能生活方式方面，以腾讯和阿里巴巴为首的中国科技公司处于领先地位（见图 6.7）。中国科技部已确定 BAT（百度、阿里巴巴集团控股、腾讯控股）作为与政府合作的冠军企业，以推动中国的人工智能战略，加快中国走向全球技术领先地位。"百度的重点将是自动驾驶；阿里巴巴的云计算部门负责一个名为'城市大脑'的项目，这是一套改善城市生活的人工智能解决方案，包括智能交通；腾讯将专注于医疗诊断的计算机视觉；而在深圳上市的科大讯飞是语音识别领域的主导企业，将专注于语音智能。"

主要总结：生态系统是如何演变的

阿里巴巴已经将其电子商务业务淘宝和天猫扩展到金融（蚂蚁金服）和技术服务提供商（阿里巴巴云）。图 6.8 展示了其他公司无法比拟的最全面的 AI 生态系统。阿里巴巴实现了所有这些创新，同时也是所有科技公司中盈利能力最强的。2019 年第二季度，阿里巴巴将生产自己的人工智能芯片，开发量子处理器，并扩展到半导体业务。由其研发部门达摩研究院推动研发的新 AI 芯片 AliNPU 具有支持自动驾驶、智能城市和智能物流等技术的潜力。新成立的半导体子公司 Pingtouge 将专注于定制化 AI 芯片和嵌入式处理器。阿里巴

Company	Media	Food	Travel	Entertainment	Interaction	Search	Education	Health
Alibaba	Live media, news production, media Interaction, etc.	KFC China, Koubei, Ele.me	Air/train tickets, hotel booking	Audio/video solutions, video game services, e-commerce, Youku, AGTech	Online shopping support	Personalized search, direct marketing service, big data analytics	Media education services	Utilities payment, Hospital-patient comm., smart diagnosis
Tencent	QQ music, Joox, Tencent Video/News	Meituan Dianping	LY.com	E-commerce, video games	WeChat	WeChat Search, Sogou	Koo Learn, Ke.qq	WeChat Intelligent Hospital
Baidu	Book recomm.	/	Ctrip	/	/	Search engine (76% market share), personalized search, data marketing	Baidu Education (Jiaoyu)	Health Search
Amazon	Books, music, TV streaming	Whole Foods, Amazon Fresh	/	TV streaming, Amazon Studio	/	Search recomm.	Amazon Inspire	/
Microsoft	/	/	/	X-box/gaming	Skype, LinkedIn	Bing	MSFT Education	MSFT Health
Google	Google Videos	/	Google Flights	YouTube	Snapchat, Gmail, Google+	Search engine, personalized search, data marketing	Google for Education	Google Health, Google Fit
Apple	iTunes	/	/	Apps, App Store, Game development kits	Messages	/	/	Health apps
Facebook	Facebook newsfeed	/	/	Facebook games	Facebook, Whatsapp, Instagram	Internal Search Function	/	/

注：腾讯＋阿里巴巴赢家。微软＋百度落后了。

图 6.7　人工智能生活方式对比

资料来源：Schulte Research Estimates，Zenith。

巴于 2018 年 4 月收购集成电路（集成设计）供应商杭州天翔微系统有限公司。[①]

利用人工智能，阿里巴巴可以获取中国的大量数据（见图 6.9），这些数据来自银行服务、政府服务、生活方式服务和商业服务。图 6.10～图 6.12 显示了不同类型的中国科技巨头的深度科技。

腾讯可以访问存储在腾讯云中的 QQ、微信和微信支付生成的社交媒体数据，总计可能有 10 亿人的发帖、聊天、文件传输、照片、位置和其他个人信息。腾讯是中国最大的社交网络公司，其应用程序微信拥有 10 亿用户，社交网络平台 QQ 空间的月用户数量为 6.32 亿。腾讯的业务已经从 QQ 和社交网络扩展到游戏、数字助理、移动支付、云存储、教育、直播、体育、电影和人工智能等领域。[②] 腾讯 AI 实验室成立于 2016 年，其使命是"让 AI 无处不在"。它专注于机器学习、计算机视觉、语音识别、自然语言处理及游戏、社交、内容和平台 AI 应用的基础研究。

中国平安除保险外还提供健康、房地产、交通、智慧城市、政府、金融等服务。因此，通过其云处理服务，中国平安拥有一个巨大的数据库。它还成立了平安科技，专注于 AI、智能认知、区块链、云端。"人工智能是平安科技的核心技术之一，已经被用在一系列解决方案之中，包括人工智能预测、人工智能认知和人工智能决策。在疾病预测模型的基础上，AI 预测

[①] https://www.zdnet.com/article/alibaba-to-launch-own-ai-chip-next-year/.

[②] https://www.forbes.com/sites/bernardmarr/2018/06/04/artificial-intelligence—ai-in-china-the-amazing-ways-tencent-is-driving-its-adoption/#151b245f479a.

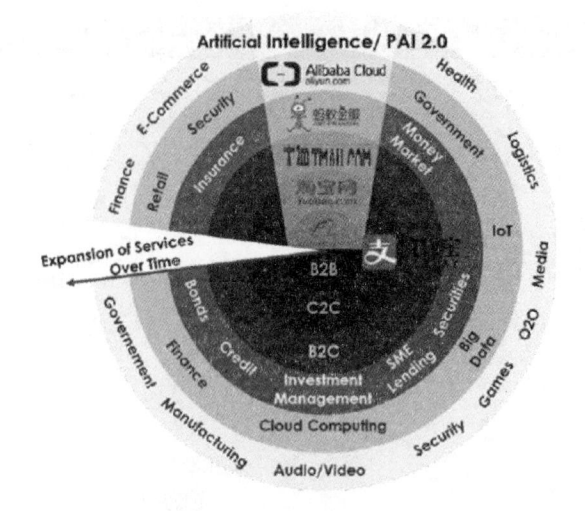

注：在实现这一目标的同时，它也是所有公司中最赚钱的。

图 6.8　阿里巴巴：电子商务＋全球最完整的 AI 生态系统

资料来源：Alibaba Website, Schulte Research。

已经被应用于预测流感、糖尿病等疾病。值得注意的是，在 AI 认知领域，人脸识别技术、声纹识别技术等技术已达到世界领先水平；平安大脑智能引擎集成了深度学习、数据挖掘和生物识别等人工智能技术，可以提供包括决策在内的 6 个集成模块。"[①]

众安保险以腾讯、阿里巴巴和平安为最大股东，提供单一的在线保险服务，并慢慢扩展到始于阿里巴巴的双十一在线销售的电商保险以外的许多领域。众安科技 AI 研究服务涵盖图像识别、NLP、复杂交易处理等，并包括：①通过数据分析帮助客户了解用户；②利用成熟的 AI 技术和丰富的经验，在较短的时间内建立智能应用。[②] 它专注于自然语言处理、图像处理、复杂事务处理和机器学习。云服务平台 Anlink 提供基于区块链的 BaaS 和基于人工智能的 AIaaS 以及平台安全保障，为金融、医疗健康、供应链、共享研发、文化、政务、公益等不同业务场景提供新的解决方案。[③]

百度是另一家值得关注的公司，它将其搜索引擎转变为人工智能服务，在大规模管理层改组后恢复了扩张势头（见图 6.13）。它现在正在采取一项风险更高的战略，即收购和扩大百度云业务。百度最近推出了中国首个云端全功能人工智能（AI）芯片——昆仑。通过与昆仑万维的合作，百度提供了一个 AI 平台，帮助企业部署人工智能的解决方案，并且百度拥有自己的硬件，能够最大限度地实现人工智能处理。该芯片可以满足各种 AI 应用的高性能要求。它可以提供语音和文本分析、自然语言处理和视觉识别等人工智能功能。[④] 百度的"阿波罗"项目旨在让汽车制造商免费使用百度的人工智能技术作为汽车的"大脑"，以换取数据的访问权。DuerOS 是百度的语音助手，百度已经与 130 多个 DuerOS 合作伙伴建立了合作

---

① https://tech.pingan.com/en/.
② https://www.zhongan.io/en/technology.html.
③ https://www.zhongan.io/en/anlink.
④ https://cio.economictimes.indiatimes.com/news/business-analytics/will-baidus-cloud-to-edge-ai-chip-kunlun-change-the-face-of-ai-market-beyond-china/650 66114.

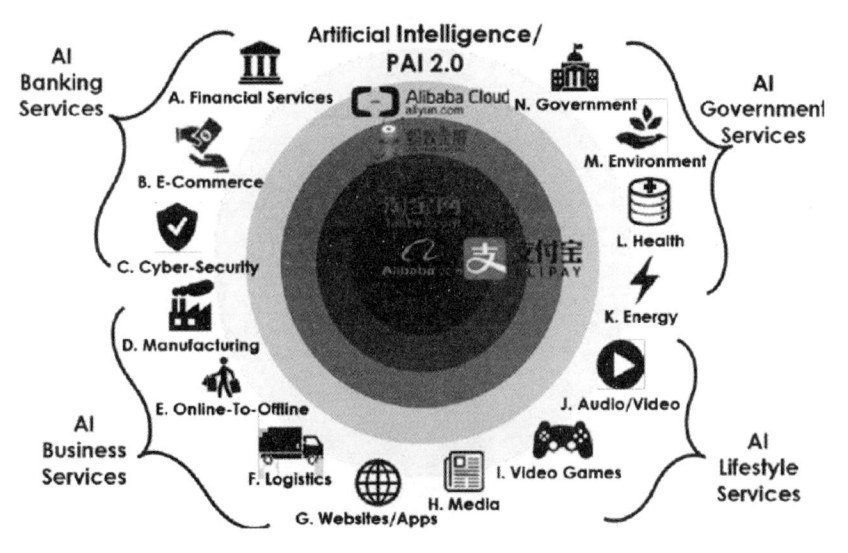

图 6.9　阿里巴巴 AI：一本真正的普通人的"圣经"——可以访问几乎所有中国的数据存储

资料来源：Alibaba Cloud Website，Schulte Research。

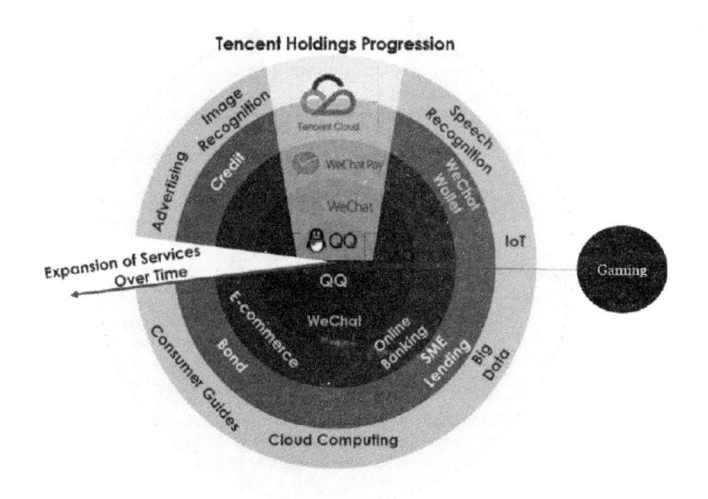

图 6.10　腾讯：从社交媒体网络到使用非意向型数据创造一个完整的生态系统

资料来源：WeChat，Schulte Research。

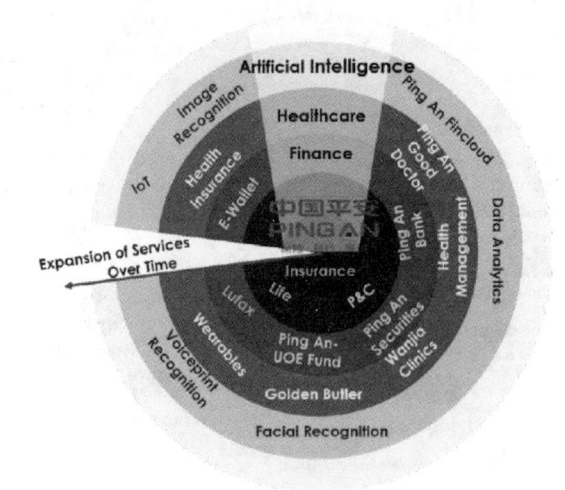

图 6.11　中国平安：在转型为自主金融生态系统方面取得了比其他任何公司都大的进步

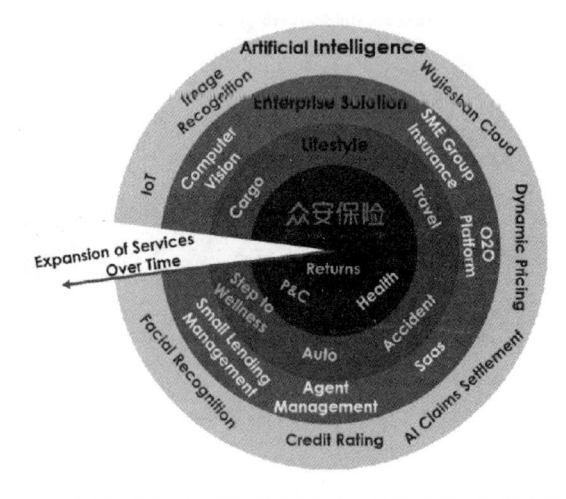

图 6.12　众安：成立仅 3 年，是全球最大的纯在线、云端保险公司

关系。它的语音助手应用于100多个品牌的家电,如冰箱、电视和音响。百度还与华为合作开发一个开放的移动AI平台,以支持AI驱动的智能手机的开发,并与高通合作,使用高通的骁龙移动平台优化其物联网设备和智能手机的DuerOS。①

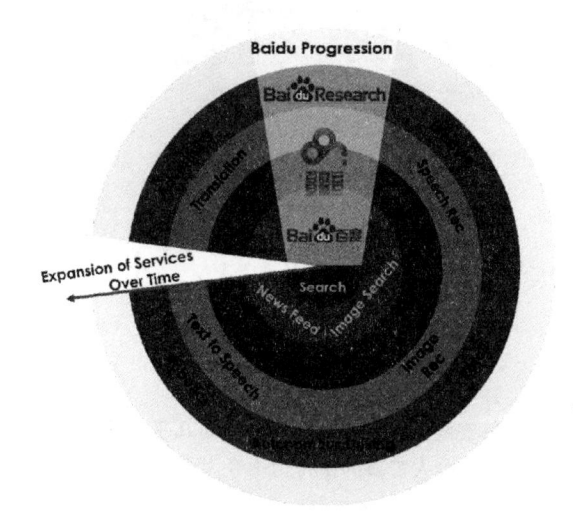

图6.13 百度:在从搜索引擎向人工智能的转型过程中遭遇挫折,在大规模管理层重组并采取风险较高的收购策略后重获动力

资料来源:Baidu Website,Schulte Research。

与此同时,在美国,科技巨头也在快速转型。亚马逊最初是一家在线书店,但现在已经转型为几乎所有领域的头号人工智能参与者,包括云计算和机器学习。亚马逊在诸多领域投入了大量精力,如机器人和数据中心领域的亚马逊网络服务(AWS)等、健康制药领域收购PillPack等、语音技术领域的 Alexa 等、以语音为基础的家电领域的 Echo 等(见图6.14)。② 全食超市(Whole Foods)、实体书店和人工智能驱动的无现金 Go Stores 的收购和扩张表明,它们正在利用人工智能将线上和线下业务结合起来。③ 四个主要的人工智能产品是:①Amazon Lex——一种为任何使用语音和文本的应用程序构建对话界面的服务;②Amazon Polly——一项将文本转化为逼真的语音的服务;③Amazon Rekognition ——一项使在应用程序中添加图像分析更容易的服务;④亚马逊机器学习——一项使所有技能水平的开发人员都能轻松使用机器学习技术的服务。④

谷歌的广告收入从2001年的仅7 000万美元增长到2017年的惊人的953.8亿美元。最近的结果显示,谷歌占母公司 Alphabet 2018年第二季度262.4亿美元收入的86%。谷歌的其他收入,包括云服务、硬件和应用程序销售,同比增长37%,达到44亿美元。然而,Alphabet 的其他投资持续亏损,如自动驾驶汽车业务 Waymo 和健康科技公司 Verily,在

---

① https://www.forbes.com/sites/bernardmarr/2018/07/06/how-chinese-internet-giant-baidu-uses-artificial-intelligence-and-machine-learning/#6a5d71f2d557.
② https://www.wired.com/story/amazon-artificial-intelligence-flywheel/.
③ https://www.cnbc.com/2018/09/04/inside-amazons-big-plans-to-get-to-2-trillion-club-health-ai-retail-more.html.
④ https://docs.aws.amazon.com/aws-technical-content/latest/aws-overview/artificial-intelligence-services.html.

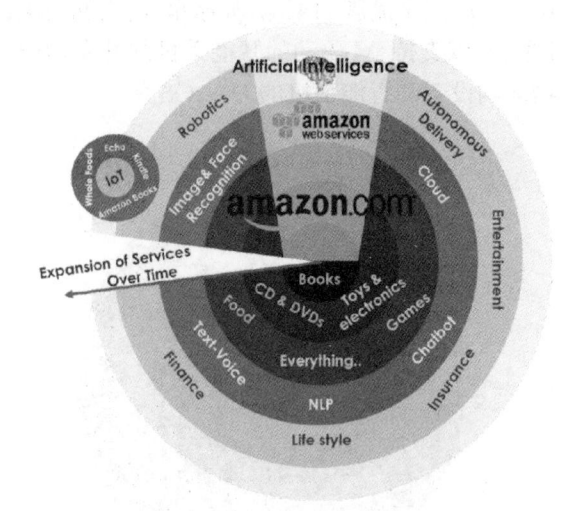

图 6.14　亚马逊:在线书店用了 3 年时间成为几乎在所有领域,包括云,
都是全球第一,令人羡慕的执行力＋令人印象深刻的全球野心

第二季度的运营亏损为 7.32 亿美元。① 谷歌 AI,原名谷歌 Research,是谷歌旗下的人工智能(AI)研发部门,主要负责 AI 应用的研发。谷歌的产品很有趣,包括:①谷歌 AutoML vision——用于图像识别的机器学习模型构建器;②谷歌 Assistant——用于 Android 设备的语音助手 AI;③TensorFlow——一个用于运行机器学习和深度学习的开源框架,包括 AI 加速器;④DeepMind——负责开发深度学习和人工通用智能(AGI)技术的部门。② 谷歌搜索、谷歌街景、谷歌照片和谷歌翻译都使用谷歌的张量处理单元(Tensor Processing Unit,TPU)在幕后加速它们的神经网络计算(见图 6.15)。③ 该芯片是专门为谷歌的 TensorFlow 框架设计的,这是一个用于如神经网络等机器学习应用的符号数学库。④ 第三代 TPU 于 2018 年 5 月 8 日发布,谷歌"将允许其他公司通过其云计算服务购买这些芯片"。⑤

微软最近的增长受到了包括 Azure 在内的云服务的刺激,该服务比 2017 年增长了 70％以上(见图 6.16)。微软对快速增长的云应用和平台的关注正帮助其克服个人电脑需求放缓的影响。个人电脑需求放缓已经损及其广受欢迎的 Windows 操作系统的销售。⑥ 它的人工智能应用令人兴奋,最重要的是,它的人工智能设计值得信赖,创造出能够反映道德原则的解决方案,如公平、可靠、安全、隐私、保障、包容、透明度和问责制。移动设备上的一些项目的商业化,如提高作物产量,尚未直接或显著地对收入做出贡献。

---

① https://qz.com/1334369/alphabet-q2-2018-earnings-google-is-more-than-justadvertising-now/.
② https://whatis.techtarget.com/definition/Google-AI.
③ https://cloud.google.com/blog/products/gcp/an-in-depth-look-at-googles-first-tensor-processing-unit-tpu.
④ https://en.wikipedia.org/wiki/Tensorprocessingunit.
⑤ https://www.nytimes.com/2018/02/12/technology/google-artificial-intelligence-chips.html.
⑥ https://www.reuters.com/article/us-microsoft-results/microsoft-sales-and-profit-beat-estimates-on-cloud-growth-idUSKCN1MY2T8.

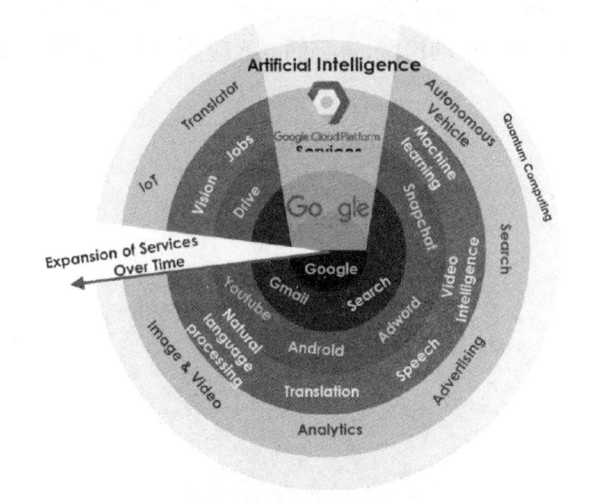

**图 6.15　谷歌:从搜索引擎的第 16 名开始,利用人工智能
成为广告巨头。但是,它不受金融行业的关注**

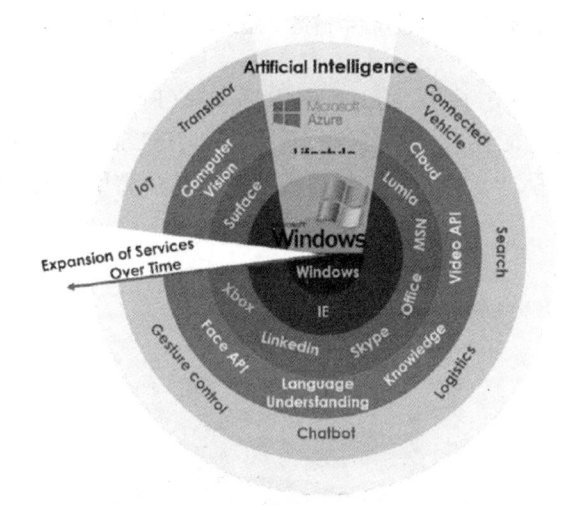

**图 6.16　微软(Microsoft):最初在 PC 操作系统上占据主导地位,
但在向移动操作系统的转型中失败了,试图通过 Azure 云恢复。
为什么微软不是中小企业贷款的主要领导者?**

与微软不同,苹果的人工智能战略持续专注于在设备上本地运行工作负载,而不是像谷歌、亚马逊和微软等竞争对手那样严重依赖基于云的资源(见图 6.17)。[①] 随着更多隐私保护技术的发展,该公司将重点放在用户隐私上,并销售包含这些功能的设备。Create ML 框架是在 Mac 上训练 AI 模型的应用程序制造商。Xcode 是苹果自己为其设备编写程序的应用程序。苹

---

① https://www.cnbc.com/2018/06/13/apples-ai-strategy-devices-not-cloud.html.

果使用 Swift 而不是 Python 作为编程语言，它的优势在于用于训练模型的拖放功能。更新后的 Core ML 软件也是一个更分散的模型，将它们嵌入应用程序中占用的设备空间更少。

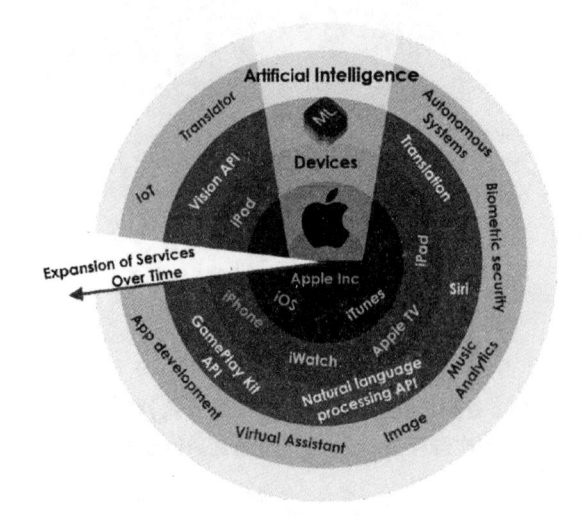

图 6.17　苹果：这是一家硬件公司，拥有出色的市场营销，但 AI 技术却并不引人注意，并且似乎在发展过程中遭遇了挫折。参与得太晚了吗？

Facebook 在 2013 年成立了 Facebook AI Research（FAIR）小组，以推进对智能本质的理解，创造智能机器（见图 6.18）。研究代码、数据集和 PyTorch、fastText、FAISS 和 Detectron 等工具都是公开资源。[①] 然而，它的努力被侵犯隐私和滥用数据的问题所掩盖。

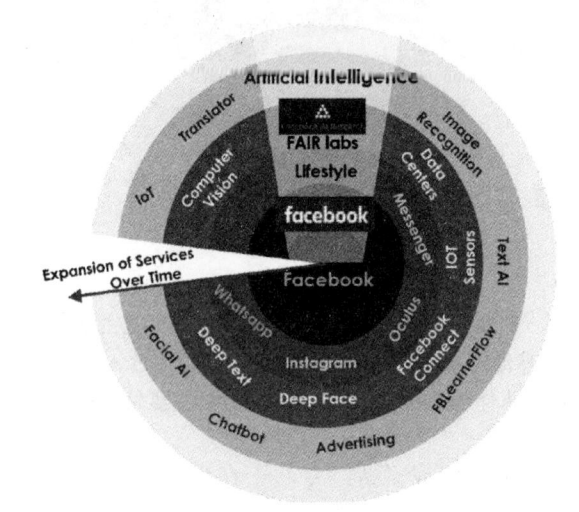

图 6.18　Facebook：史上最不可思议的只有一技之长的公司。它控制着社交网络，而且人们认为这很重要——但对于社交网络本身，这是最差的分数之一

---

① https://code.fb.com/ai-research/fair-fifth-anniversary/.

项目结论：中国为何领先

有趣的是，在商业化方面，很少有国家能打败中国，尤其是科技公司的商业化。一旦中国的项目或计划不能引发消费者的兴趣，或者在其他方面不令人满意，抑或是市场接受度低时，就会有不同方向的成功人员出现并接管（见图6.19）。阿里巴巴（Alibaba）在2011年成立的"来旺"（Lai Wang）未能应对腾讯微信的挑战，于是将重心转向了其他业务，而不是正面竞争。同样，腾讯的拍拍也没能重现淘宝的成功。2016年4月，拍拍在成立11年并与京东合作2年后（其收购了京东15％的股份）关闭了。① 与之对比，美国公司不擅长转向新领域或新应用。

Company	Duds	Successful Replacements
Alibaba	Lai Wang, Alibaba.com (HK)	Ant Financial, AliPay, Taobao, Tmall, Alibaba Cloud, PAI 2.0, Zhima Credit, ANTSDAQ, Yue'bao, Youku, Weibo, etc.
Tencent	Pai Pai, E-commerce	WePay, Weilidai, WeBank, JD.com, WeChat, Didi, Tencent Cloud, etc.
Ping An	Ping An Good Car	Ping An Bank, Ping An Insurance, Ping An Asset Mgmt, Ping An Health, etc.
Baidu	O2O Wai Mai	Baidu Wallet
Microsoft	Microsoft Wallet	Skype
Google	Google Hangout	Android Pay
Facebook	Messenger Pay	/
Apple	Apple Pay	/
Amazon	Amazon Lending, Amazon Insurance	/

（Duds with no replacement）

注：中国经历过失败，但变化迅速，转向有效。

图6.19 中国公司实施和抛弃得更快。中国抛弃了无用的东西，建立了金融"帝国"。美国公司却停止了它们的努力

结论是，虽然制造芯片很重要，但在竞争的这个阶段，云是AI战略的基础（见图6.20）。阿里巴巴在亚洲占主导地位，而亚马逊在美国占主导地位。认知服务是人工智能发展的基础，特别是在语音、图像、人脸、视频、语言识别和学习方面。虽然人工智能技术的深度存在差异，但"跟随"的发展战略似乎让人觉得人工智能服务已经商品化了。中小型企业（SMEs）和大企业可以获得廉价的人工智能工具，使它们能够获得新形式的信贷并提供新产品。只要现任者不通过纯粹的就业数字向监管机构施加压力，中小企业的新时代将使其有能力创造公平的竞争环境。

鉴于监管者担心失业，在当前环境下，现任监管者在执行反竞争规则方面对决策者和立

---

① https://walkthechat.com/tencents-product-failure-history/.

法者有一定的影响力。在中国,由于银行未能为服务不足的人提供服务,企业正在赶超银行。此外,在早些年隐私保护薄弱的情况下,数据技术与人工智能相结合,使企业能够为数百万没有银行服务或银行服务不足的人群以及中小企业提供新的金融服务。

一般的结论

1. 云是人工智能战略的基础。阿里巴巴在亚洲占据主导地位,亚马逊在美国占据主导地位。

2. 认知服务是 AI 发展的基础:语音、图像、人脸、视频、语言。然而,目前采取一种"跟随"的策略,令人惊讶的是,有一种 AI 已经被商品化了的感觉。

3. 中小企业和大企业可以获得廉价的人工智能工具,从而获得新形式的信贷以及提供新产品。这是中小企业的时代。

4. 公司,尤其是中国和其他 GEMS 的公司,正在迅速超越银行。它们正在使用人工智能分析大量的综合数据,以便为数十亿无银行账户的人以及数百万无银行账户的中小企业提供新的金融服务。

图 6.20 项目结论(1)

这些观察结果表明,中国公司更善于将大规模采用的技术货币化。除了军事用途之外,美国仍在努力解决如何将人工智能商业化并大规模采用的问题。众所周知,即使中国的隐私保护法律更加严格,中国人仍更愿意与供应商分享他们的私人数据。虽然我们关注于阿里巴巴的成就,但中国平安在新领域比其他竞争对手走得更远。中国政府鼓励金融与生活方式的融合,并制定了明确的国家政策,为个人和中小企业提供信贷渠道(见图 6.21)。

中国公司的结论

1. 中国公司更擅长将技术货币化,供大众使用。
2. 中国对人工智能有一个长期、连贯的计划,而美国没有计划。
3. 中国人更愿意与供应商分享数据。
4. 阿里巴巴和平安在新领域走得比其他任何公司都远。
5. 中国欢迎并鼓励金融与生活方式的融合。
6. 中国有一项明确的国家政策,即增加个人和中小企业获得信贷的渠道。

图 6.21 项目结论(2)

中国公司比美国公司更成功的原因有很多(见图 6.22)。首先,美国的现任政府和游说团体坚决要保护自己的地盘,阻碍了进步。其次,多家监管机构对全球金融危机展开调查,开出了 3 000 亿美元的罚单,阻碍了新的消费信贷产品的推出。再次,许多中国企业从痛苦的经历中吸取教训,在激烈竞争的环境中变得更加坚韧。由于业界的游说,QR 码一度被禁止使用,但最终以社会福利为由解除了禁令。最后,中国成功了,因为这里几乎没有遗留问题,通往成功的唯一道路是"从零创新"。银行系统和监管机制缺失,货币基础设施非常不成熟,导致监管跟不上创新。制造业中,中国在机器人安装方面处于领先地位,而中国在金融创新方面的成就可以与之相比(见图 6.22 和图 6.23)。

> **中国比美国成功的原因**
>
> 1. 美国根深蒂固的现任政府和游说团体为了保护垄断利益集团而阻碍了进程。
> 2. 多个监管机构在金融危机后展开调查,并对金融公司处以3 000亿美元的罚款,这阻碍了新的消费者信贷产品的推出。
> 3. 许多中国公司吸取了惨痛的教训。它们在激烈竞争的环境中磨炼了自己。
> 4. 中国之所以成功,是因为没有长久的利益集团和游说团体,金融创新也是从零开始的。

图 6.22　项目结论(3)

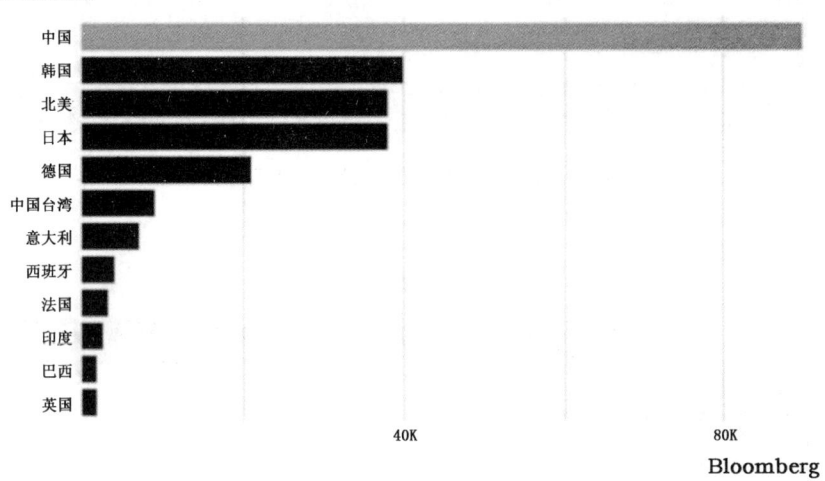

图 6.23　中国机器人设备量占全球机器人总量的1/3

资料来源:International Federation of Robotics,National Robot associations,Bloomberg Intelligence。

主要总结:AI、财务、估值排名

以下展示了一些基于特定指标的排名。这些分析不应用于投资目的,因为作者之一是中国平安的子公司陆国际的独立董事。这些分析基于财务、运营和人工智能表现。图 6.24~图 6.28 展示了总结和各种排名。

主要总结:战略方向

成功的科技公司往往专注于构建生态系统。这意味着它们通过整合高市盈率(PE)来构建整个技术范围的能力而非低市盈率。物联网+人工智能与集成生态系统的结合带来了绝佳的商业机会。中国公司的收入来源比美国公司更多样化。在广告收入占比方面,Facebook 和 Alphabet/谷歌等美国公司的比例更高。数据资源丰富的公司有机会增加其在这个领域的收入(见图 6.29~图 6.33)。

		第一名	第二名	第三名	落后者
业务	经营健康	Facebook	Alibaba	Tencent	Amazon
	收入多元化	Microsoft	Alibaba	Tencent	Facebook
	价值	Ping An	Apple	Google	Tencent
	信用健康	Google	Apple	Tencent	Baidu
人工智能表现	金融科技	Alibaba	Ping An	Tencent	Facebook
	保险科技	Ping An	Alibaba	Tencent	Facebook
	健康科技	Ping An	Alibaba	Amazon	Baidu
	云	Amazon	Microsoft	Alibaba	Facebook
	数据资源	Alibaba	Ping An	Tencent	Baidu
	认识服务	Google	Alibaba	Microsoft	Facebook
	生活方式	Tencent	Alibaba	Amazon	Baidu
	安全性	Ping An	Alibaba	Tencent	Microsoft
	总的赢家/输家	Ping An	Alibaba	Tencent	Baidu/Facebook

图6.24 主要总结：财务、运营、人工智能分析

	AI评分卡	金融	估价	平均
1. Ping An	2	4	1	2.3
2. Alibaba	1	2	7	3.3
3. Google	5	4	3	4.0
4. Apple	6	5	2	4.3
5. Tencent	3	3	8	4.7
6. Facebook	8	1	6	5.0
7. Microsoft	7	6	4	5.7
8. Baidu	9	7	5	7.0
9. Amazon	4	8	9	7.0

注：各公司在人工智能服务、金融和估价三个领域的表现排名。"1"是最好的，"9"是最差的。

图6.25 总体排名：平安和阿里巴巴在所有类别中都占主导地位

	1 Alibaba	2 Ping An	3 Tencent	4 Amazon	5 Google	6 Apple	7 Microsoft	8 Facebook	9 Baidu
金融科技	10	10	9	7	6	7	4	4	5
保险科技	9	10	9	6	4	4	4	4	4
健康科技	9	10	8	8	7	7	7	5	5
云	8	5	7	10	8	6	9	4	5
数据资源	9	8	9	8	8	8	7	7	6
认知服务	9	8	7	8	10	7	9	7	8
生活方式	9	8	10	9	9	9	7	9	6
安全性	9	10	9	4	5	7	4	5	5
平均	9.0	8.6	8.5	7.5	7.1	6.8	6.4	5.6	5.4

注：中国公司具有多样性，在各个方面发展全面。美国公司则倾向专注于一个品牌。这个人工智能时代需要多样化的生态系统。专业化公司损失惨重。得分从1(最差)到10(最好)。

图 6.26 人工智能计分卡

资料来源：Schulte Research Estimates。

	1 Facebook	2 Alibaba	3 Tencent	4 Alphabet	5 Apple	6 Microso	7 Baidu	8 Amazon
留存利润 (US$mn)	3	5	4	1	2	8	6	7
毛利率 (%)	1	2	5	4	7	3	6	8
净利率 (%)	1	2	3	4	5	6	7	8
收入CAGR (5yrs) (%)	2	1	3	6	7	8	4	5
现金/总资产	4	1	3	5	6	8	7	2
有形杠杆	1	3	5	2	6	8	4	7
ROE (%)	2	5	3	6	1	4	7	8
ROC (%)	3	6	2	5	7	4	1	8
ROA (%)	3	2	1	4	5	6	7	8
平均	2.3	3.1	3.3	4.6	4.6	6.2	6.3	7.2

注：Facebook/阿里巴巴在运营方面表现最好；百度/亚马逊最差。微软也平庸。排名从1(最好)到9(最差)。ROE/ROC/ROA是下一年第四季度的预期。

图 6.27 财务排名

	1 Ping An	2 Apple	3 Alphabet	4 Microso	5 Baidu	6 Facebook	7 Alibaba	8 Tencent	9 Amazon
P/E	1	2	4	3	5	6	7	8	9
P/B	1	4	2	6	3	5	7	8	9
PEG	2	7	6	8	3	1	4	5	9
价格/自由现金流	1	2	4	3	5	7	6	8	9
EV/EBITDA	NA	1	2	3	5	4	7	8	6
EV/EBIT	NA	1	2	3	5	4	6	7	8
Average	2.4	2.8	3.3	4.3	4.3	4.5	6.2	7.5	8.5

注：平安最便宜；亚马逊最昂贵。排名从1（最好）到9（最坏）。

图6.28 估值排名

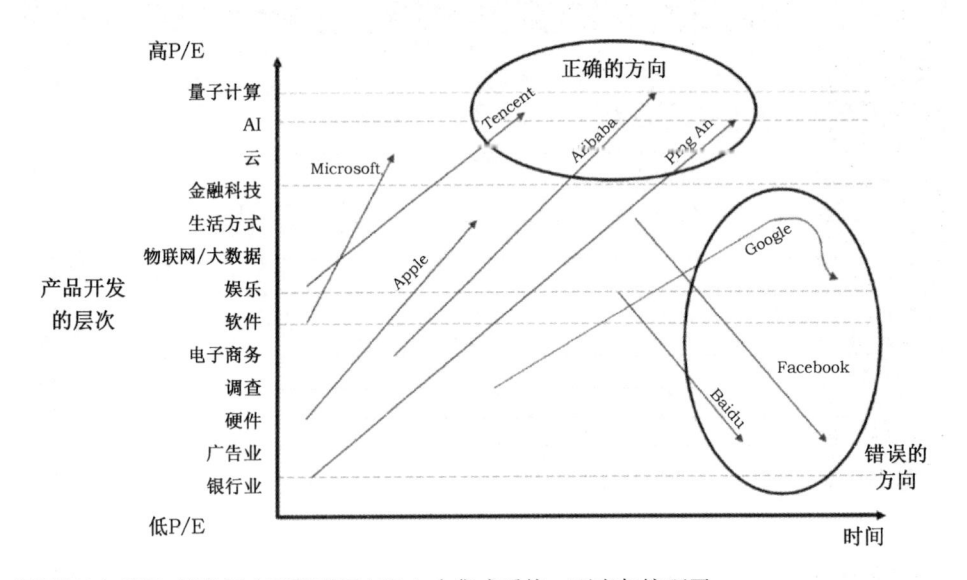

阿里巴巴、腾讯、平安拥有了物联网/AI＋全集成系统。百度却搞砸了。

注：物联网＋人工智能的专业化是一个不利因素。谷歌/Facebook已经丢掉了很多绝佳的机会。

图6.29 战略方向：关键是集成生态系统。

资料来源：Schulte Research。

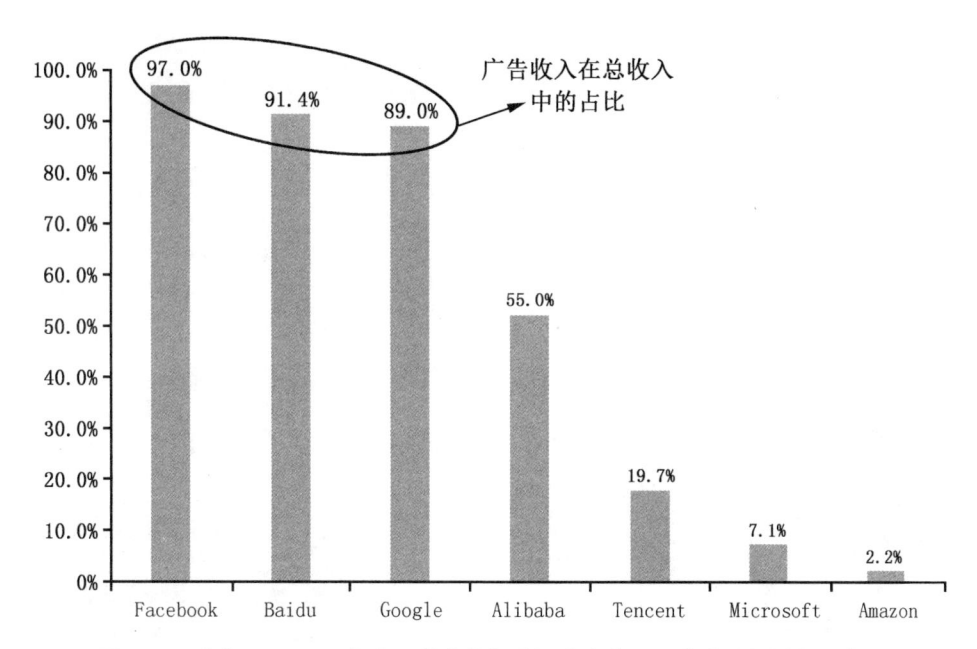

图 6.30 广告：Facebook 领先。其他数据资源丰富的公司有潜力拓展收入来源

资料来源：Schulte Research Estimates，Bloomberg。

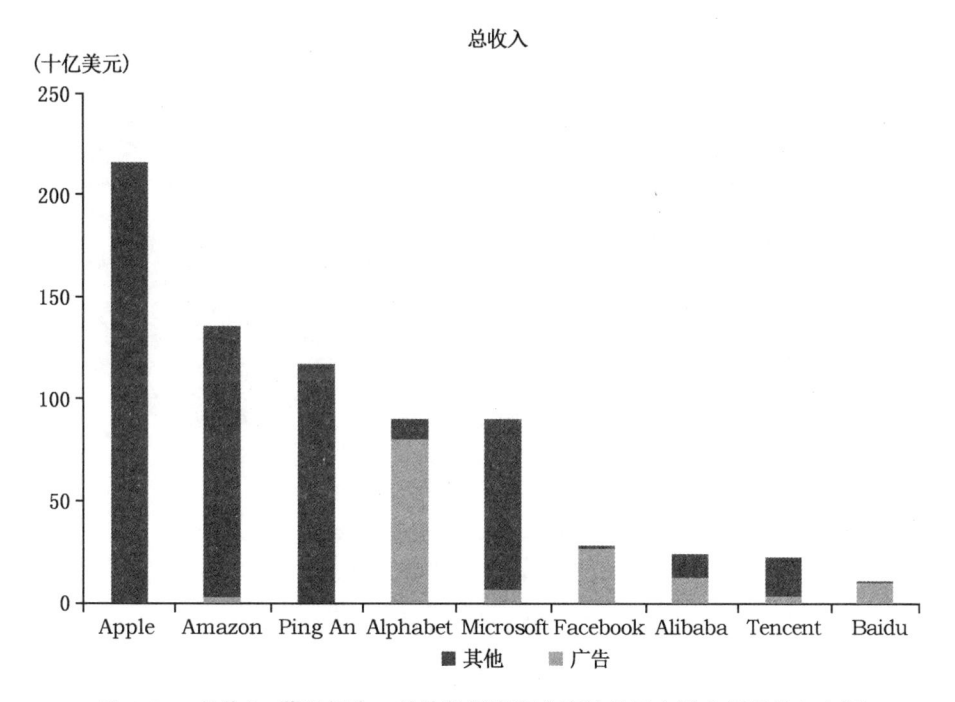

图 6.31 总收入：苹果领先。其他数据资源丰富的公司有潜力拓展收入来源

资料来源：Schulte Research Estimates，Bloomberg。

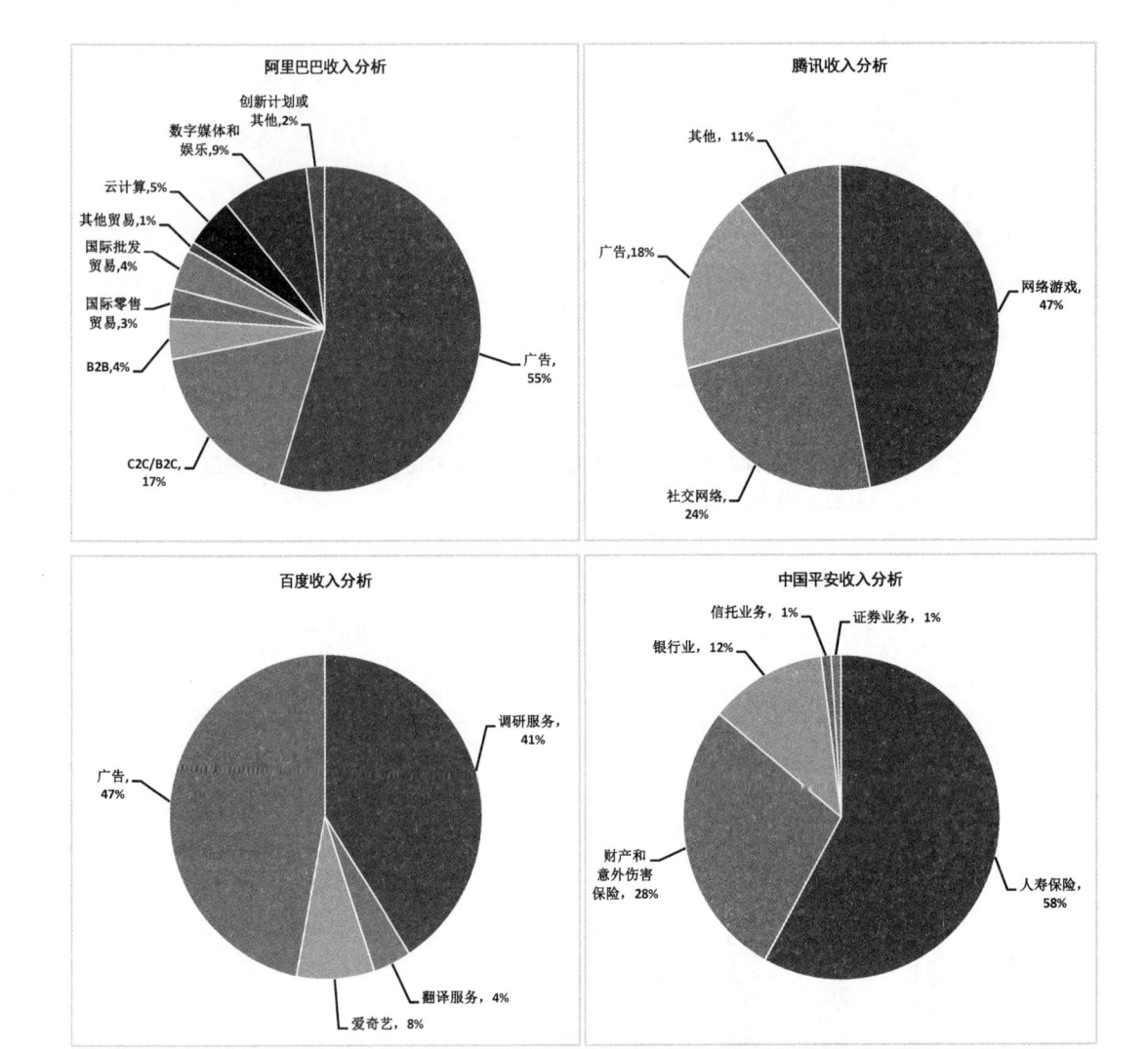

注：中国比美国多样化得多：中国有一个更深、更完整的生态系统。

图 6.32　中国公司的收入明细

资料来源：Schulte Research Estimates,Bloomberg,Company filings。

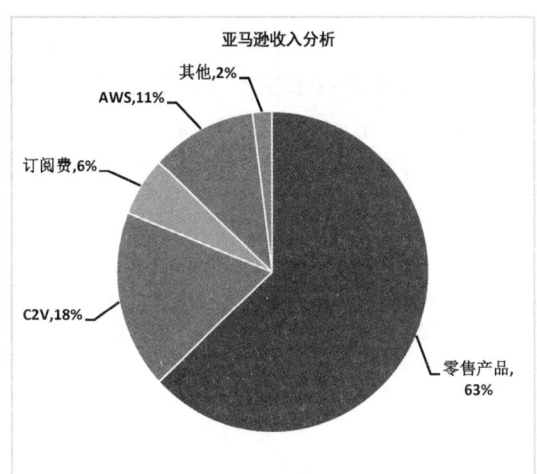

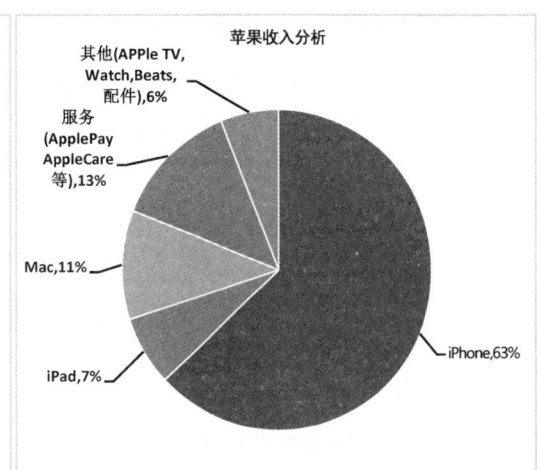

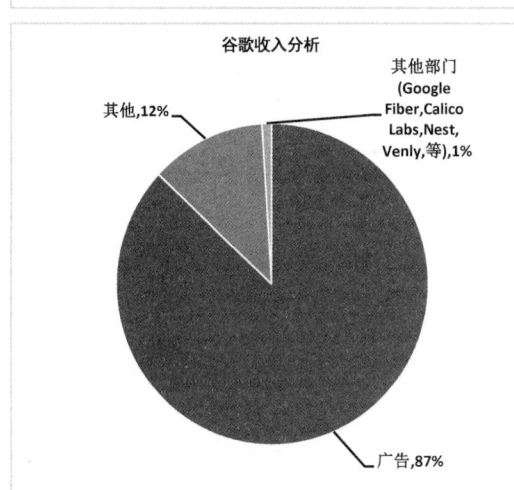

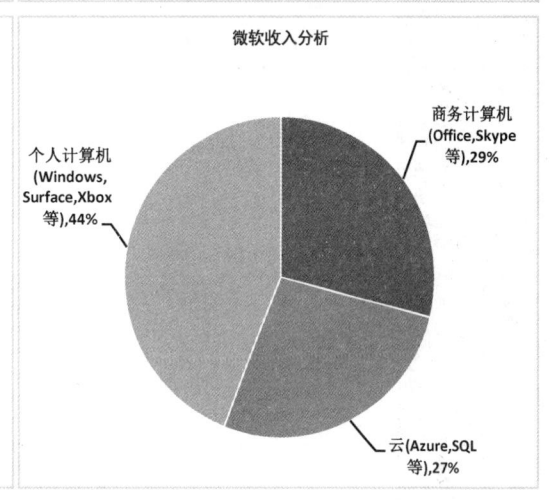

亚马逊收入分析
- 零售产品, 63%
- C2V, 18%
- 订阅费, 6%
- AWS, 11%
- 其他, 2%

苹果收入分析
- iPhone, 63%
- iPad, 7%
- Mac, 11%
- 服务(ApplePay AppleCare等), 13%
- 其他(APPle TV, Watch, Beats, 配件), 6%

谷歌收入分析
- 广告, 87%
- 其他, 12%
- 其他部门(Google Fiber, Calico Labs, Nest, Venly, 等), 1%

微软收入分析
- 个人计算机(Windows, Surface, Xbox等), 44%
- 商务计算机(Office, Skype等), 29%
- 云(Azure, SQL等), 27%

脸书收入分析
- 广告, 98%
- 支付和其他费用, 2%

注：这五家公司本质上是专业化的。美国公司在错误的时间脱离了企业集团模式。

图 6.33 美国公司的收入明细

资料来源：Schulte Research Estimates, Bloomberg, Company filings。

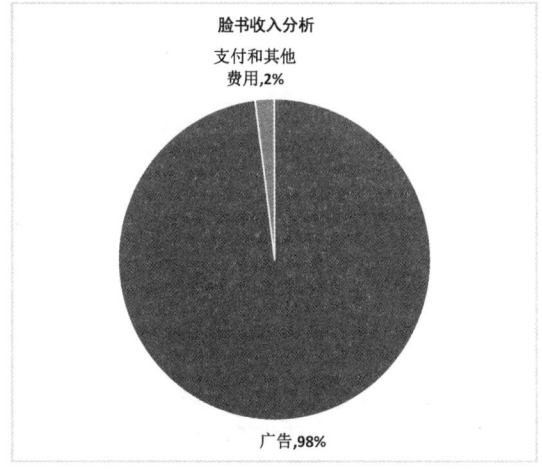

主要总结：研发——战略发展

大多数美国科技公司对基于人工智能、大数据和语言处理技术的未来都有类似的愿景（见图6.34）。然而，每个公司都有自己的细分市场，脸书专注于虚拟现实，微软专注于人机交互，苹果专注于芯片，亚马逊专注于无人机和机器人，谷歌专注于量子计算。中国的公司与之类似，但更多样化。

公司	研究方向	独特的销售主张
Facebook	1. Facebook AI 研究(FAIR)——语义分析、感知分析等 2. 自然语言处理和语音——翻译服务、词义消歧等 3. 应用机器学习——精简内容交付、连接用户及所需内容 4. 数字科学——人际互动分析、市场情报等 5. 虚拟现实——增强体验的真实感	虚拟现实
Microsoft	1. 人工智能 2. 计算机视觉 3. 人机交互 4. 人类语言技术 5. 搜索与信息检索	人机交互
Apple	1. Apple Car/自动驾驶 2. 增强现实技术 3. 健康科技——Apple Watch 的健康功能 4. 芯片——硬件改进	芯片
Amazon	1. 图像/面部识别 2. 语音识别 3. AI 聊天机器人 4. 无人机投递 5. 仓管机器人	无人机、机器人
Google	1. 机器翻译系统 2. 深度学习算法——糖尿病视网膜病变检测 3. 量子计算 4. 大数据分析 5. 机器智能/感知	量子计算

注：所有的公司都有一个相似的未来愿景：人工智能、大数据和语言！

图6.34　研究方向：美国公司

资料来源：Schulte Research。

阿里巴巴的独特的销售主张(USP)是证券交易和智能制造。腾讯的独特之处在于其投资组合管理,而平安则将财富管理产品(WMPs)作为其独特的销售主张。众安保险的 USP 是区块链,百度的 USP 是高性能计算(见图 6.35)。然而,考虑到动态的市场,这个独特的销售主张可能会随着时间和市场趋势而改变。收购反映了这些公司的发展方向,图 6.36 和图 6.37 显示了这些公司的收购趋势。

公司	研究方向	独特的销售主张
阿里巴巴	1. 金融证券交易核心 2. AI 客户服务 3. 智能制造——云计算/大数据分析 4. 健康数据平台——整合患者数据、图像分析、诊断 5. 商用车网络——物流的加强和优化	证券交易、智能制造
腾讯	1. 人工智能 2. 机器学习——选股、高频交易(HFT),投资组合管理 3. 大数据——趋势分析 4. 云计算	项目组合管理
中国平安	1. 数据挖掘——社交媒体用户行为、参与度 2. 计算算法 3. 大数据分析——患者购买,理财产品(WMP)	理财产品(WMP)
众安	1. 金融平台/核心——电子商务平台、保险核心、金融核心 2. 数据分析/风险管理模型 3. AI——交易决策制定 4. 链下资产数字化、数据存储、安全 ID 5. AI——客户服务聊天机器人	区块链
百度	1. 人工智能——图像/语音识别 2. 高性能计算/大数据分析 3. 自然语言处理 4. 深度学习 5. 增强现实技术	高性能计算

注:所有公司对未来的愿景都是相似的。中国企业多元化程度较高。

图 6.35 研究方向:中国企业

资料来源:Synergy Research,Schulte Research。

公司	收购	数量 (US$)	年份	类型	解释
Facebook	WhatsApp	19bn	2014	通信	巩固社交网络产业
	Oculus	2bn	2014	VR	
	Instagram	1.01bn	2012	社交网络	
	LiveRail	500mn	2014	视频广告	
Microsoft	LinkedIn	26.2bn	2016	社交网络	Nokia的硬件尝试失败了。LinkedIn是专业网站的新节点
	Nokia	8bn	2013	手机	
	Skype	8.5bn	2011	通信	
	Mojang	2.5bn	2014	游戏开发者	
	Yammer	1.2bn	2012	企业传播	
Apple	Beats Electronics	3bn	2014	耳机	生活方式+健康
	HopStop.com	1bn	2013	交通索引	
	Lattice	200mn	2017	AI	
	Gliimpse	200mn	2016	健康	
Amazon	Whole Foods Market	13.7bn	2017	超市	Whole Foods的O2O尝试
	Twitch	970mn	2014	游戏直播	
	Souq.com	580mn	2017	电子商务	
	Elemental Technologies	500mn	2015	移动视频	
	Annapurna Labs	37mn	2015	芯片制造商	
Google	Motorola Mobility	12.5bn	2012	手机	另一个收购手机公司的失败案例
	Waze	1.3bn	2013	地图	
	Apigee	625mn	2016	API平台	
	DeepMind	500mn	2014	AI	

注：美国公司大量投资于收购与它们的行业无关的小公司。

图 6.36　主要收购：美国公司

资料来源：Synergy Research，Schulte Research。

公司	收购	数量 (US$)	数量	类型	解释
阿里巴巴	UC浏览器	4.7bn	2014	移动浏览器	目录+数据
	优酷 Youtube	3.3bn	2015	中国的Youtube	
	亚博科技控股	2.39bn	2016	彩票抽奖	
	SCMP	262mn	2015	媒体	
	豌豆荚	200mn	2016	安卓应用商店	
腾讯	Supercell	8.6bn	2016	游戏开发者	巩固游戏产业
	海洋音乐	2.7bn	2016	音乐	
	拳头游戏	400mn	2011	游戏开发者	
	Miniclip SA	na	2015	游戏开发者	
	Sanook	na	2016	泰国网络认证	
百度	91无线	1.9bn	2013	安卓应用商店	多样化
	北京幻想纵横中文网	31.3mn	2013	线上出版商	
	TrustGo	30mn	2013	移动安全	
中国平安	汽车之家	1.6bn	2016	网站管理系统	汽车保险

注意：所有公司对未来的愿景都是相似的。中国企业多元化程度较高。

图 6.37　主要收购：中国公司

资料来源：Synergy Research，Schulte Research。

主要总结：现金流、并购和资本支出

有趣的是，鉴于高科技公司的高市值和现金状况，它们会投资建立自己的生态系统。银行正在追求新技术，但在这一领域做得不够多，导致这种情况的部分原因是较低的市值、较低的现金流、较低的现金储备、较高的资本要求、监管约束、技术专长较少的董事会组成、信托责任，以及其他一些已经得到充分证明的因素。图 6.38～图 6.41 显示了各公司的财务状况。

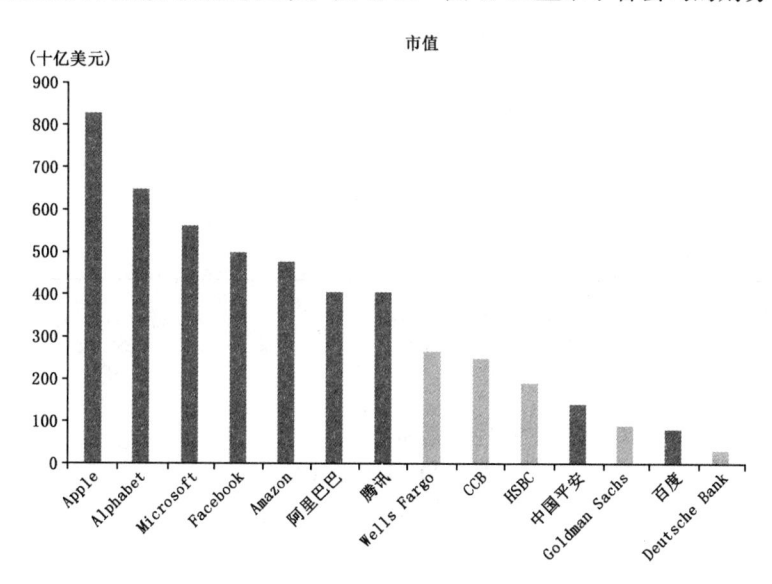

注：科技公司在市值上是一支正在聚集的力量。
它们现在正主导着资本市场。银行无法与科技公司的支出相提并论。

图 6.38 市值

资料来源：Schulte Research Estimates，Bloomberg。

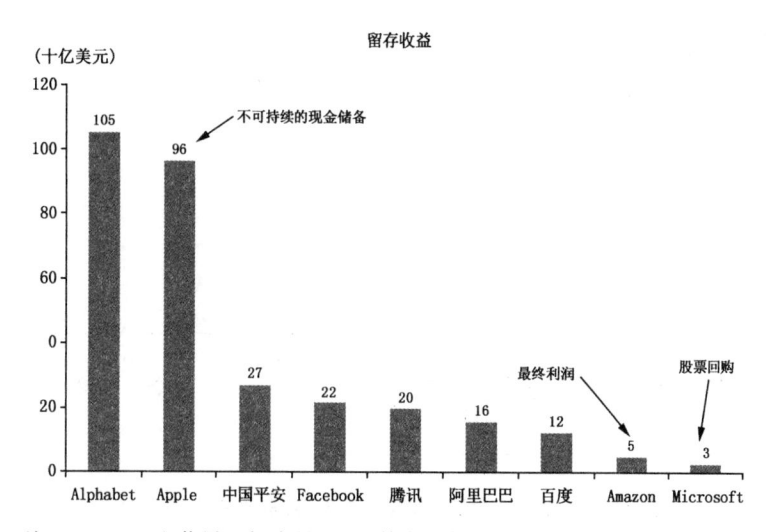

注：Alphabet 和苹果坐拥大量现金，其中大部分是免税的离岸现金。

图 6.39 留存收益

资料来源：Schulte Research Estimates，Bloomberg。

自由现金流(2016)

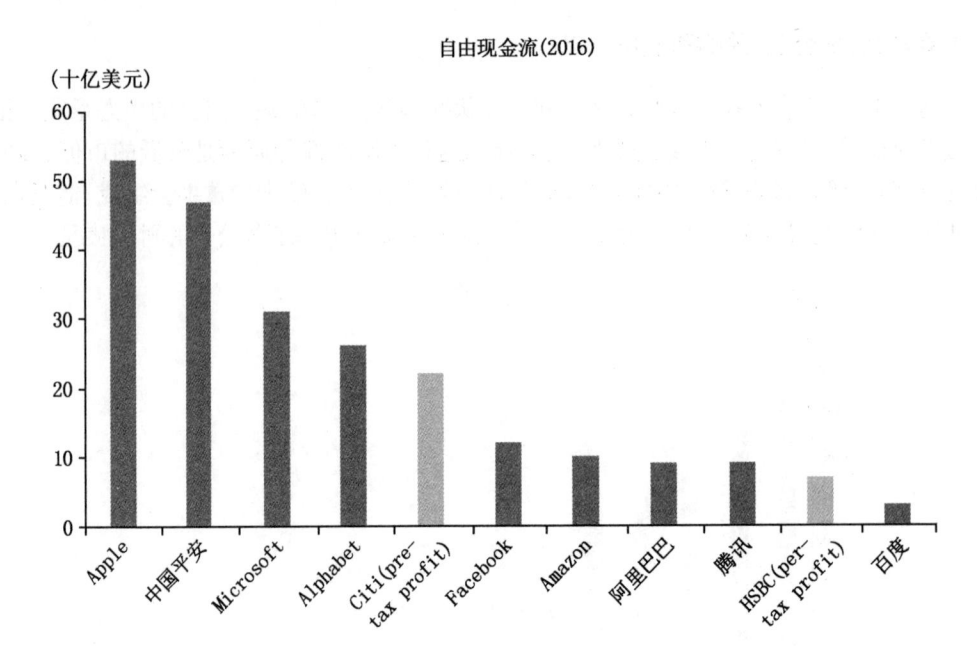

注：营运现金流－营运资本投资（主要是固定资产）。

图 6.40　自由现金流

投资现金流(2016)

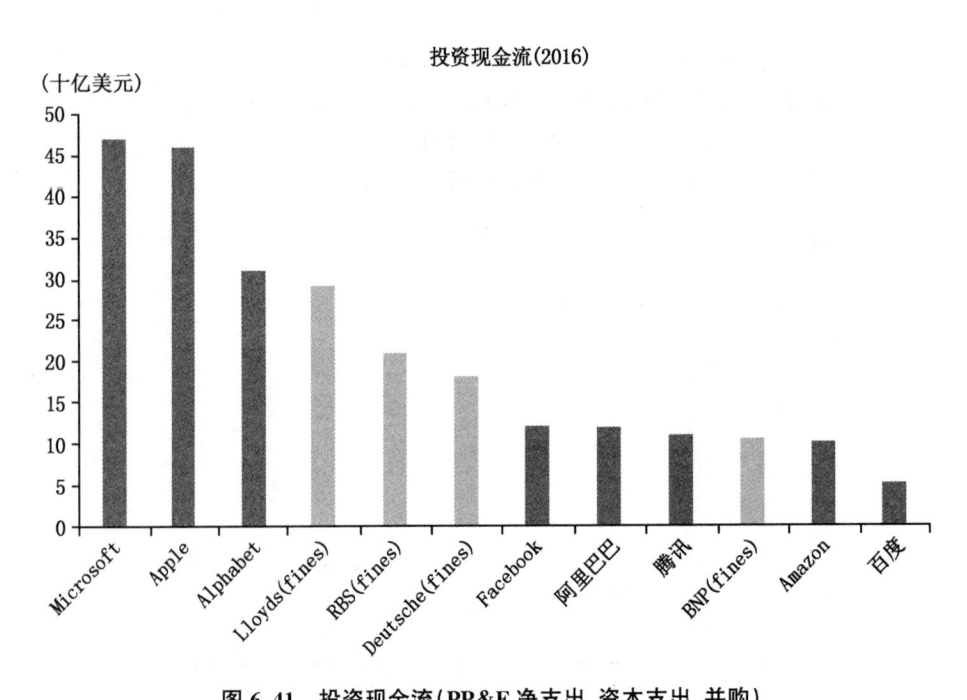

图 6.41　投资现金流(PP&E 净支出，资本支出，并购)

资料来源：Bloomberg。

参考文献/拓展阅读

Lee, D. and Schulte, P. (2018). AI and Quantum Computing for Finance and Insurance: Fortunes and Challenges for China and America. *World Scientific*. Chapter 2; pp. 27—72.

Xin, D. (2019). 金融科技：模式变革与业务创新, Shanghai University of Finance & Economics Press. Chapter 1.

练习题

习题 1

以下哪个国家不是金融科技领域的重要角色？

a. 美国

b. 中国

c. 日本

习题 2

在东盟，以下哪个国家在金融科技发展上不处于领先地位？

a. 马来西亚

b. 新加坡

c. 印度尼西亚

习题 3

关于金融科技的区域发展趋势，下列哪项是不正确的？

a. 中国金融科技发展迅速

b. 美国金融科技发展缓慢

c. 硅谷是美国金融科技初创企业的中心

习题 4

下列哪项与移动互联网技术有关？

a. 金融科技 1.0

b. 金融科技 2.0

c. 金融科技 3.0

习题 5

下列哪个特性不是确保区块链安全性的主要因素之一？

a. 去中心化

b. 分布式

c. 匿名

习题 6

下列哪个选项是错误的？

a. 美国依仗强劲的市场需求和技术创新发展金融科技

b. 新加坡对于全球金融资本进入亚洲市场具有语言优势

c. 印度的金融科技产业尚不成熟

习题 7

下列哪个陈述是正确的?

a. 与美国公司相比,中国企业的生态系统中"从金融到生活方式"的 AI 产品不那么完整

b. AI 是分析来自物联网(IoT)系统数据的重要组成部分

c. 在商业化方面,很多国家都能打败中国

习题 8

以下哪项是中国科技公司比美国科技公司更成功的原因?

a. 美国的现任政府和游说团体坚决要保护自己的地盘,从而阻碍了进步

b. 多家监管机构在全球金融危机的灾难之后采取了行动,开出了 3 000 亿美元的罚单,从而抑制了新的消费信贷产品的推出

c. 两者皆有

习题 9

根据每家公司在人工智能服务、金融和估值这三个领域的表现排名,哪家公司得分最高?

a. 中国平安

b. 阿里巴巴

c. 谷歌

参考答案

习题 1

答案:c。

总的来说,在全球范围内,最大的参与者是美国和中国。

习题 2

答案:c。

请参阅第 6.1 节。

习题 3

答案:b。

美国是金融科技发展较快的国家。

习题 4

答案:c。

金融科技 3.0 利用了手机上的金融应用领域,以及 AI、区块链、云和数据分析等新兴技术。

习题 5

答案:c。

习题 6

答案:a。

美国模式的市场需求不够。

习题 7

答案:b。

(a)中国企业的生态系统比美国企业拥有更完整的"从金融到生活方式"的 AI 产品。

(c)中国擅长商业化。

习题 8

答案:c。

请参阅第 6.3 节。

习题 9

答案:a。

请参阅图 6.25。

第 7 章　中国科技与独角兽企业

学习目标

回顾 4 家中国金融科技领域的独角兽企业。
回顾中国市场上的新兴互联网金融工具,如 P2P 网贷、互联网金融众筹等。
以阿里巴巴为成功范例,回顾中国电子商务和数字金融的发展及其对乡镇的影响。
探索中国金融科技及其监管制度的演变。

主要内容

要点

- 阿里巴巴、腾讯、平安和华为是中国金融科技领域的 4 家独角兽企业。
- 近年来,P2P 网贷在中国发展迅速。
- 中国众筹市场规模巨大,包括电影产品、金融科技公司和金融产品。
- 新技术的兴起是乡镇居民和小微企业能够获得金融服务的最重要的因素。
- 2015 年后,中国数字金融的监管框架对不同类型的 DFS 提供了详细的规章制度。

重点名词

- P2P 网贷(P2P Loan):不以任何金融机构为中间人,在个人与个人之间直接发生的借贷。
- O2O:线上到线下。
- 银行保险(Bancassurance):银行与保险公司之间达成的一种合作,利用银行的客户群来增加保险公司的客户群。
- 企业智能(Enterprise Intelligence,EI):从企业中提取相关信息并对数据进行分析,最终得到真实价值的科技。
- 第四次工业革命(The Fourth Industrial Revolution):现代智能科技在工业实践中的应用。
- P2B:个人到企业,指个人贷款给已建立的企业。
- 众筹(Crowdfunding):面向很多人筹集资金的新兴商业融资模式。
- 空心村(Hollowed Villages):由于人口减少和住房现代化而被废弃的村庄。
- 留守儿童("Left-Behind" Children):因父母外出务工而被留在农村,由祖父母或其他亲属抚养长大的儿童。

- 支付宝(Alipay):蚂蚁金服旗下全球领先的第三方支付平台。
- 网商银行(MYBank):蚂蚁金服发起的私人银行,由银行监管机构颁发牌照。
- 微众银行(WeBank):由腾讯控股有限公司发起的首家民营银行,已获得银行监管机构颁发的牌照。
- 微信支付(WePay):腾讯控股有限公司推出的一个支付平台。
- DFS:数字金融服务,包括各类通过电子渠道所提供的广泛的金融服务。
- LBP:借贷业务许可证,是合法经营借贷公司所需要的营业执照。
- PBOC:中国人民银行,是中国的中央银行,负责执行货币政策并对金融机构进行监管。
- CBRC:中国银行业监督管理委员会,经国务院授权负责管理中国银行业的机构。

7.1 中国独角兽企业:平安、腾讯、华为、阿里巴巴

下列参考文献提供了该主题的全面概述,您需要阅读以下学习材料:

Lee, D. and Schulte, P. (2018). AI and Quantum Computing for Finance and Insurance: Fortunes and Challenges for China and America. *World Scientific*, Chapter 7—9, pp. 163—243.

7.2 中国金融业的蓬勃发展

下列参考文献提供了该主题的全面概述,您需要阅读以下学习材料:

Lee, D. and R. Deng(2018). Handbook of Blockchain, Digital Finance, and Inclusion, Volume 2. Elsevier. Section 1.3—1.4, pp. 15—25.

Lee, D. and Teo, E. (2015). The Game of Dian Fu. Retrieved on August 18, 2015, from http://www.smu.edu.sg/sites/default/files/skbife/pdf/The%20Rise%20of%20Chinese%20Finance%20颠覆.pdf.

7.3 金融科技改变中国的社会融合

下列参考文献提供了该主题的全面概述,您需要阅读以下学习材料:

Lee, D. and R. Deng(2018). Handbook of Blockchain, Digital Finance, and Inclusion, Volume 1. Elsevier. Chapter 2, pp. 19—35.

7.4 中国的金融科技监管

下列参考文献提供了该主题的全面概述,您需要阅读以下学习材料:

Lee, D. and R. Deng(2018). Handbook of Blockchain, Digital Finance, and Inclusion, Volume 2. Elsevier. Chapter 3, pp. 45—64.

练习题

习题1

下列哪项陈述是正确的?

a. 腾讯主要面向国外市场

b. 腾讯只依赖于微信

c. 阿里巴巴和腾讯都通过投资、收购、合资或合作模式将业务扩展到亚洲各国

习题2

关于金融科技的地域趋势,以下哪个选项是不正确的?

a. 中国在金融科技领域发展迅速

b. 美国在金融科技领域发展缓慢

c. 华为是一家5G技术领先的上市公司

习题3

以下哪个选项不是中国支付平台的领军企业?

a. 阿里巴巴

b. 腾讯

c. 华为

习题4

互联网金融正在发展许多新兴网络金融工具,包括

a. P2P网贷

b. 在线众筹

c. 两者都是

习题5

近年来,P2P网贷发展迅速得益于

a. 准入门槛低

b. 流动性强且手续简便

c. 两者都有

习题6

不同类型的众筹可以分为几种主要群体?

a. 2

b. 4

c. 5

习题7

2014年10月,阿里巴巴集团在农村地区发布了"千县万村"计划,是为了

a. 为乡镇居民提供更好的服务

b. 支持农业创新和经济发展

c. 两者都有

习题 8

下列哪项陈述是不正确的?

a. 阿里巴巴和腾讯都将业务范围扩展到了亚洲

b. 金融科技大幅提升了平安的客户体验

c. 收入水平低和教育缺失是中国农村地区的两个主要问题

习题 9

下列哪个选项是乡镇居民和小微企业能够获得金融服务的最重要的因素?

a. 新技术的兴起

b. 地方政府

c. 农村人口的增加

习题 10

中国政府近十年来一直很清楚DFS的相关风险和监管的必要性,监管工作目前进展

a. 缓慢

b. 迅速

c. 与美国一样

习题 11

中国监管工作在2015年里程碑式的成就是

a.《促进互联网金融健康发展的指导意见》

b.《网络借贷中介机构业务管理暂行规定》

c.《非存款类贷款机构管理规定》

习题 12

下列哪个选项不正确?

a. DFS在中国的发展比其他国家要早得多

b. 2015年以前中国对数字金融只有初步的监管框架

c. 互联网银行最早是由传统金融机构引入中国的

参考答案

习题 1
答案:c。
腾讯主要面向中国市场,除微信外还有很多产品和业务。

习题 2
答案:c。
华为是一家民营企业。

习题 3
答案:c。
华为没有支付平台。

习题 4
答案:c

参考 7.2 节的阅读材料。

习题 5

答案：c

参考 7.2 节的阅读材料。

习题 6

答案：b

面向不同的主要群体，众筹可以分为以下四种模式：债券众筹、股权众筹、回报众筹和捐赠众筹。

习题 7

答案：c

参考 7.3 节的阅读材料。

习题 8

答案：c

农村空心化和留守儿童是中国农村地区的两个主要问题。

习题 9

答案：a

基于对中国淘宝村快速增长的解读，新技术的兴起是关键因素。

习题 10

答案：a

尽管近十年来，中国政府一直意识到 DFS 的相关风险和监管的必要性，但为给 DFS 增长留出空间，监管工作目前进展缓慢。

习题 11

答案：a

2015 年 7 月 18 日，十个中央政府部委联合发布了《促进互联网金融健康发展的指导意见》，这是一项具有里程碑意义的监管成就。

习题 12

答案：a

在中国，金融服务业的发展比其他地方晚得多，主要发展始于 20 世纪 90 年代末，在此之后，中国金融服务业在整个经济自由化的进程中才得到了发展并实现现代化。

第8章 技术融合

学习目标

确定科技进化的驱动因素。
回顾6种类型的技术融合。

主要内容

要点
- 包括技术在内的进化系统往往会在技术融合的推动下呈指数级增长。
- 技术融合又被称为指数型创新。
- 科技未来的发展趋势是不同技术之间的融合。
- 技术融合可以使每种技术的益处发挥到最大化并将其限制最小化。
- AI、区块链和IoT(物联网)结合了机器学习系统、去中心化框架和生活中的数十亿对象。
- AI和区块链提供分散存储模式和机器学习应用,以减轻网络威胁。
- AI增强虚拟体验,区块链增强AR和VR的扩展能力。
- 融合于自主机器人、3D打印和量子计算的AI和区块链,将加速许多行业的改革发展。

重点名词
- 技术融合(Technological Convergence):数字融合,是多种不相关技术融合的趋势。
- 终端到终端的解决方案(End to End Solution):描述某个系统或服务能实现完整功能的解决方案,且从头到尾不需要中间方的概念。
- IOTA:一个基于区块链的IoT数据交换层。
- 网络防御(Cyber Defense):确保信息基础设施的安全,抵御来自网络领域的威胁。
- 数据完整性(Data Integrity):指数据的精确性、完备性和一致性。
- 虚拟电子商务(Virtual eCommerce):电子商务利用虚拟现实设备的那部分。

8.1 技术融合与加速回报法则

下列参考文献提供了该主题的全面概述,您需要阅读以下学习材料:

Lee Kuo Chuen, D., Chong, G. and Ding, D. (2020). Artificial Intelligence, Data and Blockchain in a Digital Economy, Chapter 3, pp. 107—108.

8.2 不同技术的融合

下列参考文献提供了该主题的全面概述，您需要阅读以下学习材料：
Lee Kuo Chuen, D., Chong, G. and Ding, D. (2020). Artificial Intelligence, Data and Blockchain in a Digital Economy, Chapter 3, pp. 108—125.

练习题

习题 1
只专注于某种技术或某个领域可以
a. 错过技术融合所带来更广泛的影响和机会
b. 使技术更先进
c. 更有效地开发技术

习题 2
根据"未来将带来的最新指数和组合说明"，下列哪项不属于其技术基础？
a. 云
b. 互联网
c. 智能城市

习题 3
根据"未来将带来的最新指数和组合说明"，以下哪个选项与网络战争的联系最紧密？
a. 技术
b. 创新加速器
c. 未来情景

习题 4
下列哪项不是区块链和 IoT 融合的益处？
a. 安全
b. 速度
c. 合法

习题 5
以下哪项陈述是不正确的？
a. AI 可以扫描指纹或视网膜用于生物识别登录
b. 区块链可以用于自然语言处理进行信息选择
c. 区块链通过默克尔树结构保证数据完整性以提升网络安全

习题 6
下列哪个选项是区块链和 VR 融合的实例？
a. 实况播送表演

b. 虚拟电子商务

c. 两者都是

习题 7

以下哪一技术代表了自动化制造的下一阶段?

a. 3D 打印

b. 区块链

c. 量子计算

参考答案

习题 1

答案:a

根据德勤的报告,只关注一种技术或一个领域可能会错过这些技术融合所带来的更广泛的影响和机会。

习题 2

答案:c

参考 8.1 节的阅读材料。

习题 3

答案:c

参考 8.1 节的阅读材料。

习题 4

答案:c

参考 8.2 节的阅读材料。

习题 5

答案:b

用于信息选择的是 AI,而不是区块链。

习题 6

答案:c

参考 8.2 节的阅读材料。

习题 7

答案:a

这个问题是关于自动化制造的,只有 3D 技术与之密切相关。现在,公司通过使用 3D 打印机可以开发出越来越精确和高效的个性化物品,且节省时间和金钱。

第 9 章　计算法学

学习目标

回顾从法律信息学到计算法学的发展：
- 识别法律信息学的学科范围。
- 概述法律信息学的发展历程。
- 总结计算法学中的关键问题。
- 总结科技与法律相关领域所结合的主要情形。

讨论计算法学方面：
- 概述法律文本分析。
- 概述法律领域的计算模型。
- 概述计算协议。

主要内容

要点

- 法律信息学涉及法律信息、法律信息处理、信息法和信息通信技术（ICT）法。
- 法律信息学包括以下内容：计算法学、计量法理学、法律机器人、法律专家系统和法律信息检索。
- 法律信息学发展的关键在于计量法理学、控制论、计算、互联网、智能合约、自然语言处理和 AI。
- 计算法学主要是关于将法律文件编写为人类和/或机器可以理解的计算形式。
- 计算法学也涉及编写计算形式的协议。
- 法律科技（LegalTech）、监管科技（RegTech）和合规科技（ComplianceTech）是科技与法律相关领域所结合的三大主要情形。
- 法律文本可以通过法律本体论进行分析，因为法律本体论提供了框定文本中潜在语义的概念。
- 法律本体论支持人与机器在法律领域中有意义的交互行为。
- 法律本体论可以应用于法定推理和法律论证。
- 法律领域的计算模型是一种计算机算法、程序或应用程序，它通过捕获法律数据的某些关键方面，经过分析最终可能产生相关的下游法律信息。

- 通过对计算领域的研究,计算协议的概念为各类跨学科的协议概念都奠定了基础。
- 通过恰当语言表示的计算协议既利于人类理解又利于机器处理。
- 计算协议可以是法典的记录,其自身也可以是法律的来源。
- 把相关操作包含到定义计算协议的代码中,可以减少由监管和执行协议而产生的交易成本。

重点名词

- 法律信息学(Legal Informatics):研究法律信息的学科。
- 计量法理学(Jurimetrics):一门将定量分析法应用于法律的学科。
- 控制论(Cybernetics):一门研究系统控制与反馈的学科。
- 计算(Computation):信息处理过程中底层设备的活动。
- 互联网(The Internet):20世纪后半叶兴起的全球信息交换媒介。
- 智能合约(Smart Contract):由计算机代码编写、在去中心化网络上运行并面向多个用户共同约定形成的规则。
- 自然语言处理(Natural Language Processing):计算机科学的一个分支学科,研究处理并理解人类语言的方法。
- AI:人工智能的缩写。
- 计算协议(Computational Contract):用计算机代码编写,便于处理和理解的计算形式的协议。
- 认知计算(Cognitive Computing):一门致力于促进基于平台的人机交互的学科。
- 法律科技(LegalTech):法律领域的科技创新情形。
- 监管科技(RegTech):监管领域的科技创新情形。
- 合规科技(ComplianceTech):合规领域的科技创新情形。
- 法律本体论(Legal Ontology):法律概念的知识库。
- 上层本体论(Upper Ontology):常识性概念的知识库。
- 模型(Model):为捕捉现实世界某些方面而构建的一种表示方法。
- 计算协议(Computational Contract):从计算协议也是一种协议的视角出发,强调其计算性。

9.1 从法律信息学到计算法学

什么是法律信息学

法律信息学是研究法律信息的学科。

这是一种倾向于信息学的视角,在处理具有法律内容数据的算法、程序和系统上划分边界。这种方法可能只需要在信息学与法律之间建立一种表面的联系,所以任何能够很好处理通用数据的数据库也极可能相当好地去处理具有法律内容的数据。比如,任何性能依赖于其所训练关键字集的搜索算法,在使用来自法律领域的关键字进行训练时,同样可以表现得相当好。近年来,在涉及计算法学(CL)和人工智能(AI)的发展中,重点是如何利用嵌入在编程语言中的数据结构对法律推理进行建模,这将需要信息学与法律之间更深层次的交互。

信息学与法律的交互并不是唯一的,我们在金融领域也可以观察到,曾经被认为只是传递事实记录的信息,最近被创新性地引入智能合约平台,这很可能将推进互联网金融机构的飞速发展,从而颠覆传统的金融行业。

以下是对法律信息学提出的一种划分方式,这些子领域也可以反映出是更偏向于信息学或是法律(Saarenpää and Sztobryn,2016):

- 法律信息
- 法律信息处理
- 信息法
- ICT 法

法律信息是指法律中对信息的管理,而法律信息处理是指对数据进行处理和分析,从而提取法律判决所需信息的方法。信息法是指规范信息生成、调集、管理、传播和保护的法律,而 ICT 法主要针对信息生成、调集、管理、传播和保护过程中的技术手段。

法律信息学还与以下主题相关:

- 计算法学
- 计量法理学
- 法律机器人
- 法律专家系统
- 法律信息检索

如前所述,CL 关注的是如何用计算方法构建法律推理模型。计量法理学是指将定量分析和实证分析相结合的科学方法应用于法律。法律专家系统是指对人类专家问答能力进行编码,最终设计出该专家人工智能系统。法律机器人是指能够回答相关法律问题的机器人、机器或系统,这些问题通常需要用自然语言提出。法律信息检索是指应用于法律信息的检索方法。

信息学发展对法律产生的影响

1949 年,Lee Loevinger 在其论文"Jurimetrics:The Next Step Forward"中创造了"计量法理学"一词,从而开创了这一领域——一种基于实证数据定量推理的法律分析方法(Loevinger,1948)。1950 年,Norbert Wiener 出版了 *The Human Use of Human Beings* 一书,其中探讨了控制论(研究动物与机器的控制与通信的科学)是如何造福社会的(Wiener,1988)。正如我们现在所能理解的,定量方法出于其自身特性,非常适合计算处理,而数据分析早已成为数字媒体时代的表现之一。通过物联网、可编程植入物和智能合约的概念,可以发现控制论早已在现实生活中表现为对设备、人(动物)和社会各方面的程序化控制。

20 世纪 50 年代,计算作为一门仍处于起步阶段的学科,计算机的性能和可操作性都远不及 30 年后精巧灵便的个人计算机(PCs)。曾经,计算领域仅限于少数人知道,他们要么有难得的机会能够实际操作计算机设备,要么像 Loevinger 和 Wiener 所做的那样,只是将其作为一个概念,想象未来计算在现实世界中的表现并给社会带来的影响。

从 20 世纪 70 年代到千禧年,这段时期见证了信息技术令人震惊的发展速度,它早已变得无处不在,将社会转变为一个真正以信息为中心的社会,并将计算提升到社会思维架构的中心位置。从一些标志性事件中可以很好地了解其发展历程：20 世纪 80 年代 PCs 的出现；从阿帕网（ARPANET）到 1983 年 TCP/IP 协议的采用，再到 90 年代初万维网（World Wide Web）的诞生，一步步将互联网普及普通大众，我们见证了互联网的飞速发展；21 世纪初互联网公司的崛起以及移动设备时代的到来。最终的结果是，现在全世界紧密连接，并在各类日常事务上都高度依赖互联网。

无论是个人还是机构，信息获取、通信和网络的手段在短短几十年里都发生了天翻地覆的改变，国会、司法机构和律师事务所等法律组织和机构也不例外。但对法律领域而言特别有趣的一点是，信息学的发展对语义法学产生了更为深刻的影响。

1996 年，Nick Szabo 发表了一篇文章，表达他对智能合约的看法（Szabo, 1996），推翻了协议必须是将人类参与者约束在权利和义务关系中的书面契约设定。智能合约是以计算机代码的形式编写而成的，这为计算机处理协议或与之交互提供了可能性，甚至有可能是计算机代码自身作为智能合约的参与者。比如，区块链能够实现在线社区去中心化的创建，并且这些社区能够且愿意维护智能合约。

然而，这里还有一个需要技术填补的间隙。由于法律协议是用自然语言而不是计算机代码编写的，算法必须能够准确且充分地理解法律语义，智能合约才能像常规协议一样更全面地发挥作用。自然语言处理和人工智能方面的最新进展，如国际商业机器公司（IBM）的 Watson 在竞赛节目"Jeopardy!"中的功绩（Kelly Ⅲ and Hamm, 2013），作为技术支持提升了在法律推理方面成功应用的可能性。

计算法学

计算法学是法律信息学的分支，研究计算技术在法律推理中的应用。

虽然法律信息学的历史可以追溯到 1960 年，但计算法学是一个相对较为新颖的学科，其发展得益于大众对智能合约和人工智能兴趣的激增，以及相信它们很可能改变社会的信念。

计算法学所关注的一个问题是，不仅需要将法律文件编写成利于传输和存储的数字形式，而且人类和计算机可以同时理解并协同工作的计算形式。这方面的早期尝试（Bratko, 2001）将英国 1981 年的国家法案（BNA）翻译成编程语言 Prolog。Prolog 是人工智能中用于计算机推理和专家系统工作的一种编程语言。研究表明，虽然 BNA 的纯逻辑部分可以被准确翻译为 Prolog，但 BNA 的某些方面并不是那么容易捕捉到。以下是一些例子，比如基于信念的陈述（…总统确信…），包含默认条件的陈述（…除非有相反的说明…）或与法案其他部分有关（…如第 4 节所定义…）。这篇文章引发了许多相关问题的研究。

计算法学关注的另一个问题是计算协议。计算协议的根本理念是，这是一种由编程语言直接编写，且可以被人类和计算机同时理解的协议。因此，它可以存储在网络的某个节点中，以便其他节点与之交互。智能合约的概念起源于 Nick Szabo（Szabo, 1996）的著作。此后，他的愿景以智能合约平台的形式得以实现，如以太坊（Ethereum）（Antonopoulos and Wood, 2018）。

我们可以尝试用更有远见的视角来思考科技和法律的融合将把社会引向何方，并且应当确信这种发展将具有持久性的影响，绝不是一时兴起而已。不过，认为机器可能很快在社会事务甚至是法律事务中取代人类的观点还为时过早，因为现有证据只能表明，机器在专注明确的任务（比如围棋）上会更好或比人类更有潜力。

但相比之下，由于生物进化，人类能够更好地应对一般环境。认知计算，正如 *Smart Machines：IBM's Watson and the Era of Cognitive Computing*（Kelly III and Hamm，2013）一书所支持的，这是一个现实且积极的范例，在此基础上，其未来将随着处理社会问题时人类和计算机协同工作引致各类交互领域的涌现而发展。

法律科技、监管科技和合规科技

法律科技是指科技创新与法律领域所结合的情形，特别包括在法律服务中开发并使用软件的相关技术。而监管科技和合规科技分别是科技创新与监管、合规领域结合的情形。这些术语与金融行业有关，所以也同样适用于围绕中央银行监管制度而发展起来的科技公司与相关的技术创新。

应用于法律领域的传统技术一般是使用相关软件，达到便于管理会计、账单、文档存储、信息检索和司法工作的目的。近年来，法律科技将传统的应用领域扩展到法律行业自身的相关工作内容，包括在法律推理、自助（DIY）法律援助和法律市场上的技术支持。

法律科技还处于新生阶段（出现于 2020 年），它的维基百科页面（Legal Technology，28 August 2020）和网络上公开的其他统计数据都能反映这一点。在它的维基百科页面上，引用数为 10，知名的法律科技公司和主要关注领域的数量都是 17。另一方面，在谷歌搜索关键词"legaltech"，会出现 633 万条结果，排名靠前的分别是"2020 年值得关注的亚洲 12 位法律科技创业公司创始人"和"律师的未来：法律科技、人工智能、大数据和在线庭审"。GitHub 主题中列出了 58 个法律科技下的公共库，9 个监管科技下的公共库（GitHub Topics—Legaltech，28 August 2020；GitHub Topics—Regtech，28 August 2020），而合规科技暂时还没有作为一个主题。

从另一个角度也能看到其近年来的发展是显而易见的，比如斯坦福大学法学院法律信息学中心的创建、新加坡管理大学计算法中心的成立、新跃社科大学代币经济课程中计算法学相关内容的引入，包括全球金融科技学院也早已将计算法学列为特许金融科技专业人士所需学习的课程主题之一。

9.2　计算法学方面

法律文本分析

为了理解法律文本，首先需要准确掌握法律领域的相关概念。

概念需要从某一领域中抽象出事物的基本特征，如果能准确提取，通过这个概念就能给人们带来对客观现实的正确理解，从而在环境中采取最终行动。换句话说，概念是让人能正确理解意义所需的最小信息片段，其中意义是指达到最终与环境产生交互的目的。

哲学家和科学家，尤其是心理学家和计算机科学家，一直试图把概念具象化，一个概念也总是可以由多种形式表现出来。

"本体论"这个术语一开始在哲学中出现，是用来表示存在的本质，之后被用于信息学，指某一领域关键概念的精确描述。虽然有各种不同的本体论或本体论系统，但每个本体论都由基本定义开始建立的。

例如,法官这个职能可以被构想为某个本体的定义之一。事实上,它是一个属于电子法庭本体的定义(Breuker and Hoekstra,2002)。定义的意义在于它在某种程度上具有双面性的特质。比如法官是法律领域的词汇,这意味着合法用户能够从更广泛的法律语境中赋予它意义,同时它又作为一个可以用机器进行计算操作的"个体"。

一个本体通常包含一组这样的定义,它们以某种结构相互关联:本体论系统间的差异就是来源于不同的定义集合及定义之间不同的关系结构。定义的集合与定义之间的相互关系反映了本体论在特定领域中抽象出来的概念及其内在关系。

近年来,早已创建了许多不同的本体。抽象于常识性问题领域较为有名的本体有 BFO、Cyc、DOLCE、GFO、PROTON、Sowa Ontology 和 SUMO。因为这些本体所包含的定义反映了常识性问题中习惯用语的相关概念,位于专业领域的精细层次之上,所以它们也被称为上层本体论或常识本体论。

在法律信息学领域,本体论的例子有 LRI-Core,e-Court,DALOS 和 LegalRuleML(Athan et al.,2015;Breuker et al.,2002;Breuker and Hoekstra,2004;Francesconi and Tiscornia,2008)。许多本体都有一个概念网络的基本结构,van Kralingen 的 classic ontology(Kralingen,1995)就是基于框架的,每一个框架都包含着代表法律行为、概念或规范的具体实例的值。LUIMA(Grabmair et al.,2015)是法律领域一种特殊的本体,被称为类型系统。类型系统使用数据结构(不止公共本体中的网络类型)解释并分析数据处理流程中的域数据。

有关法律本体论的两个问题是:
①法律本体论是如何构建的?
②法律本体论有哪些相关应用?
以下章节将分别讨论这些问题。

法律本体论的构建方式

在此,我们将以 LRI-Core 本体为例。这个本体由阿姆斯特丹大学莱布尼茨法律中心所开发,目前已被合并到 LKIF 核心本体(Hoekstra et al.,2007)。

LRI-Core 有两个层次:上层本体和法律核心本体。上层本体包含与法律领域的特有概念和核心概念相关联的常识性概念,而上层本体与法律核心本体之间通过"is-a"关系实现对接。因此,法人属于法律核心本体,而代理人既是实体对象又是心理客体,二者都属于上层本体。在某一层中,当一个概念包含另一个概念时,将两个概念连接在一起代表存在"part-of"关系。

LRI-Core 本体结构的简要说明如图 9.1 所示。

法律本体论的相关应用

法律本体论可以被视为一种法律知识库,能够从中获取法律领域中用于信息学工作的资源。通过机器的一些简易操作,本体能够以数字形式存储。与此同时,本体包含着法律领域或专门研究某方面子领域中习惯用语的概念。

通过编码定义概念与其相互关联性的方式,从而实现与现实世界使用方式一致的映射,

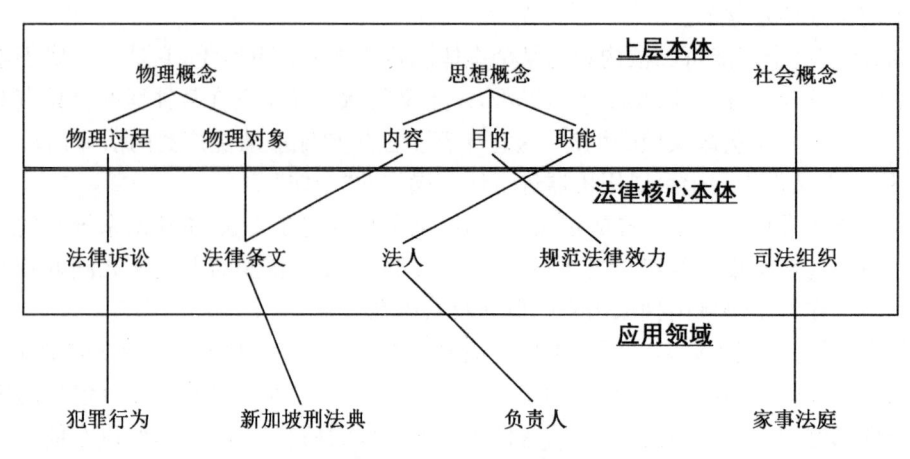

图 9.1　LRI-Core 本体概念

这有助于处理流程中需要从原始数据到通用工作流输出的转换过程。一个本体能被人类和机器同时理解并操作,意味着需要建立一个潜在系统,在这个系统中人类和机器为了达到某个给定目标而合作。

在法律推理领域,法律本体论可以用于法规的构建。其构建生成的条例本质上可能是由部分编程代码构成的,由此可以将机器应用于法规各方面的推理。

在法律论证领域,当法学教授指导学生构建法律论证时,法律本体论可能是法律教学系统的基本组成部分。教学系统的作用是帮助教师管理与学生的互动工作中人类难以处理的部分,比如处理大量案例或烦琐乏味的事情。

法律领域的计算模型

模型是在科学、工程学、数学和日常语言中都会出现的一个概念。科学研究中的模型通过方程或计算机模拟捕捉现实世界现象的某些特征,以解释这些现象,并从对现象的解释中进一步得到对未来预测的可能性,从中获得价值(Frigg and Hartman, 2020;Frigg and Nguyen, 2020;Winsburg, 2020)。工程学中的模型以比对象自身操作性更强的方式捕捉到对象的某些特征,从而可以作为指导认识对象或目标实现过程的一种方法(Kleppe et al., 2003;Wymore, 2018)。在数学领域中,模型理论的核心特征是模型采取数学结构的形式,在数学结构中,命题可以被评估为真或假(Hodges, 2018)。而在日常语言中,模型是指可以代表另一个实体的实体,通过某些表现方式在模型中突出所表示实体的某些特征。

因此,关于模型的统一概念是:模型是一种表示方法,构建模型的目的在于捕捉现实层面的某些特征,从中派生出意义,进行推理,并产生下游输出。当应用于法律领域时,模型是一种计算机算法、程序或应用程序,它捕捉法律数据的某些关键特征,进行分析,并且最终可能生成下游相关的法律信息。

信息技术的普及意味着法律界与任何其他以知识为基础的群体一样,一旦能够广泛获取信息,就可以利用科技便利信息处理。在计算法学中,科技曾经的应用方式与目前预期的应用方式之间的主要区别在于目前需要构建大量充分反映法律知识的计算模型。在某种意义上,建模是一种内部开发,与涉及实际度量的计量法理学相关的外部开发形成对比。

法律文件和法律活动的一个关键特征是,其潜在推理将引致推论、决定和判决。因此,计算法学的一个主要关注点是法律领域的推理计算模型。成功的建模有助于创建能够在数字经济中促进法律文件分析、法律信息合成以及法律行业工作人员、客户与机器交互的应用程序或系统。

计算协议

协议是法律的核心领域。

近年来的技术发展,特别是智能合约的产生,将影响法律协议的签订形式和交付方式,这也促使我们从跨学科的角度对协议的概念进行更深入的理解和分析。

在一篇预言智能合约发展趋势的文章(Szabo,1997)中,Nick Szabo 将协议称为意见一致所达成承诺的合集,并讨论了协议设计时需要满足的目标,应从下列维度考虑:

- 交易成本
  - 思想层面
  - 计算层面
- 订约阶段
- 可观察性
  - 隐藏信息
  - 隐藏行动
- 可验证性
  - 在线可执行性
  - 仲裁人可验证性
- 隐私性
  - 第三方保护

Nick Szabo 通过扩展并延伸相关的契约经济理论建立了上述列表。在协议的设计中,这些目标需要相互权衡。

在经济学中,契约所关注的是契约协议所能实现的功能,即将代理人捆绑在一起,产生经济学上的效果。因此,重要问题需要的设计安排可能影响契约进程(Salanié,2017)。经济分析中通常将代理人设计为决策者,他们可能受到某种激励并将采取行动以最大化其效用。在契约环境下,每位参与者受到契约约束的同时,也将试图最大化其个人效用,而契约设计者将试图最大化契约需要为所有参与者产生的总社会效用。众所周知,道德风险、逆向选择和信号传递是代理人在契约协议中可能出现的三种情况。通过理解分析经济最优的契约设计能够导出模型,在经济学分支中,这被称为机制设计。此时,契约在一个特定的框架中被研究,在该框架中,代理人依据游戏设定被绑定在一起,并按照游戏规则以符合规定的方式相互作用,同时最大化个人收益(Börgers and Krahmer,2015)。

在计算科学和工程学中,契约是一种软件组件,它将其他组件以协议的形式绑定在一起,以确保预期效果的产生。在被称为契约式设计或契约式编程的范式中,软件组件之间的接口需要声明所需满足或检查的先验条件、后验条件和不变式。编程语言 Eiffel 就是这个想法的一个实现(Meyer,1988)。协议作为安全要求规范的一种手段,也构成了网络物理系统建模和计算的主题之一(Platzer,2018)。

在法律领域,合同是一种对参与者具有法律约束的文件,要求当事人依据协议所规定的权利和义务的方式进行交互。协议起草必须援引恰当的法律原则为支撑,以便协议能在订立的司法管辖范围内强制执行。在协议的订立过程(如要约、承诺、对价、共同意愿)、订立形式(如口头形式、书面形式)以及所属法律细分领域等方面,适用的法律原则是有区别的(Poole,2016)。

有了以上视角,现在我们可以分析智能合约在法律协议领域的发展。

智能合约是驻留在机器上的计算机程序,这些机器又作为网络节点在互联网上运行。这些计算机程序允许多个用户依据程序规范进行绑定和交互。随着协议阶段的推进,底层区块链和代币网络支撑程序自身及其变化。程序的公共可读性使得在区块链上发现共同意愿成为可能,而对协议将按其编写方式运行的信任则归功于网络共识协议中强大稳健的通信机制。将智能合约与其参与者所绑定的规则可以在网络协议和智能合约表述语言的语义中找到。但智能合约在网络之外是否具有法律约束力仍是一个悬而未决的问题。

智能合约的发展符合物联网(IoT)和数字经济理念更广泛的情况。主体互动是社会的一个恒定特征。在当前的信息学领域,这种互动将演变为物理网络、社会网络和数字网络的结合。此外,现在网络中的主体不一定是人类,甚至不需要是 IoT 中通常描绘的物体,还可能包括软件智能体,如 AI 机器人和智能合约。

正是应当在这种情况下思考法律协议的未来发展。法律协议的传统形式是文件或契约,这两种形式都常以书面材料表达。但现在,即使是非书面的材料也可以有数字化的表达形式,只要当事人认可,就能以相同的方式发挥传统材料在权利和义务上的作用。通过选择适当的语言,大量法律文件将被表示为数字形式并以此方式发挥作用,且人类和机器可以同时理解,上述情景的实现只是时间问题,这将为数字化手段协议实施的其他方面铺平道路。

计算协议也具有协议的理念,包含上述多种视角下所观察到协议的关键特征和主要问题。其基本思想是协议的本质在于产生外部结果所需的内部计算,从计算的角度看同样如此。以适当的程序语言所编写的协议,能通过机器学习(ML)和人工智能(AI)实现计算机辅助推理和支持的新兴技术,从而促进人类的表达和理解,并易于机器处理。

计算协议与法律领域的相关性在于,计算协议可以包含明确的法律内容,其自身也可以作为法律来源,而不仅仅是法律的一种表现形式。计算协议包含操作方面的可能性,可以减少由监管和执行协议而产生的交易成本。

参考文献/拓展阅读

Antonopoulos, A. M. and Wood, G.(2018). *Mastering Ethereum:Building Smart Contracts and Dapps*. O'reilly Media.

Athan, T.,Governatori,G.,Palmirani,M.,Paschke,A. and Wyner,A.(2015,July). LegalRuleML:Design Principles and Foundations. In *Reasoning Web International Summer School*(pp. 151—188). Springer, Cham.

Bratko, I.(2001). *Prolog Programming for Artificial Intelligence*. Pearson Education.

Breuker, J.,Elhag,A.,Petkov,E. and Winkels,R.(2002). Ontologies for Legal Information Serving and Knowledge Management. In *Legal Knowledge and Information Systems*,Jurix 2002:The Fifteenth Annual

Conference (pp. 1—10).

Breuker, J. A. P. J. and Hoekstra, R. J. (2004). Epistemology and Ontology in Core Ontologies: For Law and LRI-Core, Two Core Ontologies for law.

Börgers, T. and Krahmer, D. (2015). *An Introduction to the Theory of Mechanism Design*. Oxford University Press, USA.

Francesconi, E. and Tiscornia, D. (2008). Building Semantic Resources for Legislative Drafting: The DALOS Project. In *Computable Models of the Law* (pp. 56—70). Springer, Berlin, Heidelberg.

Frigg, R. and Hartmann S. (2020). Models in Science. *The Stanford Encyclopedia of Philosophy*, Edward N. Zalta (ed.), URL = https://plato.stanford.edu/archives/spr2020/entries/models-science/.

Frigg, R. and James N. (2020). Scientific Representation. *The Stanford Encyclopedia of Philosophy*, Edward N. Zalta(ed.), URL=https://plato.stanford.edu/archives/spr2020/entries/scientific-representation/.

Grabmair, M., Ashley, K. D., Chen, R., Sureshkumar, P., Wang, C., Nyberg, E. and Walker, V. R. (2015, June). Introducing LUIMA: An Experiment in Legal Conceptual Retrieval of Vaccine Injury Decisions Using a UIMA Type System and Tools. In *Proceedings of the 15th International Conference on Artificial Intelligence and Law* (pp. 69—78).

GitHub Topics—Legaltech(28 August 2020). Retrieved from https://github.com/topics/legaltech.

GitHub Topics—Regtech(28 August 2020). Retrieved from https://github.com/topics/regtech.

Hodges, W. (2018). Model Theory. *The Stanford Encyclopedia of Philosophy*, Edward N. Zalta (ed.), URL=https://plato.stanford.edu/archives/fall2018/entries/model-theory/.

Hoekstra, R., Breuker, J., Di Bello, M. and Boer, A. (2007). The LKIF Core Ontology of Basic Legal Concepts. LOAIT, 321, 43—63.

Kelly Ⅲ, J. E. and Hamm, S. (2013). *Smart Machines: IBM's Watson and the Era of Cognitive Computing*. Columbia University Press.

Kleppe, A. G., Warmer, J., Warmer, J. B. and Bast, W. (2003). *MDA Explained: The Model Driven Architecture: Practice and Promise*. Addison-Wesley Professional.

Kluwer Law Intl. Mascardi, V., Cordì, V. and Rosso, P. (2007, September). A Comparison of Upper Ontologies. In *Woa* (Vol. 2007, pp. 55—64).

Kralingen, R. W. V. (1995). Frame-based Conceptual Models of Statute Law.

Legal Technology. (28 August 2020). Retrieved from https://en.wikipedia.org/wiki/Legal_technology.

Loevinger, L. (1948). Jurimetrics—The Next Step Forward. *Minn. L. Rev.*, 33, 455.

Meyer, B. (1988). Eiffel: A Language and Environment for Software Engineering. *Journal of Systems and Software*, 8(3), 199—246.

Platzer, A. (2018). *Logical Foundations of Cyber-physical Systems* (Vol. 662). Cham: Springer.

Poole, J. (2016). *Textbook on Contract Law*. Oxford University Press.

Saarenpää, A. and Sztobryn, K. (2016). *Lawyers in the Media Society: The Legal Challenges of the Media Society*. University of Lapland.

Salanié, B. (2017). *The Economics of Contracts*. MIT Press.

Szabo, N. (1996). Smart Contracts: Building Blocks for Digital Markets. EXTROPY: *The Journal of Transhumanist Thought*, 18(2).

Szabo, N. (1997). Formalizing and Securing Relationships on Public Networks. *First Monday*.

Wiener, N. (1988). *The Human Use of Human Beings: Cybernetics and Society* (No. 320). Da Capo Press.

Winsberg, E. (2019). Computer Simulations in Science. *The Stanford Encyclopedia of Philosophy*, Edward N. Zalta (ed.), URL=https://plato.stanford.edu/archives/win2019/entries/simulations-science/.

Wymore, A. W. (2018). *Model-based Systems Engineering* (Vol. 3). CRC Press.

练习题

习题 1

智能合约与传统协议的区别在于

a. 嵌入了用于智能处理的 AI 组件

b. 由计算机代码编写

c. 由计算机代码编写,并嵌入了利于指定交互的环境中

习题 2

以下哪个选项是计算法学最有成效的目标?

a. 开发认知计算法律平台

b. 自动化法律流程

c. 将法律文件转换为计算机代码

习题 3

法律科技包括

a. 使用相关软件便于管理会计、账单、文档存储、信息检索和司法工作

b. 法律推理、自助(DIY)法律援助和法律市场上的技术支持

c. 两者都是

习题 4

以下哪个选项不是法律本体?

a. LRI-Core

b. SUMO

c. DALOS

习题 5

计算模型在法律领域的影响主要表现在

a. 模型描述法律在现实层面各方面的能力

b. 计算形式的模型支持机器推理和处理

c. 两者都有

习题 6

关于计算协议,以下哪个选项是不正确的?

a. 计算协议是智能合约

b. 计算协议由强调计算性的协议观构成

c. 计算协议可以作为认知计算的构建模块

参考答案

习题 1

答案：c

任何文件都可以被编写为计算机代码。智能合约的突出特点是指定交互的规范和便利。"智能"并不等价于"AI"。

习题 2

答案：a

短期内将法律文件和程序以大规模的方式转换为计算机代码是不现实的，因为人类对法律的理解才是关键。认知计算平台可以促进人类和机器间在法律领域的交互，这样的平台已经存在。因此，进一步开发这样的平台是计算法学实践性强且富有成效的一个目标，这也是为了将现有法律条文各方面转换为计算机代码进行计算处理的合理原因。

习题 3

答案：c

参考阅读材料。

习题 4

答案：b

参考阅读材料。

习题 5

答案：c

模型可以用于表现现实层面的各方面。计算形式的模型支持机器处理。

习题 6

答案：a

计算协议既强调协议观又强调其计算性。它包括智能合约的概念。为了协调主体之间的交互，协议对于认知计算平台的构建而言是必需的。由于主体是人类和机器，协议必须是计算机编码的计算形式。

第 10 章　人工智能、数据和区块链的影响

学习目标

识别技术融合在国家、企业及社会层面的影响。

回顾数字时代普惠金融的定义；了解宽带和移动技术可以作为解决方案。

主要内容

要点

- 许多国家启动了国家级的 AI 战略部署，并为区块链设立了合适的注册点。
- AI 和区块链的创新技术给企业带来了前所未有的机遇和挑战。
- AI 和区块链在社会层面有更广泛的影响，包括对员工未来工作的影响和挑战。
- 普惠金融为没有银行和银行服务不足的市场提供了普遍的金融服务。
- 宽带有可能从根本上解决提供金融服务时所面临的成本问题。
- 移动技术可以提供更好的金融服务，缩小现实使用、数字化使用和资金渠道之间的差距，从而扩展数字普惠金融。

重点名词

- 流动式民主(Liquid Democracy)：一种委任式民主，在该民主中，人们可以委托他们信任的授权代理人就特定问题进行投票。
- 新加坡个人数据保护法(Singapore's Personal Data Protection Act)：2012 年通过的一项法案，目的是管理机构对个人数据的搜集、使用和披露。
- 超个性化(Hyper-personalisation)：一种利用人工智能和实时数据的技术，能够向用户展示相关性最强的内容、产品和服务信息。
- 无银行账户者(Unbanked)：指不使用银行或银行机构服务的群体。
- 缺乏银行服务者(Underbanked)：指拥有银行账户，但不使用主流金融服务管理资产的群体。

10.1　国家、企业及社会层面的影响

下列参考文献提供了该主题的全面概述，您需要阅读以下学习材料：

Lee Kuo Chuen, D., Chong, G. and Ding, D. (2020). Artificial Intelligence, Data and

Blockchain in a Digital Economy,Chapter 4,pp. 127—148.

10.2 普惠金融

下列参考文献提供了该主题的全面概述,您需要阅读以下学习材料:

Lee,D., and R. Deng(2018). Handbook of Blockchain,Digital Finance,and Inclusion, Volume 1. Elsevier. Chapter 4—6,pp. 58—144.

Lee,D., and R. Deng(2018). Handbook of Blockchain,Digital Finance,and Inclusion, Volume 2. Elsevier. Chapter 14—18,pp. 361—462.

练习题

习题 1
下列哪项是开发精密数据驱动型超个性化的关键因素?
a. 大量可用数据
b. AI 算法
c. 两者都是

习题 2
对印度而言,首要目标是利用 AI 扩展普惠,以下哪一项可能是其关键优先事项?
a. 普惠性
b. 社会福利
c. 两者都是

习题 3
根据《麻省理工技术评论》的研究,"人工智能的推广将在最大限度上改变蓝领工人的工作内容,并对白领工人未来的工作生活方式产生影响"这一主张
a. 正确
b. 错误
c. 尚未知晓

习题 4
随着宽带渠道所提供的数字金融服务可用性加强,以下哪个选项将成为备受关注的关键监管问题?
a. 透明度及资讯揭露
b. 借款人的教育程度和认知意识
c. 两者都是

习题 5
以下哪项陈述是不正确的?
a. 智能手机在下一代数字金融服务中发挥越来越重要的作用
b. 普惠金融的盈利能力是政府考虑的主要问题
c. 很多无银行账户者和缺乏银行服务者的个人财务状况不健康

习题6

拉美和加勒比地区普惠金融的发展受到什么因素的制约?

a. 提供和获取金融服务的成本高

b. 政治问题

c. 两者都是

习题7

相较于传统的基础设施,宽带渠道能提供什么?

a. 从大额固定成本转向较小的单位交易成本

b. 自动搜集更多客户数据

c. 两者都是

参考答案

习题1

答案:c

有大量可用数据和 AI 算法后,企业正转向精密数据驱动型营销策略的方向发展,开发产品,将对产品感兴趣的客户作为目标群体,满足他们的特定需求,这也被称为超个性化。

习题2

答案:c

参考关于普惠和社会福利的阅读材料。

习题3

答案:a

参考10.1节的相关阅读材料。

习题4

答案:c

随着宽带渠道提供数字金融服务的发展,金融监管机构预计有五类问题将成为中心议题:透明度及资讯揭露;借款人的教育程度和认知意识;客户数据保护;监管报告和监督;数字市场平台的规范和监督。

习题5

答案:b

普惠金融盈利不是政府的主要目的。

习题6

答案:a

根据10.2节的相关阅读材料,拉美和加勒比地区普惠金融的发展受提供和获取金融服务高成本的制约。政治问题不是主要制约因素。

习题7

答案:c

相较于传统的实体基础设施,宽带渠道可以提供:①更强的即时性和普遍性;②从大额固定成本转向较小的单位交易成本;③自动搜集更多客户信息和交易数据。

第 11 章　未来趋势

学习目标

了解拥有不同文化和政策的国家如何合作共同发展未来的数字经济。
从实现金融和保险服务的角度回顾保险科技的应用情形并思考其发展前景。
回顾前沿技术目前的发展情况。
了解人工智能在银行与金融领域应用的转变。

主要内容

要点
- 制定区域电商服务标准,促进区域内无纸贸易的发展。
- 新加坡和中国发展数字经济的方式可以互补。
- 保险科技通过使用数据分析、传感器和可穿戴设备,为人身风险提供了未来的解决方案。
- 量子技术目前还处于利用不同类型量子计算来解决问题的起步阶段。
- 量子计算在任何需要任意形式的计算机或智能手机的情况下都有实际应用。
- 金融科技领域的独角兽企业可以利用信息,实现以比传统银行更好的方式提供服务和价值。

重点名词
- RCEP:区域全面经济伙伴关系协定(Regional Comprehensive Economic Partnership)。这是亚太国家之间的自由贸易协定。
- Insurtech:保险科技(Insurance Technology)的简称。它正试图应用科技解决保险业目前所面临的一系列问题。
- 移动革命(Mobile Revolution):移动设备正在改变人们工作、旅行、阅读、交流、购物以及其他很多方面的生活方式。
- 互助(Mutual Aid):指每个人都可以自由加入、自由参与的组织机构或体系结构。
- 量子位(Qubit):量子计算机的计量单位。它是量子信息的基本单位。

11.1 科技文化与科技政策

学习目标

理解其他国家的科技文化与科技政策对数字经济合作的推进至关重要。

观察各国如何互相尊重彼此间区块链和代币政策的差异,并关注各国方法的互补性。

理解各国在央行数字货币和其他项目上的合作,以及各国如何在区域层面和全球层面引领未来数字经济建设。

分析当今世界的贸易战和科技战,理解不同国家在文化和政策上的差异。

中国长期计划的发展——在 5G、区块链、央行币和中小型企业(SME)超级应用方面——已经融合为一个数字化、代币化和交易性资产的新世界。如区块链服务网络、智能城市和新的外汇数字轨道,这类新型数字巨型工程正使办公室、仓库、住宅楼和农场一类的有形资产具有活力。由传感器网络、AI 和分布式信任模型提供动力,这些地产早已拥有数字化的翅膀。由此所产生的来自"已建成"世界各部分的数据流入,将创造新型产业,根除传统金融,并改造城市。

全球贸易战不只是科技的重新排序,也是城市的重新排序。最先输出数字化技术的国家将改变发展中国家数字世界的结构。下列文章和之后的章节探讨了许多人和公司,他们的影响或轻或重,但都在中国开辟"万物互联"的新道路中作出贡献,改变了我们的生活、购物和出行方式。

本节内容可参考以下文献:

Pei, S., Lee, D. and Li, Y. (2020). Token Economics: How Singapore Can Boost Synergy with China in Building Digital Economies. Retrieved from https://www.thinkchina.sg/token-economics-how-singapore-can-boost-synergy-china-building-digital-economies.

Schulte, P., Sun, D. and Roman, S. (2021). The Digital Transformation of Property in Greater China. *World Scientific*. Chapter 1 to 3. pp. 1—88.

11.2 保险科技

学习目标

从实现金融和保险服务的角度探讨保险科技的应用情形及其发展前景。

了解保险科技公司如何颠覆这个价值数万亿美元的行业。

分析保险科技将如何改变保险业格局及内在原因。

在过去 300 年几乎没有任何变化的领域中,数字革命正在发生。令许多人惊讶的是,中国数字金融领域近期的创新表明,新兴实体能够并将颠覆这个价值数万亿美元的行业。在大数据和区块链的影响下,保险业受到的影响将比大多数人预期发生的更快更大。

保险行业的产品领域缺乏创新,又未能迎合市场需求,导致许多人的客户体验并不理想。随着科技的进步,保险领域的"人即产品"已经广为人知。也就是说,InsurTech(保险科技的简称),它利用数据分析、传感器、可穿戴设备和手机数据,为客户提供个性化、定制化的人身风险解决方案。这在几年前还是一件不可思议的事情。据推测,像保险经纪人这类的代理人可能也会慢慢消亡,正如我们在中国和其他地方看到保险行业迄今为止出人意料的颠覆一样。

本节内容可参考以下文献:

Tan, C., Schulte, P. and Lee. D. (2018). Insurtech and Fintech: Banking and Insurance Enablement. In *Handbook of Blockchain, Digital Finance, and Inclusion*. Vol 1. Elsevier. pp. 249—282.

11.3 量子计算、5G 和云技术

学习目标

了解量子计算(QC)的基础知识。

分析 QC 领域的格局、公司和项目。

研究 QC 软件和硬件的开发情况。

比较 QC 的不同项目。

了解 QC 将如何影响金融业,尤其是需要依赖加密技术的金融科技、区块链和加密货币。

学习 Grover 算法和 Shor 算法。

了解 QC 在金融与商务中的应用。

了解云商务的格局和竞争。

量子计算可能是最昂贵的创新技术,也是最令人费解的,因为它在咨询机构 Gartner 所发布的技术成熟度曲线(Hype Cycle)的爬坡期已经超过 10 年!自 2005 年以来,量子计算一直被认为是一项新兴技术,直到 2017 年,它仍被认为是新兴技术。

量子计算的基本原理是要理解计算的理论方法不能与控制计算工具的物理学分离。具体来说,量子力学为计算机科学提出一个新范式,彻底改变我们对信息处理的理解以及长期以来所假定的计算上限。

本章的内容将涵盖科技、算法、软件、硬件、商务以及量子计算对金融科技的影响,尤其是在需要使用加密技术进行安全认证的情况下。随着数据存储需求的出现,云商务发展成为一个重要的领域,云技术是除分布式账本技术外的一项重要技术。

本节内容可参考以下文献:

Lee, D. and Schulte, P. (2019). AI and Quantum Computing for Finance and Insurance. Elsevier. Chapter 11—12, pp. 309—370.

11.4 人工智能变革在银行与金融领域的全球领导力

学习目标

分析科技巨头在本国和其他市场的竞争情况。
从技术角度分析华为的优势和劣势。
了解国内外科技公司的商业策略。
了解科技巨头公司的并购策略。

这部分内容涵盖了阿里巴巴、腾讯和平安在金融科技行业的竞争,还探讨了以华为为重点的5G全球格局和云技术。除中国和东盟外,印度是金融科技的另一个超大体量市场,也是印度、中国和美国科技公司的竞争领域之一。

本节内容可参考以下文献:

Lee, D. and Schulte, P. (2019). AI and Quantum Computing for Finance and Insurance. Elsevier. Chapter 7—10, pp. 161—308.

11.5 5G霸权争夺战

下列参考文献提供了该主题的全面概述,您需要阅读以下学习材料:

Groves, A. and Schulte, P. (2020). The Race for 5G Supremacy: Why China Is Surging, Where Millennials Struggle, & How America Can Prevail. *World Scientific*.

11.6 大中华区地产的数字化转型

下列参考文献提供了该主题的全面概述,您需要阅读以下学习材料:

Schulte, P., Sun, D. and Shemakov, R. (2021). The Digital Transformation of Property in Greater China: Finance, 5G, AI, and Blockchain. *World Scientific*.

练习题

习题1
以下哪个选项是不正确的?
a. 新加坡的竞争优势主要依靠于全面的监管框架
b. 法律基础设施建设是数字经济发展的关键
c. 新加坡和中国在区块链与代币政策上可以互为补充

习题2
保险业为什么缺乏创新?
a. 因为该行业的复杂性和严格监管的性质

b. 因为该行业现有的盈利能力无法为改变提供激励

c. 两者都有

习题 3

以下哪项不是保险科技的基本发展趋势?

a. 个性化

b. 简单化

c. 本地化

习题 4

以下哪个选项是专门用于优化计算的量子计算机?

a. AQC

b. UQC

c. 以上都不是

习题 5

以下哪个选项是不正确的?

a. 亚马逊正在打造世界级"农业走向市场"的基础设施建设

b. 亚马逊和阿里巴巴是印度电商市场的两大主导公司

c. 亚马逊在印度的收入主要来自广告和市场销售

习题 6

以下哪个联营平台得到了行业和中国政府机构的大力支持?

a. 超级账本

b. 多链

c. 区块链服务网络(BSN)

参考答案

习题 1

答案:a

新加坡的竞争优势来源于其全面、稳健、创新性的监管框架,以及对各国技术发展和政策背景有效深入的解读。

习题 2

答案:c

参考 11.2 节的阅读材料。

习题 3

答案:c

保险科技发展的三个基本趋势分别是个性化、联结化和简单化。

习题 4

答案:a

参考 11.3 节的阅读材料。

习题 5

答案:b

Flipkart(沃尔玛旗下印度电商)和亚马逊是印度电子商务市场的两大主导公司。

习题 6

答案:c

请参考 11.6 节。基于区块链的区块链服务网络(BSN)在中国得到了政府支持。其余两个选项都不是中国的项目。